나의 신앙유산답사기

경북편

나의 신앙유산답사기
경북편

지 은 이   황규학

초판 발행   2023년 12월 1일

펴 낸 곳   에셀나무

디 자 인   에셀나무

등   록   제 2020-000064호

주   소   서울 송파구 양산로8길 4, A상가 207호

전   화   02-423-4131 / 010-6642-4131

팩   스   02-423-4138

I S B N   979-11-978733-6-2

한 권 값   27,000원

보편 역사 속에 특정 지역의 사건을
통하여 구속사의 흔적을 찾아내는

나의 신앙
유산답사기

경북편

황규학 | 지음

에셀나무

이 책을
예수 그리스도를 위하여
핍박과 고난을 당하며
이 땅에 복음을 전한
선교사들과 순교자들에게 바칩니다.

한국 역사의 격동기에 서구선교사들을 통하여 조선에 복음이 전해졌다. 한국교회는 세계선교역사와 비교하면 약 140년이라는 짧은 기독교 역사이지만, 오늘날까지 그들의 뜨거운 선교의 열정을 기억하고 있다. 한반도 방방곡곡 어디에든지 선교사들의 발걸음이 닿은 곳마다 예수 그리스도의 사랑이 전해지고, 교회가 세워졌다. 복음을 받아들인 한국인들은 자립, 자치, 자전의 정신으로 권서인, 매서인, 전도부인을 통하여 복음 전도에 앞장서고, 스스로 교회를 건축하고자 노력하였으며 복음으로 국난 극복을 하고자 하였다. 하나님의 은혜로 전해진 복음은 극동의 작은 나라를 살리는 등불이 되었다.

황규학 박사는 한국에 뿌린 복음의 씨앗이 어떻게 열매 맺는가를 『나의 신앙유산답사기: 경북편』을 통하여 잘 보여 주고 있다. 저자가 직접 선교지였던 현장에 탐방하여 관련된 사람들과 인터뷰를 하고, 사진을 찍으며 자료를 수집한 것을 알고 있다. 그러기에 이 책은 독자들에게 살아있는 내용으로 다가가게 하고, 수록된 사진들 또한 생생한 역사의 현장을 알기 쉽도록 도움을 준다. 나는 목사와 부흥사로서 수많은 교회에서 설교하며 예배 인도한 경험이 있어 한국교회 곳곳을 안 가본 곳이 없을 정도이다. 그런데, 이 책은 지역교회에 관한 탐구를 하였기에, 지역교회의 이해에 지평을 확장하는 역할을 하고 있다.

경상북도 예천은 나의 고향으로 전형적인 농촌시골 마을이었다. 고등학교 때 나는 고향에 있는 전도사님을 통해 복음을 받아들이기 시작하여 삶의 변화가 일어났다. 특히 그 전도사님이 『한국기독교 100년사』를 추천하여 읽었는데, 나에게 큰 도전이 되었고 한국교회를 이끄는 목사가 되어야겠다고 결단하는 계기가 된 일이 있었다. 이 책 또한 한국 역사를 다루고 있기에 관심을 두고 내용을 주의하여 읽었다. 예천에는 100년 이상의 역사를 가진 상락교회, 예천교회, 금곡교회가 있었다. 이곳에 복음이 들어와서 교회가 세워지고 한국 사회와 교회에 영향을 미치는 지도자들이 많이 나왔다는 사실을 새롭게 알 수 있었다.

저자는 예천뿐만 아니라 대구, 안동, 문경, 상주, 봉화, 영양, 청송, 의송, 김천, 영천, 영주, 경주, 고령, 구미, 칠곡, 영덕, 포항지역마다 과거와 현재의 관련 인물을 파악하였다. 또한, 일반사와 관련성을 갖고 저술하였기에 그 지역의 기독교인은 물론 신앙이 있지 않은 사람들에게도 지역에 대한 자긍심을 심어주고 복음의 능력에 대한 확신을 심어 주리라 기대한다. 우리는 역사를 깊이 알수록 하나님의 계획과 섭리를 깨닫게 되는데, 『나의 신앙유산답사기: 경북편』 또한 지역의 역사를 연구할수록 하나님의 임재를 알 수 있게 된다.

코로나 팬데믹 영향으로 한국교회의 위기를 종종 거론하고 있다. 그러나 우리 역사 속에 나타난 믿음의 선배들의 발자취를 따라가며 그들의 선교 열정을 배운다면 아직 절망하기엔 너무 이르다. 역사의 주인공은 바로 하나님이시며, 그가 통치하시는 곳이 곧 역사의 현장이 된다. 한국교회의 성도 모두가 지역교회에 역사하셨던 하나님의 인도를 기억하고, 현재 상황을 성찰하고 더 나은 미래의 한국교회로 성장할 수 있어야 한다. 이 책은 그러한 소망을 실현하는 데 이바지하리라 생각하여 추천하는 바이다.

_ 이순창 목사 (연신교회 시무, 107회 예장통합 총회장, 아태장신대 이사장)

황규학 박사의 「나의 신앙유산답사기-경북편」을 인터넷 버전으로
읽었다. 황 박사의 책을 읽으면서 이 책이 종이책으로 나오면, 재빨
리 구입해서 색연필로 줄쳐가며 다시 읽어야겠다는 마음이 들었다.
기자의 탐사 능력과 학자의 탐구 능력을 동시에 갖춘 황규학 박사의
글을 자주 읽어 보았고, 그의 글에 대해 호평을 하고 있던 터였지만
이 책의 인터넷 버전을 빠른 속도로 읽으면서 이처럼 다방면으로 유
용하며 재미있는 책도 있을 수 있다는 사실에 감탄했다. 이 책은 역사
학책이기도 하며, 지리학책이기도 하다. 정치학책이라고 해도 되고
문학책이라 해도 된다. 류성룡, 박헌영 이야기가 나오고 이문열 이야
기도 나오기 때문이다. 그러면서도 이 책은 하나님이 우리나라를 얼
마나 사랑하셨는지를 경상북도라는 지리적 범위에 한정해서 감동적
으로 설명하고 있는 기독교 종교 서적이기도 하다.

황규학 박사는 이미 전라남북도 지역을 탐방하고, 주요 도시들의

지나간 역사를 우리에게 보여준 바가 있었다. 신앙유산답사기 제3권인 경북편에서 황규학 박사는 대구를 시작으로 포항에 이르기까지 18개 지역을 샅샅이 살펴 본다. 각 지역의 지리적 특성을 묘사함은 물론 대한민국 시대인 현대와 근대는 물론 조선시대, 고려시대, 삼국시대로 거슬러 올라가 이 지역을 상징하는 유적들과 인물들, 그리고 그들과 관련된 역사의 이야기들을 기록, 정리하고 소개한다.

황규학 박사의 신앙유산답사기 경북편은 경상북도에서 청년 시절 3년 이상을 살았고(사관학교 교관으로 이 지역에서 근무했었습니다) 지금도 경상북도 지역을 자주 방문하는 평자를 부끄럽게 만들기에 충분했다. 평자도 나름대로 역사와 정치에 관심을 가진 학도였는데 황규학 박사가 묘사하는 향토 역사의 수준에는 도무지 도달하지 못했었기 때문이다. 물론 일반 시민들이 향토의 역사를 잘 알기 위해서는 대단한 열정과 노력을 기울여야 하는데 황 박사의 이 책은 일반 독자들이 경북 지역을 방문할 때 특별히 유용하게 사용될 수 있는 여행과 역사 도우미의 역할도 충분히 감당할 수 있는 책이다.

이 책은 1946년에 일어난 대구폭동과 같은 사건에 대해서도 그 원인과 진행 과정을 잘 소개하고 있다. 이념대결이 극심한 오늘을 살며, 그 이념대결의 대표적 한쪽 극단이었던 대구폭동에 대해 잘 알지 못하는 한국의 모든 애국 지식인들은 물론 학생들에게 이 책은 현재 우리가 처한 정치적 상황을 더 잘 이해할 수 있게 도와줄 것이다.

그러나 이 책이 추구하는 궁극적 목표는 각종 정보들을 종합하여 기독교 복음이 경북 지역의 종교 문화를 어떻게 변화시켰는지를 보여주는 것이다. 그는 나의 신앙유산답사기 경북편에서 특별히 유교가 강력했던 경상북도 지역에 어떻게 기독교가 뿌리를 내리게 되었는지를 종교 문화의 변화 관점에서 설명하고 있다.

황규학 박사는 이 같은 종류의 책을 집필할 수 있는 최적의 저자다. 서울대학교 종교학과를 졸업한 후, 장로교 신학대학을 졸업했고, 캐나다에서 유학했으며 강원대학에서 법을 연구하여 법학박사를 취득한 황규학 박사는 나의 신앙유산답사기 시리즈를 전국으로 확대할 뿐 아니라 전 세계적으로 연구 및 집필 범위를 넓혀 갈 것이라 한다.

이 책을 읽은 평자는 수많은 주옥같은 지식을 습득했다는 사실에 독서의 즐거움을 느꼈다. 동시에 '아는 것이 힘이다'라는 학자적 진실을 다시 느끼게 되었다. 황규학 박사가 의도했던 봉건주의와 제국주의를 통한 민초들의 인권유린과 망국의 현실, 6.25 전쟁의 피비린내 나는 악의 역사에 예수 그리스도를 통한 의의 역사가 어떻게 영남을 변화시켰는지에 중점을 둔 이 책은 소기의 목적을 달성했다.

그의 해설처럼 경상북도는 교회가 들어서는 곳마다 물질적, 영적, 정신적 환경이 바뀌는 놀라운 역사가 발생했다. 이 책은 경북에 오신 예수 그리스도를 통하여 예수를 통한 경북이 얼마나 많이 발전하고 새로운 인물들이 탄생했는지를 보여 주었다. 게다가 우리 국민들 모두가 알고 있지만 오랫동안 잊고 있었던 "내 고장 칠월(七月)은 청포도가 익어가는 시절"의 명시도 다시 음미할 수 있게 해 주었다.

과거를 보러 나서는 경북 영주나 강원도 삼척의 선비들은 가까운 죽령을 넘지 않았다. 경북 김천이나 성주 등지의 선비들도 추풍령을 넘지 않았다. 죽령은 "주욱 미끄러진다"라고 해서, 추풍령은 "추풍낙엽처럼 떨어진다" 해서 기피 대상이었다 라는 재미있는 지식도 얻었다. 대신 "경사스런 소리를 듣는다"라는 뜻을 가진 '문경'이기에 과거 길에 나서는 선비들은 문경새재를 필수코스처럼 밟고 지나갔다 라는 이야기, 심지어 전라도 지역의 선비들까지 문경새재를 넘으며 합격을 기원했다고 한다. 경상도의 '상'은 상주의 '상'에서 왔다는 말도 처음이며 봉화 분천읍에는 산타 마을이 핀란드 로바니에미의 산타 마을을 그대로 재현했다고 한다. 이 책을 읽으며 마음을 추슬러서 여행해야 할 곳이 많이 생겼다.

독서의 즐거움은 재미와 지식이 무럭무럭 증가함에 있다. 나의 신앙유산답사기-경북편은 바로 독서의 즐거움을 만끽하게 해준 책이다. 대한민국의 기독교도들은 물론 일반시민들 모두가 읽고 감동 받을 수 있는 책이다.

_이춘근 (국제정치학자)

우리가 '역사'라는 단어를 머리에 떠올릴 때 대부분의 사람들은 우리나라 혹은 우리 민족의 역사를 생각하게 된다. 역사를 우리 '전체'의 관점에서 보려고 하는 경향은 거의 무의식적인 반응이다. 그래서 지역적으로 나누어 역사를 살펴보려는 시도는 참신한 관점을 우리에게 준다. 저자는 이미 전라남도 지역을 탐방하고, 그 주요 도시들의 지나간 역사를 우리에게 찬찬히 보여준 바가 있다. 전체는 부분의 합인데도, 부분은 잘 보려고 하지 않고 전체만 보려고 하는 우리에게 이 책은 일종의 해독제 역할을 한다. 이제 저자는 그의 눈길을 전라남도에서 돌려 경상북도로 옮긴다.

대구, 안동을 시작으로 하여 영덕, 포항에 이르기까지 18개의 지역을 꼼꼼히 들여다본다. 각 지역의 과거 역사를 근대사는 물론이고 조선시대, 고려시대, 심지어 삼국시대로 거슬러 올라가 그 지역을 대표하는 역사 유적들을 소개한다. 향토 역사를 일일이 다 알 수 없는 일반 독자들에게 이 책은 그 지역을 방문할 때 유용하게 사용될 수 있는 여행 가이드의 역할을 할 수도 있다.

또 그 지역에서 일어난 중요한 역사적 사건들을 소개한다. 예를 들어, 동학난의 지도자였던 최제우가 대구에서 심문을 받고 대구 남문 앞 개울가 관덕정에서 참수당했다는 것을 저자는 소개한다. 대구 달성공원에 최제우의 동상이 있고, 대구 종로 초등학교에 최제우의 감옥생활을 지켜봤을 것으로 여겨지는 '최제우 나무'라는 이름이 붙은 나무가 있다는 것은 처음 접하는 정보다.

또 근현대사에서 중요한 사건들도 심도있게 소개한다. 1946년에 일어난 대구폭동과 같은 사건에 대해서도 그 원인과 진행 과정을 잘 소개하고 있다. 아마도 대구에 살면서 대구폭동에 대해 잘 알지 못하는 젊은 세대들에게 이 책은 단순히 향토 역사를 넘어서 현재의 우리의 정치적 상황을 더 잘 이해할 수 있게 도와줄 것이라 생각된다.

그러나 저자의 주된 관심은 이런 향토 역사만을 소개하는 것은 아니다. 그의 관심은 그 지역에 기독교 복음이 들어가서 그 지역이 어떻게 변화되었는지를 보여주는 것이다. 이를 위해 그는 각 지역에서 활동한 외국 선교사들을 소개하고, 그들이 어떤 방식으로 선교를 했는지 이야기한다. 선교사들이 세운 교회들은 물론이고, 교육기관, 의료기관, 사회 봉사기관들을 일일이 소개한다. 개인적으로 이 책에서 제일 마음에 드는 부분은 각 지역에서 활동한 선교사들이 어떤 배경을 갖고 있는 사람들인지 자세히 설명하고 그들의 활동을 추적한 것이다. 사실 기독교인들조차 자신의 지역에 언제, 누가, 어떻게 복음을 소개했는지 잘 모르고 신앙생활을 하는 것이 대부분이다. 자신의 신앙의 뿌리가 어디에 있는지 각 지역의 기독교인들이 알 수 있도록 도와주는 것은 이 책의 가장 큰 공헌이라고 생각된다.

저자의 관점이 갖고 있는 탁월한 점은 이런 모든 정보를 종합하여 기독교 복음이 그 지역의 종교 문화를 어떻게 변화시켰는지를 보여주는 것이다. 이것은 아마도 저자가 종교에 대해 남다른 관심을 갖고 있기 때문이기도 하다. 특별히 유교가 강력했던 경상북도 지역에 어떻게 기독교가 뿌리를 내리게 되었는지, 종교 문화의 변화 관점에서 설명하고 있다.

디불이 지금 우리가 잘 알고 있는 긱 지역 출신의 우리 시대의 뛰어난 목회자들을 소개하는 것도 매우 흥미롭다. 그들이 지금 목회하고 있는 곳은 잘 알지만 그들이 어떤 지역 출신인지 잘 모르고 있었는데, 이렇게 출신 지역별로 분류하여 보니 그들의 신학적 공통점이 이해되기도 한다.

개인적으로 의성 지역에 대한 부분은 매우 큰 관심을 갖고 읽었다. 왜냐하면 나의 부친이 경북 의성 다인면 삼분동 출신이기 때문이다. 어렸을 때부터 할아버지를 뵈러, 커서는 조부모 기일이 되면 가끔 그곳에 살고 있는 작은 아버지 집을 방문했다. 그곳에는 1905년에 설립된 삼분교회와 삼분동부교회가 있다. 나의 할아버지는 1900년생으로 20세 때 기독교로 개종하고 집사로 그 교회를 평생 섬기셨다. 2005년 그 교회들의 100주년 기념식 때 1905년에 어떤 경로로 이 시골 산골 마을에 교회가 생겼는지 궁금하게 생각했고, 더 나아가 의성 지역에 어떻게 복음이 전파되었는지 지금까지 궁금하게 생각했지만, 막상 해답을 알기 위해 연구하지 못했는데, 이 책을 읽으면서 그 궁금증이 거의 다 해소되었다. 비봉교회(1900년 설립), 쌍계교회(1903년 설립), 박곡교회(1904년 설립), 의성교회(1908년 설립) 등 의성군 일대에 그렇게 일찍 복음이 들어왔다는 것을 새롭게 알게 되었다.

의성군 뿐만 아니라 경상북도 전체를 놓고 보면 저자가 말하듯이 선교사들이 직접 세운 교회도 있지만, 삼삼오오 모여서 자신의 마을에 교회를 설립한 경우도 적지 않았다. 따지고 보면 나의 신앙의 뿌리는 바로 여기에 있다. 나의 할아버지가 복음을 받아들여 아버지와 형제 자매들이 모두 복음을 믿었고, 그래서 나도 지금 이 자리에 있게 된 것이리라. 황규학 박사가 기자와 목사의 관점에서, 경북 각 지역의 기독교 역사를 조명하는 이 책을 출판하게 된 것을 축하하며 그의 노력에 감사한다.

_ 김철홍 (장로회신학대학교 교수)

황규학 박사께서 "나의 신앙유산답사기" 경북편을 집필하셔서 책을 출간하게 됨을 진심으로 축하드립니다

짧은 기간에 그 넓은 지역을 답사하여 책을 쓰게 된 것은 엄청나게 부지런함으로 열매를 맺게 되었다고 말하고 싶습니다.

대구, 안동, 문경, 상주, 봉화, 영양, 청송, 의성, 예천, 김천, 영천, 영주, 경주, 고령, 구미, 칠곡, 영덕, 포항 등 18개 지역을 발로 뛰며 현장 답사로 기독교 역사와 조선의 역사를 일목요연하게 글을 쓴 것은 한국교회에 큰 자산이 된 것입니다.

황규학 박사가 하나님께서 특별한 은총을 받은 것 같습니다.

첫째, 글 쓰는 복을 받았다고 말씀드리고 싶고, 둘째, 역사 연구를 할 수 있는 역사관이 열려 있기에 역사를 쓸 수 있고, 셋째, 총명함이 있음을 발견할 수 있습니다.

지난번에는 나의 신앙유산답사기 전남편 이어 이번에는 경북편 '나의 신앙유산답사기'가 나오게 된 것은 너무 기쁜 일이며 한국교회에 좋은 자료가 될 것을 확신합니다. 아무쪼록 너무 수고하셨고, 애쓰셨습니다. 출판이 기대됩니다.

앞으로 전국 각도를 답사하셔서 계속하여 나의 신앙유산답사기 경남편, 충청편, 서울편, 북한지역까지 글을 쓰셔서 출판되었으면 좋겠습니다.

이 책을 사용하시면 대단히 유익하리라 믿어지며 적극 추천합니다.

_ 황기식 목사 (총회 전 역사위원장, 아산동산교회)

19세기 후반 당시 기독교가 우리나라에 전래된 이후로, 숱한 역경
과 시련 속에서도 복음의 역사는 계속되었다. 일제 강점기의 지난한
세월과 해방 이후의 혼란스러운 정치 상황을 거치면서도 신앙의 역
사는 소멸되지 않았고, 그 과정에서 "꺼져가는 등불을 끄지 않으시는
하나님의 역사"를 민족적 차원에서 경험했다. 드디어 1960년대에 접
어들면서, 한국교회는 근대화의 물결에 힘입어 성장의 속도를 내기
시작했다. 지속적인 교회 성장으로 인해, 1980년대 후반에 이르러 한
국교회는 천만 성도를 자랑할 정도로 한국 사회의 주류종교로 확실
히 자리 잡게 되었다. 그러나 새천년에 접어든 이후로는 교인 수 정체
및 감소 상황에 접어들어 교단마다 대책을 강구하고 있다. 세계교회
사상 유례를 찾아볼 수 없을 정도로 단기간에 급성장한 한국교회가
이제는 다시 단기간에 침체의 늪으로 빠져든 모양새가 되었다.

지금 한국교회의 녹록하지 않은 상황은 한국교회가 영적으로 정신

적으로 배고팠던 시절을 잊어버렸기 때문이라고들 말한다. 이는 급성장이라는 외적 결과물에 취하여 교회로 스며드는 세속화의 물결을 방치했고, 교회의 교회됨을 놓쳐버린 결과임은 누구나 알고 있다. 잃어버린 과거의 영광을 회복하기 위해서는 교회가 근원으로 돌아가야 한다는 사실을 모두가 알고 있다. 그동안 한국교회는 타락한 중세교회에 대항하여 종교개혁을 일으킨 얀 후스의 종교개혁과 루터와 칼뱅의 종교개혁 등 서구교회의 역사에 대해서는 어느 정도 접할 기회가 있었다. 그러나, 우리와 가장 가까운 우리의 신앙 선배들이 일구어 온 한국교회의 역사를 구체적으로 접할 기회는 흔치 않았다. 특히 우리나라의 일반 역사와 연결하여 한국교회의 역사를 접할 기회는 더더욱 찾아볼 수 없었다. 그런 점에서, 이번에 저자가 쓴 <나의 신앙유산답사기>(경북편)은 침체의 길을 걷고 있는 한국교회에 다시금 활력을 불어넣기에 충분한 내용을 담고 있다.

본서가 특별한 이유는 저자가 발로 쓴 기록이라는 점이다. 주어진 자료에만 의존하는 기록이 아니라 현장을 찾아가 구체적이고 세세한 부분까지 탐구함으로 독자에게 신선한 감동을 안겨준다. 또한, 본서의 내용이 이해하기 쉬운 문장으로 서술되어 있고, 다양한 사진 자료를 포함하고 있어서 문장과 사진을 따라가다 보면 자연스레 그 내용이 쉽게 이해된다는 특징이 있다. 게다가, 본서는 한국교회 전체가 아니라 경북이라는 제한된 지역을 집중적으로 다루고 있고, 한국사와 경북 교회사를 서로 연결함으로, 독자가 평소에 부분적으로 알고 있던 내용을 통합적으로 이해하는 데 결정적인 도움을 준다는 점이 돋

보인다. 부디 경북지역의 신앙 유산이 이 책을 대하는 독자 여러분에게도 전해질 수 있기를 바란다. 그리하여 독자 여러분이 자신의 신앙을 성찰하고, 자신이 서 있는 자리에서 자신만의 신앙 유산을 후대에 남김으로, 미래 세대가 본받을 만한 신앙의 조상으로 우뚝 서기를 기대해 본다.

_ 김승호 (영남신학대학교)

차례

세 번째 이야기

　필자는 2021년에 약 3개월 동안 전남지역을 답사하고, 나의 신앙유산답사기 전남편을 발간하였다. 책을 읽는 사람마다 많은 관심을 가졌다. 전남의 각 도시마다의 사건과 특성, 인물을 전개하면서 선교사들의 흔적을 들추어내어 그 이면에 하나님의 손길이 있다는 것을 보여주고자 했다.

　한과 눈물 많은 호남을 치료하고자 하나님은 오래전부터 선교사들을 보내 호남을 치유하기를 원하셨다. 비록 호남에는 전쟁과 수탈, 착취, 이념논쟁을 통한 악의 역사가 창궐했지만, 선교사들을 통한 의의 역사는 호남을 새로운 지역으로 바꾸어 갔다. 100년 이상 된 교회가 세워진 곳마다 인물이 태어났고 지역이 획기적으로 발전하였다는 사실을 알게 되었다.

　이제 영남으로 가보고자 한다. 영남은 넓은 평야는 없고, 산과 강 밖에 존재하지 않는 곳이지만 수많은 한국의 정치 현실이 깃들여 있는 곳이다. 봉건주의와 제국주의를 통한 민초들의 인권유린과 망국의 현실, 6·25전쟁의 피비린내 나는 악의 역사에 대해 예수 그리스도를 통한 의의 역사가 어떻게 영남을 변화시켰는지에 중점을 두었다. 교회가 들어서는 곳마다 물질적, 영적, 정신적 환경이 바뀌는 놀라운 역사가 발생했다.

영남은 한국의 정신사를 끌고 왔다고 해도 과언이 아니다. 호남은 오늘날 민주화에 많은 공헌을 하였지만 영남은 한국의 정신사와 경제발전에 많은 공헌을 하였다.

이병철, 구본홍, 박태준 등 성공한 경제 관료들은 대부분 영남 출신이다. 이처럼 호남은 한국의 정치발전에, 영남은 한국의 경제발전에 공헌을 하였다. 그런데다가 유달리 영남은 종교 천재들이 많은 곳이기도 하다. 김수환, 조용기, 김진홍, 김삼환, 이광선, 이상근, 손양원, 주기철, 한상동, 이상근, 이성헌 목사 등이다.

특히 영남은 삼국시대에는 신라가 중심적 역할을 하였지만 고려가 개경을 수도로 해 영남은 중심에서 주변으로 전락하고 만다. 그러나 유학의 영향으로 인해 영남은 정계와 경제계를 좌지우지할 만한 인물이 태어난 곳이기도 하다. 그러므로 영남의 정신사조는 유학이기 때문에 유학을 알지 못하면 영남을 바로 이해하기 어렵다. 영남에 개신교가 들어오기 전에 영남은 유학의 고장이었다.

그러므로 영남지역을 답사하면서 가장 많이 눈에 띄는 것은 서원문화이다. 그만큼 영남은 서원문화가 발달한 곳이기도 하다. 소수서원, 병산서원, 옥동서원 등은 대표적이다. 그러나 이러한 서원문화가 미묘하게도 훗날 기독교문화와 연결이 된다. 특히 유학자들이 중심이 된 실학자들은 서학을 수용하면서 서구의 종교에 눈을 뜨게 된다. 그러므로 유학은 기독교를 맞이할 준비가 되어 있었다.

영남에 있는 대부분의 지역은 유학으로 무장했고, 이러한 유학은 장단점이 있었지만, 근대로 들어서 실학이 태동하게 되면서 이론 유학은 실용 유학으로 탈바꿈하게 된다. 실용 유학은 서학과 관련이 있었다. 실용 유학의 대표적인 학자 정약용은 실제로 자신이 기중기까지 만들어 수원성을 축조하는 데 일익을 담당한다.

종교에도 변화가 왔다. 영남에는 서학을 모방한 한국적 동학이 싹트면서 '인간은 하늘'이라는 새로운 사상을 접하고 하층민들과 농민들에게 침투하여 동학은 유림과 적대적인 관계에 서게 된다. 반상 투쟁이 치열하게 발생한다.

영남에서 발생한 동학은 종교성을 넘어서 혁명성과 운동성을 띠면서 신분 해체를 가져왔고, 호남에서는 실천적 교리로 되면서 탐관오리와 항일투쟁으로 발전하게 되었다. 모든 교리와 사상은 영남에서 발생했다. 그만큼 영남은 종교성이 짙은 지역이었다.

이미 유학으로 무장한 영남에서 유달리 종교 천재들이 많이 나오는 것도 유학으로 무장한 정신과 실천이 뛰어났기 때문이다. 영남이 서구의 종교를 만났을 때, 천주교에서는 김수환 추기경, 개신교에서는 주기철, 안이숙, 한상동, 손양원, 이원영, 조용기, 김삼환, 김진홍, 이상근 목사 같은 걸출한 종교 지도자들이 탄생한다. 동학에서는 최제우, 최시형이 탄생했다. 영남은 평야보다 산이 많은 지역으로서 종교성이 발전했다.

이러한 종교성은 유교의 정신에서 발생했고, 유교의 정신이 서학을 만났을 때 영남은 요동치기 시작했다. 영남의 역사를 면밀히 검토해 보면 한반도의 정치사, 종교사, 경제사, 전쟁사, 이념사가 깃들여 있는 것을 알 수 있다.

영남지역은 선교사들이 직접 교회를 개척한 경우도 많이 있지만, 대부분 영남의 지역 사람들이 스스로 삼삼오오 모여서 자생적 교회를 설립하게 된다. 특히 안동지역의 유림이 교회를 통하여 새로운 세계를 꿈꾸고 있었다. 유교만을 갖고서는 더 이상 미래가 없었으며 근대화. 세계화, 국제화에 발맞추어 나갈 수 없음을 알고 있었다. 구한말 동학운동이 전국을 휩쓸고 지나갈 무렵, 서구로부터 들어온 기독교는 우리 민족의 유일한 희망이었다.

선교사들은 한국에 오자마자, 교회, 학교, 병원을 세웠다. 교회, 학교, 병원을 통하여 한국의 근대화가 시작되었다. 교회를 통하여 항일

정신과 반공정신, 서구문명을 알게 되고, 학교를 통하여 서구의 학문에 눈을 뜨게 되고, 병원을 통하여 한방의 단점을 극복하여 새로운 의료기술로 인해 수많은 사람이 병을 예방하기도 하고, 고칠 수 있었다.

영남의 교회들을 통하여 보편 사회는 경제적, 정치적, 영적 눈을 뜨게 되었고, 영남은 새로운 세계로 바뀌기 시작했다. 그러므로 나의 신앙유산답사기 경북편은 경북에 오신 예수 그리스도를 통하여 경북이 얼마나 많이 발전하고 새로운 인물들이 탄생했는지를 보여줄 것이다.

이 책은 영남지역의 역사를 추적해 가면서 역사 속에 등장한 개신교를 통하여 영남 역사의 진전을 검토한다. 일반 역사 속에 그리스도의 역사가 들어오면서 어떻게 역사가 변모했는지, 교회를 통한 예수 그리스도의 자취를 추적한다.

오늘 이 책이 있기까지 수고한 고정양 에셀나무 출판사 대표에게 감사함을 전한다. 또한 책을 추천해 준 분들에게도 감사를 드린다. 특히 교회를 통해 일반역사가 진전한다는 시각을 깨워 준 김삼환 목사께 감사를 드리고, 나의 신앙 유산답사기를 출간할 수 있도록 동기부여를 해준 채영남 목사께 감사를 드린다.

황규학

첫 번째 이야기

———

대구
안동
문경
상주
봉화
영양

첫 번째 이야기

대구

대구는 저항의 도시이다. 대구는 고려시대에는 몽골과 거란에 저항을 했고, 임진란 때에는 왜국에 저항했고, 일제 강점기는 신간회 등을 통하여 일본에 저항했고, 또한 해방 이후 노동운동이 격렬하게 일어나면서 미군정에 저항했고, 6.25 전쟁 직전에는 박헌영의 꾐에 빠져 좌익들이 1946년 10월 폭동을 일으겨 우익 정부에 저항하기도 했던 저항의 도시었나.

이러한 저항의 도시에 선교사들을 통하여 복음이 들어오면서 대구는 눈부시게 발전하였다. 교회와 학교, 병원이 세워지면서 대구의 역사는 변하여 갔다. 일반 역사 속에 그리스도의 역사가 들어오면서 대구는 새로운 역사가 시작되었다. 죄악으로 물든 세상 역사 속에 예수 그리스도를 통한 신의 역사가 개입하면서 인간의 역사는 변하기 시작했다. 신의 역사는 인간의 역사를 변화시키는 힘이 있었다.

영남의 복음 전파는 대구와 안동을 중심으로 사방으로 퍼지면서 시작한다. 복음은 단지 종교적 변혁뿐만 아니라 문화적 변혁, 사회적 변혁, 역사적 변혁을 가져왔다. 그러므로 대구와 안동을 중심으로 퍼져나갔던 선교 이야기가 역사에 어떤 영향을 가져다주었는지 전개하는 것도 의미 있는 일일 것이다.

지리적 여건

대구 동쪽은 경상북도 경산시, 서쪽은 경상북도 성주군과 고령군, 남쪽은 경상북도 청도군과 경상남도 창녕군, 북쪽은 경상북도 칠곡군과 군위군 및 영천시와 접하고 있다. 대구는 해방 이후 1981년에 달성군, 칠곡군, 경산시 일부를 편입하여 대구광역시로 승격했고, 1995년에는 대구광역시가 되었다.

역사의 각축장

삼국시대는 6~7세기 말에 신라가 통일하면서 종막을 내렸다. 대구 지역은 후삼국시대에도 신라에 대한 주도권을 장악할 수 있는 요충지로 인식되어 후백제와 고려의 각축장이 되었다. 그러나 고려의 재통일 이후 정치의 중심 무대가 개경으로 옮겨지면서 신라 시대와는 달리 그 비중이 점차 낮아져 갔다.

고려시대 몽골 침입기에는 팔공산 부인사(符仁寺)가 대장경판과 더불어 소실되는 피해를 보기도 했다.

▲ 부인사 전경

▲ 대장경

1236년(고려 고종 23년), 이규보는 몽골의 침입에 불력으로 대항하기 위한 새로운 대장경의 각판 작업을 밑아 임금과 신하가 함께 기원을 드리기도 했다.

몽골의 제5차 침입 때는 대구지역 주민들이 충청도 부여의 공산성(公山城)에 들어가 끝까지 저항하는 항몽 투쟁을 전개하기도 했다.

이처럼 대구는 저항의 도시였다. 대구는 분지 지역으로서 평야가 넓으며 기온 차가 심하고, 전략적 요충지역이기 때문에 항시 소용돌이치는 곳이었다.

대구 동학

대구는 동학의 교조 최
제우가 숨진 곳이다. 최
제우는 4년 만에 혹세무
민의 죄로 대구 관아를
거쳐서 서울로 압송되었
다. 그러나 철종의 죽음
으로 최제우는 대구 감영
으로 다시 돌아왔다. 대
구 감영에 도착한 최제우
는 관찰사 서헌순으로부
터 22차례의 혹독한 신문
을 받았다.

▲ 최제우의 혹독한 심문

최제우는 추운 겨울날 묶여
마당에 꿇어앉아 매질을 당하
기도 하였다. 얼어붙은 살은 갈
라지고, 선혈이 낭자하여 차마
눈 뜨고 볼 수 없는 끔찍한 광
경이 연출되었다. 1864년 2월
하순에 다리뼈가 우두둑 부러

지는 소리까지 났다고 했을 정도로 혹독한 고문을 받았다.

1864년 3월 10일, 최제우는 대구 남문 앞 개울가 기다란 판자에 꽁 꽁 묶인 채 관덕정에서 참수당하였다. 관덕정은 당시 나라의 기틀을 뒤흔드는 것으로 여겨 중죄인으로 취급됐던 사람들이 참수당하는 사형장과 같은 곳이었다.

천주교인들은 이곳에서 을해박해(1815년), 정해박해(1827년), 기해박해(1839년)와 병인박해(1866년) 등 박해 때마다 온갖 참혹한 방법으로 처형을 당하기도 했다.

현재 대구의 달성공원에는 최제우의 동상이 있다. 최제우의 정신을 중시하겠다는 의미이다.

대구에는 관덕정으로 끌려가는 최제우를 본 최제우 나무도 있다.

대구 종로 초등학교에 있는 이 나무는 억울하게 희생된 그의 감옥 생활을 지켜보았을 것으로 생각되어 '최제우 나무'라 명명되었다. 이처럼 대구는 동학의 교주 최제우가 억울하게 죽은 곳이다.

교육기관

달성학교

▲ 최제우 나무

개신교의 전파에 따라 개화의 물결이 밀려들면서 대구에는 다양한 교육기관이 발생했다. 1899년 달성학교를 효시로 다수의 초등교육기관이 생겨났다. 다음은 달성학교 수료증이다.

달성학교는 훗날 1951년 대구고등학교로 개명되었다가 1953년 경북고등학교로 개명된다. 경북고등학교는 일류 고등학교가 되어 많은 학생들이 서울대학에 입학하곤 하였다.

계성학교

1906년에는 계성학교가 설립되어 많은 인재를 배출했다. 계성학교는 대구광역시 서구 상리동에 위치한 자율형 사립 고등학교이다. 110년이나 된 개신교 미션스쿨이다. '영적인 출발', '거룩한 시작'이란 뜻의 '계성'(啓聖)을 교명으로 한 계성중·고등학교(이하 계성학교)는 한 세기가 넘는 학교 연혁만큼이나 풍부한 인재와 역사성을 간직한 학교 건물을 자랑하고 있다.

'**여호와를 경외함이 지식의
근본이니라**'(잠언 1장 7절)를
교훈으로 미국 북장로교 선
교사들이 세운 계성학교는
1906년 대구읍성 남문 안 초
가 행랑채를 교사로 중·고등학교 통합 학제로 출발했다. 처음엔 선교
사들은 이 학교를 'Boy's Academy'라고 불렀다.

1906년 10월 15일 아담스(James E, Adams, 안의와)는 계성중학교
를 설립하고 교장이 되었다.

1906년

1906. 06	동산선교기지에 건교가 4천 4동 병사 1동 건축 착공하고 계유화 이전하다
1906. 06	아담스 목사가 교장 겸하여 계성학교(Boys Academy) 설립 인업년 2월 설립하다
1906. 20	아담스(아담스 안 다수에 아담스(목사가 다수 계성길 지방 제시하다

◀ 아담스 선교사

하버드대학교에서 박사학위를 받은 프린스턴 신학교 이상현 교수는 계성고등학교 출신이다.

계성학교는 이듬해 개교한 신명학교와 더불어 근대적 중등교육 기관으로서 많은 인재를 양성하게 되어 교육·문화도시의 면모를 갖추게 되었다. 계성고등학교는 수많은 인재를 배출하였다.

정계엔 신도환(29회) 전 신민당 총재를 비롯해 김용태(41회)·장영철(42회)·박창달(51회)·김광원(46회) 전 국회의원, 이강철(53회) 전 대통령 시민사회수석이 있으며, 현재 이인기(59회)·이한성(63회) 국회의원이 활동하고 있고, 법조계엔 고정권(37회) 전 대구지방법원장, 한영석(44회) 전 서울 고검 검사장 등이 있다.

문인으로서는 소설가 김동리(21회), 아동문학가 김성도(21회), 시인 박목월(23회) 등과 음악인으로서는 작곡가 박태준(5회)·현제명(8회) 등이 있었다.

항일운동

일제의 침입이 시작되면서 대구는 항일저항운동의 근거지로서 한 몫을 하였다. 대구는 삼국시대부터 현대까지 저항의 도시였다. 이외에도 대구는 근대적 교육을 통한 민족실력 양성운동이 전개되었고, 1907년 서상돈·김광제 등이 국채보상운동을 전개해 전국적으로 큰 호응을 얻기도 했다.

▶ 영수증

1915년, 서상일 등은 영남지역의
독립투사들과 함께 조선 국권회복
단 중앙총부라는 비밀결사를 조직
하여 3·1 만세운동에서 대구지역
의 시위를 주도했고, 파리장서 사
건에 깊이 관여하기도 했다.

▲ 조선 국권회복단 중앙총부

1927년에는 신간회 대구지회가
조직되어 항일투쟁을 지속했으며,
1930년대 이후 학생들의 비밀결사
운동이 활발하게 전개되어 민족 항
쟁의 본거지로서 그 모습을 뚜렷이
나타내었다.

▲ 신간회가 있었던 대구 YMCA

이처럼 대구는 제국주의에 저항하는 항일 애국 도시로서의 면모를
갖추어 나갔다. 그러면서 대구는 신교육과 신문명이 발달하면서 저항
의 도시가 되었다. 광주광역시 이상이었다. 1945년 광복 이후 대구는
해외 귀환 동포의 정착과 월남 피난민들의 유입으로 급격한 인구 증

가가 있었고, 공장이 많이 설립됨에 따라 노동운동을 통한 사회적인 문제가 야기되기도 했다.

대구의 10월 폭동

대구 사건에서 가장 빼놓을 수 없는 사건이 대구 10·1 폭동 사건이다. 미군정이 지속되던 1946년 10월 1일 좌익의 교묘한 선동에 의해 대구 폭동이 일어나 많은 인명과 재산 피해를 낸 사건이다. 박헌영의 꾐에 속아 쌀 배급 문제로 좌익의 노동자들이 미군정에 항의를 한 폭동 사건이었다.

10·1 폭동의 전개

대구의 10월 폭동은 박헌영이 1946년 9월 24일 조선노동조합 전국평의회(전평) 조직을 총동원한 철도파업과 9월 전국 노동자 총파업에 이어 연이어 일으킨 사건으로 정판사 위조지폐 사건 이후 이를 무마시키기 위한 운동이었다. 박헌영이 황해도 해주로 올라가 폭력 전술로 노선을 변경한 후 전국적 규모의 대사건을 일으켰다. 이는 6·25전쟁을 위한 준비운동이었다. 노동운동이 아니라 폭동 사건이었다.

전국에서 230만 명이라는 대규모 인구가 참여했던 대대적인 폭동이었다. 순수 노동운동이 아니라 좌익의 이념이 이면에 있었던 이념 노선 투쟁이었다. 대구에서 시작된 시위는 전국으로 퍼져 230만 명이 동참을 하였다.

1946년 10월, 대구에서 시작된 시위는
전국으로 퍼져 230만 명이 참여했던 것으로 추정된다

1946년 5월 말부터는 쌀 배급과 임금 인상을 요구하는 노동자들의 총파업이 벌어졌고, 9월에는 부산에서 25만 명이 총파업에 참여했으며, 급기야 10월 1일 저녁 대구역 앞에서 수천 명의 시위 노동자와 100명의 무장 경찰들이 대치하다가 경찰의 발포로 2명이 숨지는 사태가 발생했다.

1946년 10월 1일 오전 전평 선동자들은 부녀자들을 부추기면서 1,000명을 동원, 대구시청으로 몰려가 쌀을 달라고 외치게 했다. 당시 사무실 주위에 모여 수천 명의 노동자들은 "쌀 배급 일급제 폐지, 박헌영 선생 체포령을 취소하라"라고 소리쳤다. 이처럼 10월 폭동은 이념이 가미된 좌익운동이었다.

▲ 박헌영을 지지하는 사람들

　　박헌영 체포를 취소하라고 하는 것은 광화문에서 민주노총 노동자들이 "이석기를 석방하라"고 외치는 것과 다름이 없었다.

▲ "이석기를 석방하라" 시위

　　대구 폭동에서 분노한 시민들은 숨진 노동자의 시신을 메고 대구경찰서를 점거해 무기를 탈취했고, 대구역 앞에서는 경찰과 시민들 사이에 총격전이 벌어졌다. 시위대는 부잣집 혹은 친일파의 집을 털어 식량과 생필품을 시민들에게 나눠주기도 했다.

여수순천 10.19 사건이나 제주 4·3 사건은 무기고를 탈취하면서 폭력 시위 양상으로 갔다. 광주 5·18 항쟁도 무기고를 탈취하면서 많은 인명 피해를 냈다. 결국은 경찰과 군대에 의한 무고한 양민까지 학살되는 사태로 빚고 말았다. 공산당은 항시 폭력으로 귀결한다. 그것은 마르크스와 레닌의 혁명이 폭력을 정당시해서라도 혁명에 성공해야 한다는 슬로건이 있기 때문이다. 영적으로는 이념을 통하여 사단의 영이 역사하였다.

순천의 코잇 선교사는 1920년대 우리나라에 볼세비키즘이 전국에 퍼져있다고 말할 정도였다. 원산의 성령 사건 이후 한반도는 성령을 통한 대부흥 운동의 역사가 있었지만, 다른 한편으로는 악령을 통한 좌익의 폭동이 끝나지 않았다. 악령은 6·25를 통하여 약 250만 명 이상이 처참하게 죽도록 만들었다.

예수 시대처럼 한반도에도 성령과 악령이 동시에 역사했다. 악령은 주로 종교적으로는 신사참배와 교회파괴, 이념적으로는 좌익을 통한 폭동으로 역사했다. 남을 고문하고 질서를 파괴하는 등 좌익이념을 토대로 폭력으로 끌고 가 무고한 인명을 희생시키는 것은 악령의 역사이다. 무고한 양민을 좌익으로 몰아 대량학살한 군인들의 총기 난사도 악령의 역사이다. 좌우 이념 할 것 없이 무고한 사람들을 살인하는 것은 악의 역사이다.

좌파 정권에서는 좌익사상이 민주의 이름으로 주사파의 옷을 입고 청와대와 각계각층에 침투하여 국가를 소란스럽게 만들고 있다. 좌파 정권 이면에는 민주와 개혁을 명분으로 한국교회를 파괴해야 자신들의 정권이 유지되는 것으로 판단했다. 이는 악령이 정권과 언론을 통하여 움직이고 있기 때문이다.

대구 10월 폭동의 결국은 7,500여 명이 검거되고 30명이 사형을 당했다. 이 폭동은 전국의 73개 시군으로 번졌을 정도로 중대한 폭동이었다. 노동운동을 빌미로 한 이념 운동이었다.

100년 이상 된 대구의 교회들

대구제일교회

대구의 선교사역은 대구 제일교회로부터 시작이 된다.

개척 초기에는 서자명, 정완식 등을 중심으로 교세가 확장되면서 1908년 재래양식과 서구 건축양식을 합작하여 교회당을 건축하였다. 1933년 신도들의 헌금과 지방교회의 성금을 모아 지금의 벽돌조 교회당을 건축하고 이름을 대구제일교회로 명명하였다.

경북의 수많은 교회는 대구제일교회로부터 시작이 되었을 정도로 대구제일교회는 경북지역 교회의 효시이다. 대구제일교회를 빼놓고서는 경북

교회 역사를 말할 수 없을 정도이다. 더군다나 다른 지역의 교회와 달리 대구 제일교회는 아담스(Adams, James Edward, 1867~1929, 안의와) 선교사가 세운 대구의 새문안 교회였다.

대구 역시 호남선교처럼 1893년까지 거슬러 올라간다. 대구제일교회는 동학농민혁명이 발생하기 2년 전에 1893년 4월 22일 베어드(William M. Baird, 1862-1931, 배위량) 선교사가 대구에 첫걸음을 내딛고 대구지역에 복음을 전파하면서 시작이 된다.

1896년 1월 남성로 구 예배당 부지를 구입하고, 1897년 봄 초대 목사인 아담스(안의와) 선교사가 부임하므로 본격적인 교회가 설립되었다.

　남장로교 출신 중 7인의 개척자들은 서울에서 10개월 동안 한글을 배우고 1893년 9월에 전주로 내려왔다. 1893년 남장로교 출신 선교사들은 전주에서 선교사역을 하고, 북장로교 출신 선교사들은 같은 해 1893년 대구에서 복음을 전하였다.

　대구선교의 효시, 베어드

　북장로교 출신 베어드는 1891년 1월에 미국 북장로교의 파송을 받아 부산에 입국해서, 현 초량교회를 1892년 11월에 설립하고, 1893년 4월 대구에 방문하여 1893년 4월 22일 대구제일교회를 개척했다.
　이처럼 미국장로교선교사들은 동학운동을 전후하여 영호남에서 복음을 전했다.

아담스 선교사

대구제일교회는 조선 말기인 1893년에 남성정교회(南城町敎會)라는 이름으로 설립되었으며, 경북지방의 교세가 확장되면서 1896년 부지를 마련하고 베어드가 갑자기 서울로 상경함에 따라 그의 처남 아담스가 1897년 11월 7일 대구지역에서 선교를 시작하며 교회 역사가 시작되었다.

아담스는 1867년 5월 2일 미국 인디에나 주 맥코이(McCoy)에서 출생했다. 1888년 캔사즈주 토피카(Topeka)의 워시번(Washburn)대학을 졸업하고, 존 홉킨스(Johns Hopkins) 대학에서 1년간 수학하였다. 토피카 장로교회에서 신앙 생활하였다.

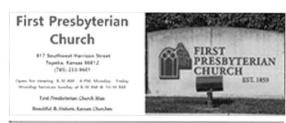

아담스는 1894년 시카고에 있는 맥코믹(McCormick)신학교를 졸업하고 넬리 딕(Nellie Dick)과 결혼하였으며 미국 북장로회 한국 선교사로 1895년 5월 29일 내한하였다. 의학적 지식을 갖고 한국에 왔다.

그의 아내 넬리 딕(Nellie Dick, 1866-1909)도 1866년 9월 15일 캔

자스 주 토피카(Topeka)에서 출생했다. 신앙
적인 가정에서 출생한 넬리는 교회학교 학생
에 불과했을 때 기네스 박사(Dr H. Grattan
Guinness)의 '선교사가 되려는 이상'(The
Idea of becoming a missionary)이라는 제
목의 강연을 듣고 처음으로 선교사에 대한
관심을 두게 되었다.

　이때부터 그녀는 신앙생활에 정진하였고, 그 후에는 여자 청년선교
회(Young Ladies' Missionary Society), 기독청년 면려회(Christian
Endeavour), 그리고 기독교여자청년회(YWCA) 등에 가담하면서 선
교사로서의 삶을 준비하게 되었다.

　그녀는 1909년 10월 31
일 4번째 자녀 출산 후유
증으로 43세를 일기로 한
창 젊은 나이에 먼 이국땅
에서 순교했다. 그녀의 묘
지는 현재 동산의료원 선

교박물관 경내 잔디밭에 안장되어 있다.

　남달리 한국을 사랑했던 그녀는 선교기지 내에 유년 주일 학교, 부
인 주일학교, 부인 사경회 등을 운영하며 남편의 선교사역을 도왔다.
'넬리 딕'의 장례식은 한국여성들의 애도 물결로 줄을 이었다고 한다.
'넬리 딕'의 묘비명에는 '그녀는 죽지 않고 잠들어 있다'(She Is Not
Dead But Sleepeth)로 쓰여 있다.

이처럼 아담스는 내한 초기 부산에 머물렀다가 그의 매형 베어드(배위량) 선교사 후임으로 1897년 11월 1일 대구로 옮겨와서 선교부를 개척하고 대구제일교회를 시작했다.

아담스는 1900년 11월 11일 희도학교를 설립했다. 희도(喜道)학교는 근대학교의 효시이며, 설립자 겸 교장으로 활동했다. 아담스는 교육(계성·신명·희도), 의료(동산병원), 선교(대구제일교회)의 사역을 시작했다.

아담스 선교사는 1912년 12월 19일, 경상 노회(제5회) 노회장으로 선출되었으며, 그의 전도로 1914년, 경산시 평사(平沙)교회를 비롯하여 1921년 연일군 중감(中甘)교회 등 여러 교회와 학교를 설립하는 데 기여했다.

신명여고

당시 신명여고는 영남지역 최초의 여성 교육기관이었다. 1902년에는 헨리 브루엔(Henry Munro Bruen, 1874-1959, 부해리)의 부인 마샤 스콧 브루엔(Martha Scott Bruen,1875-1930, 부마태)가 교회 구내에 신명 여자소학교를 설립했다.

▲ 신명여자고등학교

헨리 브루엔은 경상북도 서부지역에서 42년간 선교활동을 하면서 1901년 김천시 선천교회와 구미시 죽원교회를 설립하고, 달성, 칠곡, 상주, 성주, 고령, 군위 지역 등을 순회하며 복음을 전하고 수십 개 교회를 개척한 선구자였다.

신명여학교의 교훈은 "하나님을 영화롭게 하라" 이다.

이 말은 이 학교를 세운 1907년 10월 미국 북장로교 브루엔 선교사의 부인이었던 부마태 여사가 12명의 여학생들 앞에서 한 말이다. 그녀는 동산의료원 은혜동산에 안장되었다.

▲ Bruen Martha Scott

▲ 동산의료원 은혜정원에 안장

그녀는 죽어서도 대구제일교회 옆에 있는 신명여고를 보고 있을 것이다. 대구 신명여고에는 브루엔의 동산이 있다.

1912년에 첫 졸업생 3명을 배출했다. 신명의 뜻은 '믿음으로 학문의 횃불을 밝힌다'는 뜻이다. 신명여학교 학생들은 1919년 3월 8일 당시 계성고와 대구고등보통학교(현 경북고) 학생들과 함께 만세운동을 벌였다. 신명학원은 그래서 동산동 교정에서 '신명 3·8 독립만세운동 기념식'을 열기도 했다.

신명여고는 해외 독립운동가였던 이금례(1회) 여사와 계명대 의대 교수를 지낸 사회사업가 신동학(35회), 미국 뉴잉글랜드 음악원 교수인 피아니스트 변화경(52회), 패션 디자이너 박동준(55회) 씨 등 각 분야에서 뛰어난 인물을 배출했다.

▲ 박동준 씨　　▲ 신동학 씨　　▲ 문정자 씨　　▲ 석정달 씨　　▲ 변화경 씨

김종필 전 자민련 총재의 부인 박영옥(35회) 씨와 대구여성단체협의회장을 지낸 문정자(37회·대한어머니회 대구시 연합회장), 계명대 김복규(54회·행정학) 교수도 동문이다. 경제계에서는 주사제를 만드는 제일제약 김성자(36회) 회장과 대구상공회의소 여성기업 특별위원장인 명진섬유 석정달(45회) 대표가 있다.

▲ 이진숙 기자

또 법조계에는 이명숙(68회)·황보영(69회) 변호사 등 20여 명이 활동하고 있으며, 걸프전 종군기자로 활약한 문화방송 이진숙(65회) 기자도 이곳 출신이다.

제중원

대구에서 제중원을 개원한 사람은 잉골드보다 2년 늦게 한국에 들

어온 미국 북장로교 출신의 존 슨 (Dr. Woodbridge O, 1869-1951, 장인차)으로 대구 최초의 의료선교사였다. 한국 이 름 장 인 차 인 그 는 1899~1910년까지 제중원의 초대 원장으로 있었다. 그는 팔공산 파계사에서 스님들과 어울리면서 한국말을 익혔다. 불자의 스님들에게 한국말을 배워 개신교도들을 위하여 사용하였다.

　존슨 선교사는 스님들로부터 한글을 2년 동안 배워 1989년 7월 대구에 한옥을 마련하여 미국약방을 개설하였다. 그해 10월에 약제실과 수술실을 갖춘 제중원을 개원했다. 최초의 제중원은 대구읍성의 성벽의 안쪽에 위치했다.

대구 제중원

　제중원은 한강 이남 최초의 병원이었고 영남지역 최초로 서양 의술을 펼친 병원이다. 이 병원은 1899년 크리스마스 전에 개원하였고 훗날 계명대학교 동산의료원으로 발전한다.

동산의료원은 1898년에 시작한 전주 예수병원보다 1년 늦게 시작한다.

100년 된 사과나무

존슨은 대구 사과를 보급(1900년경)한 공적이 있다. 존슨(장인차)

선교사가 미주리 주에서 묘목으로 처음 수입하여 선교부 뜰 안에 심었다. 병원의 역사는 사과나무를 통해서 알려진다.

대구의 사과나무는 존슨 시절에 심어졌는데 1세대 나무는 죽고, 2세대 나무가 살아서 열매를 맺고 있다. 사과나무는 선교의 역사와 함께하고 있다. 병원도 사과나무처럼 번성하여 굴지의 대학병원이 되었다.

이상근 박사

대구제일교회의 역사에서 빼놓을 수 없는 사람은 이상근 박사이다. 그는 대구제일교회 역사뿐만 아니라 한국기독교 역사에서도 빼놓을 수 없다.

1920년 3월 5일 대구에서 출생
1944년 12월 평양신학교 졸업
1945년 4월11일 평양에서 목사안수
1945년~1946년 평양 누하동 교회
1946 ~ 1948년 경북 칠곡 숙계교회
1948 ~ 1967년 대구대봉교회
1957년 3월31일 대구제일교회
1991년 2월 17일 원로목사로 추대

1965년 경북노회장 역임.
1974년 대한예수교 장로회 제59회 총회장

1999년 월 1일 오전 4일 별세(송화장별)

정류 이상근 박사(1920~1999)는 대구제일교회(1957~1999)에서 42
년 동안 목회했던 한국 최고의 성경주석가이다.

그는 신구약 주석, 외경 주석까지 완성했다. 1959년 달라스 신학교
에서 박사학위를 받은 이후 1975년 신약성경 주석 12권을 완간하고,
1993년에는 구약성경 주석 15권을 완간했다.

그는 1920년 대구출생으로 1932년 수창보통고등학교를 졸업하고,
1934년 9월 18일(수요일) 만 15세 때 계성중학교 다니는 친구의 인도
로 대구중앙교회에 처음 출석하여 처음 신앙생활을 시작했다.

1935년 교회에 나간 지 얼마 안 되어 발의 고통 때문에 100일 작정
기도를 하였고, 1940년 대구 동산에 있는 성경학교에서 수학하였고,
1942년 평양신학교에 입학하였다.

▲ 평양신학교

　이상근 목사는 평양신학교에서 대학 검정고시에 합격하여 대학에
갈 수 있는 자격을 확보하였다. 그는 1944년 12월 30일 평양신학교를
졸업했다.

　1945년에 목사안수를 받고 평양신학교 강사를 역임했고, 장대현교
회에서 부목사 생활을 했고, 1945~46년까지 평양 능라도 교회에서 목
회를 하고 월남하였다. 평양 장대현교회에서 창동교회를 분립 개척했
고, 분립한 지 2년 만에 창동교회는 대동강변에 능라도교회를 개척해
세웠다.

▲ 능라도

1946년 10·1 대구 폭동이 발생하였을 무렵에 이상근 박사는 칠곡 옥계교회(현재 구미 옥계교회)에서 목회를 하였고, 대구남산교회 전도목사로 있으면서 대봉교회 분립개척을 하기도 하였다.

대봉교회는 남산교회로부터 분립된 교회이다. 1948년에 개척을 시작하였다가 1953년에 유학차 도미한다.

이상근 박사는 1955년에는 미국 프린스턴신학교에서 수학을 하였고, 뉴욕신학대학원을 졸업하였다. 1956년 영남신학교 이사장에 피선되었고, 1959년에 미국 달라스신학교에서 신학 박사학위를 취득했다.

▲ 대봉교회

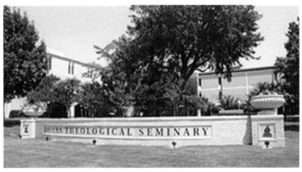
▲ 달라스신학교

이 박사는 한국에 돌아와서 영남신학교 이사장 및 교장을 역임하였고, 1960~1964년 장로회신학대학교 강사를 역임하였고, 1974년에는

59회 대한예수교장로회 총회에 피선되어 총회장을 역임하였다.

이 박사가 성경 주석가가 될 수 있기까지는 아픔의 가시가 있었다. 그것은 평생 발에 병을 안고 살아갔다.

이 박사는 16살에 100일 작정 기도를 하였지만 발이 낫지 않았다. 발 때문에 학교도 가지 못하고 집안에만 있어야 했다. 설상가상으로 어머니가 민간 치료를 한다고, 한방약을 붙인 것이 덧나서 고등학교도 못 가니까 검정고시를 치르고 입학했다. 바깥출입을 못 하자, 집안에서 계속 성경만 보아 성경을 거의 외우다시피 했다.

성경만 읽은 것이 훗날 성서학자가 되는 밑거름이 되었지만, 그는 60년 동안 발을 절면서 고통 가운데 살아야 했다. 1993년에 은퇴한 이후 외과 의사의 권유로 수술 받게 되었는데, 발뒤꿈치에서 1cm 정도, 머리카락 굵기의 철사가 나왔다.

어렸을 때 맨발로 놀다가 철사에 찔린 것이 그의 평생 가시가 되었던 것이었다. 그러나 철사라는 가시가 있었기에 성경만 연구하게 되었다.

이 박사는 발 수술을 받은 후 철사를 들고 "이 철사가 내 육체의 가시가 되어, 60년 동안 나를 찔렀으나, 이 가시로 인하여 내가 대(大)성서학자가 되게 하신, 하나님의 은혜의 도구였다. 하나님의 은혜가 내게 족하도다"라고 외쳤다.

이처럼 미국 선교사들의 교회설립이 대구제일교회를 낳게 하였고, 대구제일교회를 통하여 신명학교, 계성학교, 동산의료원이 설립되었다. 선교사들이 세운 학교를 통하여 지성인들, 목회자들이 탄생하였고, 동산의료원을 통하여 수많은 시민들이 치료를 받았다.

선교사들을 통해 대구에 복음이 들어오게 되면서 이상현 박사, 이상근 박사가 탄생하였다. 대구에 복음이 없었다면 이상근 박사는 없었을 것이고, 아들 이성희 목사도 없었을 것이다. 두 사람 모두 부자지간에 총회장을 지냈다.

대구 10·1 폭동 시에도 대구제일교회는 요동하지 않고 신도들은 신앙생활을 게을리하지 않았다. 종로가 아닌 대구에 심은 사과나무는 선교사들의 사역 열매를 말해준다. 단순한 사과 열매가 아니라 선교사들의 피와 땀의 결실을 상징적으로 보여준 열매이다.

결론

이념과 가난으로 얼룩진 대구에 복음을 통한 그리스도의 의의 역사가 들어옴에 따라 평화와 안전, 경제적 부와 수많은 인재가 탄생했다. 인재가 많이 있다는 것은 대구의 일반 역사가 획기적으로 발전했다는 것을 말해준다. 역사는 사람과 하나님을 통해서 이루어진다. 선교사들은 하나님에 대한 소명의식을 갖고 대구를 새로운 역사로 바꾸어 갔다. 신이 개입할 때 인간의 역사는 신의 의

▲ 은혜동산

도대로 변혁되었다.

　이처럼 경북의 선교는 대구제일교회로부터 시작이 되었다. 대구는 교회를 통하여 병원과 교육기관이 설립되는 등 의의 역사가 들어와 점점 변화되고 있었다. 예수그리스도의 역사를 통하여 일반 역사가 변화되는 것이다.

　수많은 선교사들의 희생은 역사 속에 밀고 들어온 예수그리스도의 역사를 실행하는 결과를 가져왔다. 선교사들과 목회자들의 희생을 통한 십자가의 역사는 대구의 근대혁명을 가져왔다. 대구는 어느덧 국제도시가 되었다. 그러므로 우리는 대구에 세워진 교회를 통해 움직여지는 하나님의 역사를 눈여겨볼 필요가 있다. 안동의 유교를 통한 보편역사도 기독교의 역사를 통하여 새로운 도시로 변해갔다.

안동은 조선왕조 오백 년 이후 한국 사회의 정신사를 주도한 중요한 곳이다. 그것은 퇴계 이황이 있었기 때문이다. 그래서 안동은 퇴계를 빼놓고서는 말할 수가 없다. 특히 안동은 이퇴계를 통한 서원문화가 발달한 곳이다. 그러나 안동의 보편역사에 그리스도의 역사가 침투하면서 안동은 변하기 시작했다. 유교가 개신교를 만났을 때, 이 퇴계의 후손도 개신교도가 되어 개신교에 강력한 영향력을 행사하였다.

안동지역이란 안동시를 중심으로 영주군, 봉화군, 영양군, 청송군, 의성군, 예천군, 문경시를 말한다. 역사적으로는 조선 중기 정권을 잠시 잡았던 남인 세력이 300여 년 동안 묻혀서 지냈던 야당지역이었다.

지리적 여건

안동시는 대한민국 경상북도 중북부에 있는 도시이자, 경상북도 도청 소재지이다. 안동의 주변 도시인 영주시, 예천군, 봉화군, 의성군,

영양군, 청송군은 예로부터 안동 문화권으로 분류되어 왔으며, 현재도 통근 및 통학권에 속하는 동시에 경제적으로도 같은 상권에 속해있다.

이러한 안동의 지리적 여건은 서북쪽에 백두대간의 정맥인 소백산맥이 낙동강을 경계로 서쪽 지역은 비교적 평탄하나 동쪽 지역은 산이 험준하여 농경지는 거의 산간에 있다.

역사

안동은 고려 신종 7년 대도호부로 승격된 이래 조선시대 경주 다음의 대읍이었고, 경상도의 감영이 설치된 곳이다. 일제 강점 후 1914년 행정구역 개편에 따라 안동부와 예안군으로 되어있던 안동은 통합되어 20개 면, 194개 동리로 재편되었다.

안동은 유교 지역으로서 유림의 성격이 특히 강했고, 유림은 세도 정치로 유명한 안동 김씨를 중심으로 중앙정계와 긴밀한 관계를 맺고 있었고, 특히 퇴계 학맥으로 조선시대의 정신문화를 주름잡은 곳이기도 하다. 안동의 유교문화는 지금까지 한국 사회의 정신적 지주로서 우뚝 서 있다. 유교문화는 수직적인 문화였다.

초기 선교사로 일했던 아서 G. 웰번(Arthur G. Welbon, 1966-1928, 오월번)[1]은 안동 사람들의 수직 문화에 대해 다음과 같이 말했다.

"이 안동지방은 교통의 중심지에서 떨어져 있어서 국내외 정세에 어둡고 보수 중의 보수이며 지도층의 사람들은 일반 서민들에 관한 것에는 관심이 전혀 없고, 다만 그들을 무지에 붙들어 두고 노예로 부려 먹는 것을 희망하고 있다"

유교의 수직 정신을 그대로 말해준다. 사회는 양반을 우선시하는 지도자계급이 수직을 이루고 있었고, 일반 서민은 지도자급을 옹호하고 섬기는 것을 당연지사로 알았다. 선교사가 보았을 때 야만의 사회였다.

안동의 서원문화

정신 문화적으로 안동은 퇴계 이황의 고향으로서 성리학이 꽃을 피

---

1) 아더 웰번 선교사(오월번, 1866~1928)는 서울, 경기도, 강원도, 경북, 평양 등 여러 지역에서 복음 전파 사역을 감당하였다. 특히 안동지역 복음화에 크게 이바지하였다. 부인 새디 웰번은 대구 최초의 간호 선교사로서 1899년 9월 내한하였다.

운 곳으로 조선 최고의 지성을 자랑했고, 성리학의 산실인 서원문화
가 발달한 곳이었다. 안동에서 가장 큰 서원은 도산서원이다.

　당시 안동은 우리나라의 일류 대학과 같이 도산서원, 병산서원 등
이 있었기 때문에 안동은 최고의 교육 도시였다. 도산 서원의 문하생
들이 문경새재를 넘어서 과거를 보기 위하여 한양으로 갔다.
　이외에도 안동에는 류성룡을 기리기 위해서 만든 병산서원도 있다.

　이퇴계의 후학들이 조정에 들어가면서 안동은 자동으로 조선 정신

문화의 산실이 되었다. 안동은 유교와 불교, 민속이 어우러진 곳이지만 한국에서 가장 유학이 발달한 곳이다.

유학은 이황, 류성룡, 김성일 등을 통하여 발전했고, 불교는 봉정사와 같은 사찰을 통하여 발전했다. 봉정사(鳳停寺)는 672년(신라 문무왕 12년)에 의상대사의 제자인 능인 스님이 천등산에 창건한 사찰이다. 한국에서 가장 오래된 목조건물로서 국보 제15호인 봉정사 극락전, 국보 제311호 봉정사 대웅전이 있다.

▲ 봉정사 극락전　　　　　▲ 대웅전

하회마을

안동 하회마을은 우리나라의 전통적인 유교문화가 살아 숨 쉬고 있는 상징 공간으로 손꼽히고 있으며 독창적인 한국 문화를 간직한 류씨의 씨족 마을이다.

안동은 유교와 불교 이외에도 민속 문화가 발달한 곳이다. 안동 하회마을은 초가집과 전통 기와집으로 설립된 곳으로 여전히 옛 문화가 보존되고 있다.

하회마을에는 류성
룡이 쓴 징비록과 류
성룡을 기리며 세운
병산서원이 있다. 마
을 이름을 하회(河回)
라 한 것은 낙동강이
'S'자 모양으로 마을을

감싸 안고 흐르는 데서 유래되었다. 하회마을은 풍수지리적으로 태극
형·연화부수형·행주형에 일컬어지며, 이미 조선시대부터 사람이 살
기에 가장 좋은 곳으로도 유명하다.

이처럼 안동은 안향으로부터 일찍이 들여온 성리학의 영향으로 고

전 가옥과 주택이 발달했으며, 또한 걸출한 유학 스타 이퇴계의 영향으로 조선 시대 안동에서 배출한 인물이 가장 많았다. 이천, 이현보, 이황, 류성룡, 김성일 같은 유학자가 있었고, 현대에는 이상룡, 이육사 같은 독립운동가에 이르기까지 역사적 인물이 다수 출현하였다.

안동의 인물

채제공(蔡濟恭)은 정조에게 건의하여 1798년 '영남인물고'를 집필한다. 안동 편은 채홍원, 정약전, 이유수, 한치응이 편찬하고, 상주 편은 목만중, 심규로가 편찬하고 예안, 군위, 영양 편은 윤필병, 이정운이 편찬한다.

정조의 치세 동안 채제공을 비롯한 남인이 등용되자 남인의 본거지인 영남이 정조의 관심 대상이 되었고, 남인들의 진출을 기도했던 채제공이 영남의 인물을 소개하기 위해 몇몇 남인계 문신들이 공동 집필하게 한 것이다.

영남인물고에 수록된 인물은 총 541인이며 읍별로 통계하면 다음과 같다. 안동 141, 상주 78, 예안 37, 군위 9, 영양 1, 경주 33, 밀양 19, 신령 3, 성주 35, 의성 20, 진주 42, 함양 10, 자

▲ 영남인물고

인 4, 영천(永川) 30, 대구 25, 영천(榮川) 38, 용궁 14, 하양 2, 진보 2인 등이다. 안동에 인물들이 가장 많이 있다.

다산 정약용은 정약전이 편찬한 것을 보고 다음과 같이 말했다.

"어찌 위대하지 않은가? 불과 수백 년 동안에 한 지방의 어진이기 이처럼 많은 것이 위대하지 않은가? 행실이 단정하여 믿음이 가고 덕성과 신의가 높아 명사로서 뚜렷한 자취를 남긴 자가 이처럼 혁혁하단 말인가? 그대는 그러한 까닭을 아는가? 가르침의 바탕이 있었기 때문이다. 영남은 향교나 서원을 가숙(家叔)으로 알고 스승과 벗을 친척으로 여겨 더불어 배우고 익혀 왔으니, 바탕이 참으로 좋다면 어찌 성취하지 않을 수 있었겠는가? 사람은 가르침이 없어서는 아니된다." (이도국, 영남 좌도, 역사 산책 38-9)

이육사

안동시 도선 서원 근처에 가면 "내 고장 칠월(七月)은 청포도가 익어가는 시절"로 유명한 이육사 문학관이 있다.

1904년 이육사는 퇴계 이황의 13대손인 진성 이씨 이가호와 허길 사이에 차남으로 태어났다. 본명은 이육사가 아니라 이원록이다.

   그는 보문의숙에서 신학문을 배우고, 대구 교남학교에서 잠시 수학했다. 육사는 1925년 독립운동단체 의열단에 가입하였고, 그 해 일본으로 건너갔다가 다시 의열단의 사명을 띠고 북경으로 갔다.

   1926년에 일시 귀국, 다시 북경으로 가서 북경사관학교에 입학하였고, 이듬해 가을에 귀국했으나 장진홍의 조선은행 대구지점 폭파 사건에 연루되어 3년 형을 받고 투옥되었다. 이때 그의 수인(囚人) 번호가 264번이어서 호를 육사(陸史)로 택했다고 전한다. 그는 시인이기에 앞서 애국 운동을 하는 독립투사였다.

   1929년에 심한 고문을 받고 출옥하여, 이듬해 다시 중국으로 건너가 북경대학 사회학과에서 수학하면서 만주와 중국의 여러 곳을 전

전하고, 정의부·군정부·의열단 등 여러 독립운동단체에 가담하여 독립투쟁을 벌였다.

1933년 9월에 귀국하여 이때부터 시작(詩作)에 전념, 육사란 이름으로 작품을 발표하였다. 그의 첫 작품은 1935년 『신조선』에 발표한 「황혼」이었다. 그는 중국 의열단에서 무력투쟁을 하고, 귀국해서는 저항 시인으로서 시를 써 내려갔다.

1934년 신조선사 근무를 비롯하여 언론기관에 종사하면서 시 외에도 한시와 시조, 논문, 평론, 번역, 시나리오 등에 재능을 나타냈다. 천재적인 문인이었다. 이는 이퇴계의 피가 흐르고 있었다는 증거이기도 하다.

그는 1937년에 『자오선』을 발간하여 「청포도」, 「교목」, 「파초」 등의 상징적이면서도 서정이 풍부한 목가풍의 시를 발표했다. 시를 쓰면서 독립운동에 투철한 행동 시인이었다. 전 생애를 통해 17회나 투옥되었다.

대표작이라 할 수 있는 「광야」와 「절정」에서 드러나듯이 그의 시는 식민지하의 민족적 비운을 소재로 삼아 강렬한 저항 의지를 나타내고, 꺼지지 않는 민족정신을 장엄하게 노래한 것이 특징이다. 시를 쓰는 독립투사였다. 이육사는 독립 정신이 시를 통하여 평생 남기를 원했다.

안동 퇴계의 피는 이원영 목사뿐만 아니라 이육사에게도 흐르고 있었다. 공교롭게도 퇴계의 피를 이어받은 두 사람은 개신교도였다.

그러나 불행하게도 이육사는 1941년 폐병을 앓아 성모병원에 입원, 잠시 요양했으나 독립운동을 위해 1943년 초봄 다시 북경으로 갔다.

그해 4월 귀국했다가 6월에 피
검되어 북경으로 압송되어 수
감 중 북경의 감옥에서 옥사했
다. 그의 생가는 가보지도 못했
다.

그는 백마 타고 오는 초인과 청포 입고 찾아오는 손님, 즉 1945년 해
방을 맛보지 못한 채 1943년 북경 감옥에서 눈을 감았다. 그가 살아있
는 동안에는 한편의 시집도 발간하지 못했다. 그의 동생이 감옥에서
쓴 시를 모아서 1946년 『육사 시집』을 발간한 것이다.

이육사는 시를 통하여 백마 타고 오는 초인이 다스리는 새로운 세
상을 꿈꾸고 있었다.

"까마득한 날에
하늘이 처음 열리고
어데 닭 우는 소리 들렸으랴

모든 산맥(山脈)들이
바다를 연모해 휘달릴 때도
차마 이 곳을 범(犯)하던 못하였으리라

끊임없는 광음(光陰)을
부지런한 계절(季節)이 피어선 지고
큰 강물이 비로소 길을 열었다

지금 눈 내리고
매화 향기(梅花香氣) 홀로 아득하니
내 여기 가난한 노래의 씨를 뿌려라

다시 천고(千古)의 뒤에
백마(白馬) 타고 오는 초인(超人)이 있어
이 광야(曠野)에서 목 놓아 부르게 하리라"

- 이육사 '광야' -

이육사는 시를 통하여 민족이 독립되는 새로운 세상을 꿈꾸고 있었
을 것이다.

내 고장 칠월(七月)은
청포도가 익어가는 시절

이 마을 전설이 주저리 주저리 열리고
먼데 하늘이 꿈꾸며 알알이 들어와 박혀

하늘밑 푸른 바다가 가슴을 열고
흰 돛단배가 곱게 밀려서 오면

내가 바라는 손님은 고달픈 몸으로

청포를 입고 찾아온다고 했으니

내 그를 맞아 이 포도를 따 먹으면
두 손은 함뿍 적셔도 좋으련

아이야 우리 식탁엔 은쟁반에
하이얀 모시 수건을 마련해 두렴

- 이육사 '청포도' -

권태호

우리가 잘 아는 국민동요 중에 자전거가
있다.

▲ 권태호

"따르릉 따르릉 비켜나셔요/자전거가 나갑
니다 따르르르릉/저기 가는 저 사람 조심하
셔요/어물어물 하다가는 큰일납니다"

이 동요는 고흥읍교회 목치순 목사의 아
들, 목일신 씨가 교회에 다니면서 신학문
의 영향을 받아 작사한 것이다. 그는 400
여 곡이나 동요를 발표하기도 했다.

▲ 아버지 목치숙
(1885~1928)

▲ 아들 목일신
(1913~1986)

부천에 가면 목일순의 <자전거>시가 쓰인 비석이 있을 정도로 <자전거>는 국민동요가 되었다.

고흥에 목일신이 있었다면 안동에는 권태호가 있었다.

권태호는 국민 동요 "나리나리 개나리 잎에 따다 물고요 병아리떼 종종

종 봄 나들이 갑니다"를 작곡(작사 윤석중)한 사람이다.

이 노래는 1930년 발표됐고 그때부터 지금까지 한결같이 불리고 있다. 목일신, 권태호 두 사람은 모두 교회에서 서양음악을 배워 근대 국민동요를 발전시키는 데 이바지한 사람들이다. 목일신이 고흥읍교회 출신이라면 권태호는 안동교회 출신이었다. 목일신이 아동문학가였다면 권태호(1903~1972)는 성악가이자 작곡가였다.

소천 권태호는 1903년 9월 16일 안동군 법석골에서 출생하였으며, 1972년 2월 29일 안동시 예안면 선양동에서 별세하였다. 1920년대에 유명한 성악가로서 현제명, 홍난파, 안익태와 교제하면서 국내외를 오가며 왕성한 활동을 한 민족 음악가였다. 홍난파는 친일 음악가로서 알려졌지만, 권태호는 끝까지 민족 음악가였다.

민족음악가가 되기 위해 권태호는 1924년 일본으로 건너갔고, 1927년 일본음악학교 성악과 테너 전공에 입학하였다.

▲ 도쿄 아오야마학원 재학시절,
1925 ⓒ사)소천 권태호기념사업회

일본음악학교 재학 중이던 권태호는 1928년 잠시 귀국하여 한국인으로서는 최초로 대구에서 독창회를 열기도 하였고, YMCA회관에서 가진 독창회에서는 처음으로 프란츠 슈베르트 등 오스트리아 작곡가들의 가곡을 소개하는 한편, 서양음악에 눈을 뜨게 하였다. 그는 성악뿐만 아니라 천재적인 작곡가 실력으로 봄나들이, 눈·꽃·새 등 동요도 작곡하였다. 일본에서는 천재적인 성악가였고 한국에서는 천재적인 작곡가였다.

그는 베를린 올림픽의 영웅인 손기정과 남승룡을 찬양하기 위해 '기정과 승용이 너를 보내고' (서환석 작사)를 작곡하여 유치장에까지 들어가기도 하였다.

▲ 1936년 베를린올림픽 마라톤 시상식
손기정과 남승룡이 시상대에 위에 서 있다.

'기정과 승용이 너를 보내고'는 1936년 일제 치하 베를린 올림픽에 태극기가 아닌 일장기를 가슴에 달았던 선수들을 위로하는 노래였다. 삼엄한 시대였지만 선생은 굴하지 않았다.

1938년에는 '조선아기의 노래'를 발표하기도 했다.

꽃피는 삼천리 방방곡곡에
조선의 아가야 우리 아가야
손과 손을 잡고서 손과 손을 잡고서
꽃피는 동산에 봄마중을 갈까나
얼싸얼싸 좋구나 앞날의 조선은 우리의 것
얼싸얼싸 좋구나 저얼씨구 좋구나. <조선아기의 노래>

　그는 음악을 작곡하고 성악을 해도 항시 나라에 대한 애국심, 민족에 대한 정신 그리고 어린이에 대한 사랑을 토대로 하였다. 그야말로 유학의 정신에 서구의 음악을 담은 민족 음악가였다. 그 제자 중의 한 명이 얄개시대로 유명한 조흔파 선생이었다.

　그의 자부인 청마 유치환의 셋째 딸 유자연 또한 피아노를 배운 이력이 있기에 시아버지인 소천 선생을 모시고 안동에 내려와 '권태호 음악연구소'를 열게 된다.
　이처럼 유교가 개신교를 만났을 때 천재적인 음악가를 탄생시켰다. 안동의 보편역사에 침투한 그리스도의 역사는 안동의 역사를 변화시키고, 천재적인 인물을 탄생시켰다.

성리학

안동의 성리학은 조선왕
조 오백 년부터 지금까지 한
반도의 정신사를 점령하였
다. 영남의 성리학은 곧 안동
의 성리학이었다. 훗날 유교
적인 영향은 기독교에도 강

력한 영향을 끼쳐 많은 유림이 예수를 믿어 일부는 목사가 되기도 하
고, 일부는 학자가 되기도 했다.

책 읽고 공부하는 습관은 기독교계로 보았을 때, 전성천, 이종성, 이
상현, 이상근, 김영길, 최종고, 정성구 박사 같은 학자를 배출하기도
했다. 이는 유림의 정신과 무관하지 않다.

서양의 선교사들이 동양철학의 형이상학적인 '이와 기' 대신에 '이
와 기'의 원천인 하나님을 전하면서 '기'의 실현처럼 실천에 옮기자,
복음이 민중들에게 스며들기 시작했다. 유교 속에 기독교가 들어와
영남의 기독교는 유교적 기독교라고 해도 과언이 아니다. 중국의 성

리학도 퇴계 이황을 통해서 한국적 성리학으로 변하였다.

성리학은 중국 송(宋)대에 전래되어 내려오는 공자와 맹자의 유교 사상에 性, 理와 氣를 부여하여 철학적으로 체계화된 학문이다. 인간의 본성에 우주의 이(理)가 합해진 것이 성리학이다.

퇴계는 주희의 영향을 받아 '기'보다는 '리'에 중점을 두었다. 광주의 천재 유학자 기대승은 율곡과 더불어 '이'(理) 대신 '기'를 강조한다.

퇴계는 중국의 성리학을 그대로 모방하기보다는 우주만물을 설명하는 형이상학적인 체계가 아니라 형이하학 체계로서 수기정덕을 통한 도덕적인 인격 완성의 역점을 두었다. 이것이 퇴계만이 할 수 있는 성리학이었다. 우주의 이치를 인간의 본성을 통하여 구현하고자 했다.

이처럼 퇴계를 중심으로 한 영남의 주리론자들은 사단과 칠정을 엄격히 구분했지만, 호남의 주기론자들은 "사단과 칠정은 표출되는 구조 자체가 근본적으로 다르다"고 하여 서로 떨어져 있을 수 없다고 주장했다.

요약하면 주기론자들은 이와 기가 서로 떨어질 수 없다는 주희의 불상리(不相離)를 강조하지만, 주리론자들은 이와 기는 잡다하게 섞일 수 없다는 불상잡(不相雜)을 중시했다.

불상리와 불상잡은 훗날 기독교가 표방하는 삼위일체의 수용을 준비하고 있었다. 이미 조선은 삼위일체라는 이론을 수용하기 위하여 이위일체를 주장하고 있었다. 이기이원론의 불상잡(번잡한 것은 섞이지 않는다)과 이기일원론의 불상리는 삼위일체의 다른 말이 아니었다.

칼케톤 신조를 보면 불상잡(不相雜), 불상리(不相離)이다. 서로 혼합되지 않고 서로 분리되지 않는다.

"그리스도는 완전한 하나님이며 아울러 완전한 사람이며, 두 본성은 나누어지지 않고, 분리되지 않으며, 변하지 않고, 혼합되지 않는다."

이처럼 삼위일체는 불상잡, 불상리였다. 최삼경의 이단적 삼신론이 아니었다. 영남은 철학적으로 퇴계의 사상을 통하여 이미 개신교의 삼위일체를 수용할 준비가 되어있었다.

100년 이상 된 교회

안동의 유림이 기독교를 접했을 때 그 파급력은 대단했다. 읍내에 나갔다가 선교사나 조사들이 전한 복음을 듣고 예수를 믿게 되고, 심지어 어떤 이는 3·1운동을 하다가 감옥에 잡혀가 그 안에서 기독교 애국지사를 만나 복음을 알게 되기도 하였다. 이처럼 당시 기독교의 선교는 폭발적이었다.

1902년 안동지역을 최초로 방문한 선교사 아담스는 "이 지역은 한국 최고의 양반족이 살고 있는 지역이고 복음이 전해지지 않는 지방의 하나이다. 다만 이 지역에서 이미 신자가 되었다고 하는 두 사람이 있는데 그 중 한 사람이 얼마 전 나의 대구 집까지 방문한 적이 있다"라고 했다.

안동의 선교는 1893년 부산의 베어드, 1902년 대구의 아담스(안의와) 등이 지방을 순회하면서 시작되었다. 그들은 1902년에 안동을 순행하면서 시장에서 전도차 성경을 판매하게 된다. 복음을 들은 신도들은 자발적으로 자신들이 거주하는 지역에 가서 교회를 세운다.

국곡 교회와 풍산교회도 지역민들이 대구나 안동에서 복음을 듣고 자발적으로 세워진 교회들이다. 그래서 영남은 직접적으로 선교사들이 세운 교회도 있지만 대부분 선교사로부터 복음을 들은 사람들이 자발적으로 교회를 세운 사례가 많다.

1903년에는 베렛(W.M.Berrett), 1906년에는 브루엔(H.M.Bruen) 선교사가 방잠(현 와룡면 나소동)에서 집회를 개최하자, 1906년에 김성복과 이승훈 가문의 후손으로 천주교 박해를 피해 온 이호명 등이 삼산에서 고가(古家)를 매입하여 예배당을 세우면서 방잠교회가 시작되었다. 아이러니하게도 천주교도 후손에 의하여 교회가 설립된다.

방잠교회가 부흥하자, 1907년 이후로 방잠교회 교인들에 의해 인근 마을별로 녹전교회, 방하교회, 안흥교회, 의일교회, 동교교회, 지내교회, 마동교회 등 많은 교회가 설립되었다. 방잠교회는 안동 지역에서 세 번째로 세워진 교회로 많은 지역 교회들의 설립에 기여하였다.

안동교회(1909)

선교사들의 활발한 전도 활동으로 안동 인근지역에 교회가 생겨나고 안동읍에도 믿는 자들이 발생함에 따라 1908년 북장로교는 쑈텔 (C.C.Sawtell)선교사를 파송하여 안동지역의 주재 선교사로 임명된다. 안동은 점점 믿는 신자들이 늘어나기 시작했다.

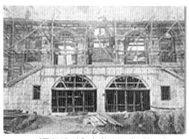

▲ 안동교회 신축과정(1937년 3월 8일)
안동교회 신축과정에서 설계는 미국인
보리수씨, 감독은 중국인 왕씨가 맡았다고 한다

▲ 안동지역 선교시찰(1909년)
안동 최초의 선교사 쑈텔((마상 좌)과
웰번(마상 우) 왼편 사람은 김영욱 조사

한편 1908년 대구의 아담스(안의와) 선교사가 내안하여 풍산교회 교인 김병우를 매서(당시 복음서를 짊어지고 팔러 다니는 사람)로 파송하여 서문 외(현 대석동 대석상화 자리)에 있던 초가 5칸을 사들여 서원을 개점하고 교인들을 모아서 예배를 인도하게 했다.

1909년 8월 둘째 주일, 처음으로 드린 감격스러운 예배가 안동교회의 창립일이 되었다.

처음 예배드린 교인은 김병우 외에 강복영, 원화순, 원홍이, 권중락, 박끝인, 정선희, 김남홍 등이었다.

1909년 8월 18일에 최초의 학습교인 15인이 있었고, 1911년 3월 2일에는 최초의 세례교인 9인이 있었고, 1911년 8월 17일에 최초의 유아 세례교인 3인을 세우고, 1911년 9월에는 김영옥 목사가 초대 목사로 취임하였고, 1913년 7월 20일 초대 장로로 김병우 장로가 장립함으로 경안 노회에서 처음으로 당회가 조직되었다.

이후 같은 해 11월에 미국 북장로교 선교사 오월번(Arthur G. Welbon)과 김영옥 조사가 정착해 예배를 인도했고, 선교사들의 임시주택에서 예배(1910년)를 드리게 되는데, 그 장소가 현 교육

관 자리에 있었던 한옥이었다. 당시 양반문화의 본고장에서 서원 간판을 건 책방은 효과적이었다. 김영옥 목사는 안동이 아닌 황해도 소래 출신이었다.

그는 1909년 11월 오월번과 함께 들어와 안동에서 전도를 한 것이 계기가 되어 안동교회 초대 목사가 된다. 1913년의 교회모습은 함석지붕이었다. 대구에 대구제일교회가 있었다면 안동에는 안동교회가 있었다.

1913년에 함석으로 지은 예배당이 교인의 증가로 비좁아지자 1937년 석조로 증축을 한다.

▲ 목조 함석지붕 예배당(1913년)

▲ 1938년 준공기념 예배 후

초대 목사는 황해도 소래출신 김영옥이었고, 2대는 이대영 목사였다.

1,6대 김영옥 목사
평양장로회신학교 졸업

2대 이대영 목사
1921년 평양신학교 졸업

3대 정재순 목사
1915년 평양신학교 졸업

4대 박상동 목사
일본주오신학교 졸업

5대 임학수 목사
1958년 평양신학교 졸업

7대 김광현 목사
평양신학입학
일본고베중앙신학 졸업

8대 김기수 목사
장로회신학대학졸업
동경신학대학원 졸업

오월번 목사
(Arthur Garner Welbon)

권찬영 목사
(J.V.Crother)

인노절 선교사
(Roger Earl Winn)

이후 안동교회는 급성장하여 서부교회, 동부교회, 도원교회, 용상교회, 수상교회, 송현교회 등으로 분립됨으로써 안동교회는 안동 지역의 어머니교회가 되었다.

미 북장로회는 호남의 남 장로회도 그랬듯이 안동 선교기지(스테이션)를 만들었다. 학교도 세우고 병원도 세워 선교의 도구로서 활용하였다. 선교사들은 선교 정책으로서 항시 병원을 설립하였다.

안동선교의 개척자인 오월번 후임으로 안동에 들어온 선교사들로는 의료선교사 플레처(Archibald G. Fletcher, 별위추)와 크로더스(John Y. Crothers, 권창영)가 있다. 플레처(별위추)는 1909년 성소병원을 시작했고, 크로더스{권창영)는 그 후 40여 년간 안동에서 활동하였다.

성소병원 플레처(별위추) 선교사는 1930년대 대구광역시 동산병원을 이긴 인물이다. 113년의 역사를 가진 안동성소 병원은 명성교회가 인수함으로 인해 괄목할  만한 발전을 하였다. 척추 수술만 해도 2만 건이 넘었다.

안동교회는 의료선교에 이어 1911년에는 계명 학원을 세워 교육 선교도 시작했다. 계명 학원은 여학생도 받아들이는 초등과정의 학교였다. 이처럼 선교사들에 의하여 세워진 서점, 의료, 교육을 앞세운 덕분에 안동 교회는 자리를 잡아 나갔다. 1919년 3·1운동 당시 안동장터 시위는 김영옥 목사를 비롯해 안동교회 교인들이 주도적으로 준비하기도 했다.

안동교회는 안동의 중심교회로서 안동이 발전하는데 큰 영향을 끼쳤다. 안동교회는 2009년 8월 설립 100주년을 맞아 석조예배당 오른쪽 옆에 100주년 기념관을 완공하였다.

하회교회(1921)

하회교회는 1921년 '이간난'이라는 여 성도가 신앙공동체를 시작해 설립된 교회이다. 하회마을은 풍산 류씨의 집성촌이자 안동 유교 문화의 상징이라고 해도 과언이 아닌데, 마을 안에 교회가 설립된 것이다.

징비록의 류성룡이 유년 시절과 노년 시절을 보낸 그곳에 교회가 세워진 것이다. 이순신을 천거한 사람은 류성룡이었다. 그는 미래를 대비하기 위하여 징비록을 쓴 혜안이 있었던 천재적인 관료였다.

하회교회가 설립된 것도 유교의 역사만으로 고장을 지키는 데는 한계를 느낀 나머지 서구의 신교육과 신문물을 받아들여 미래를 대비하기 위함이었다. 류성룡의 정신은 개신교를 통하여 이어지고 있었다.

교회는 마을 남편 외곽에
있다. 예배당은 전통 기와 형
태의 수수한 건축양식인데,
원래 마을의 중앙부에 있었
다가 마을의 새벽 종소리 소
음을 줄이고자 1990년 현 위

치로 이전했다. 무려 1921년 10월부터 설립되어 100여 년 역사가 있
는 교회다.

특히 이 교회는 풍산 류씨 가문으로 6·25전쟁 때 북한군에게 순교
당한 류전우 전도사를 배출하기도 했다. 순교의 피가 흐르는 곳이다.
대한예수교장로회 통합교단은 97회 총회에서 류전우 전도사를 순
교자로 추서했다. 하회교회에서는 당시 고등성경학교 졸업반으로 신
학교에 가려고 준비하던 류전우 씨는 1950년 음력 8월 6일 하회서 인
민군에 의하여 학살되었다.
6·25 전란으로 인하여 안동은 전국에서도 가장 피해가 많은 지역
으로 대부분이 초토화되었고 안동교가 폭파되었고, 안동교회는 인민

군이 점령하여 야전병원으로 사용되었고, 유치원, 기숙사, 수호인 사택 등이 소실되고 예배당과 목사관이 파손되는 등 극심한 피해를 입었다.

북한 공산당들에 의한 피해

경안노회에 보고된 교회들의 피해 상황을 보면 북한군들에 의하여 영주·청송·영덕 등 예배당이 소실되었고, 풍기, 성내, 이일, 안흥교회 등 예배당이 파괴되었고, 춘양교회도 신축하던 예배당이 파괴되었고, 영덕읍교회는 부속 건물 전소, 주곡교회는 1951년 9월 25일 밤 공비들이 침입하여 예배당 반을 소실한 것으로 되어있다. 북한 공산주의나 주사파는 교회를 파괴하는데 앞장섰다.

또한 경안노회 내 서편 시찰은 "예천읍교회 교인 가옥 52호, 문경교회 14호, 그 외 교회도 수십 호가 파괴되어 교회 유지가 곤란하며 본 시찰 내 교인의 가재 피해액만도 1억 4천4백79만 9천7백 원이나 된다"고 보고하고 있다. 좌익이념을 통한 악의 역사는 교회를 통한 의의 역사를 침해하였다. 그러나 결국 교회를 통한 의의 역사가 역사의 진보를 위해서 처절하게 싸워 승리하였다.

안동 하회교회는 한국기독교 사적 제42호로 지정되었다.

서부교회 (1924)

선비 목사 이원영

안동에서 빼놓을 수 없는 사람이 있다. 그는 이원영 목사이다. 이 목사는 이퇴계 14대손으로 영남의 기독교에 가장 큰 영향을 끼친 사람 중의 하나이다. 그는 독립투사이면서도 목회자였다.

서부교회에서 출발해 도산서원을 지나면 원촌 마을과 함께 그의 생가가 눈앞에 펼쳐진다. 친척인 이육사의 생가와 기념관 부근에 봉경의 생가와 묘비가 함께 자리하고 있다. 이원영 목사 생가는 지난 2019년 통합교단이 제36호 한국기독교 사적으로 지정했다.

▲ 이원영 목사 생가

이 목사는 퇴계 14대 후손이라는 유교 집안의 교육 전통에 따라 4, 5세부터 16년 동안 한문을 사숙했고 20대엔 향촌에 설립된 사립학교

'봉성 측량강습소'와 '보문의숙'에서 신학문(서양 문물)을 배웠다.

이원영의 목회 정신의 영향 하
에 영남에서는 훌륭한 목회자들
이 많이 배출되었다. 김광현, 김
기수, 김진홍, 김삼환, 이상근, 정
성구, 이광선, 이성헌, 지용수, 김
태영, 이순창 목사 등은 좋은 예
이다.

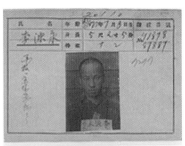

이원영은 1919년(기미년) 3·1
독립운동 기간에 유생(儒生)으로
서 예안의 만세시위를 이끌다가
체포되었고 서울의 서대문형무
소에서 1년 동안 복역하던 중에
기독교 신앙을 받아들였다.

그는 수감생활을 하면서 장로 이상동을 만나 감화를 받아 기독교에
귀의하게 되었고, 출옥 후 향촌에 돌아와 세례받고 섬촌교회 설립자
의 한 사람으로서 안동의 '인노절 기념성경학교'를 졸업했고(제1회,
1925), 1926년에 평양의 장로회신학교에 입학해서 1930년에 졸업했
다(제25회). 이 목사는 1930년 평양신학교를 졸업한 뒤 곧 경안 노회
로부터 목사 안수를 받고, 영주중앙교회에 취임하였다.

영주와 안동에서 그는 담임 목회자와 지역 교회의 지도자(경안노
회장)로 일했고 일제의 황민화정책(조선교육령개정(1938), 창씨개명,
신사참배)을 끝까지 몸으로 항거하면서 시무하던 교회를 사면하고

노회에서 면직되는 일까지 감수해야 했다.

이 목사는 광복 후 안동 서부교
회를 시무하면서 안동 성경학원
을 개원하여 청소년 교역자 양성
에 진력하였다. 안동 서부교회에
가면 이원영 목사 기념비가 있다.

이원영 목사는 신사참배가 강
요된 1938년 이후 이를 끝까지
거부함으로써 서너 차례에 걸쳐
투옥당하기도 하였다. 그는 1945년 총회장으로 선출되어 대한예수교
장로회 교단의 대표직을 맡았다.

이 목사는 신사참배 결의의 아픈 역사를 되돌리는 일에 앞장섰으며
불의에 굴복하거나 타협하지 않
고 무너진 한국교회를 다시 세우
는 일에 앞장섰다. 그는 신사참배
를 부인한 출옥 성도였으나 신사
참배에 응한 동역자를 비판한 바
없고, 특히 성경강해 교수법이 유

명하였다.

목사의 정치 행위 금지

이원영 목사는 신앙에 대해서는 단호했고 종교와 정치를 분리하였다. 이 목사는 8.15 광복 후, 여운형 선생이 건국준비위원회를 구성하고 지부를 설립할 무렵이었다. 여운형 선생은 직접 이원영 목사에게 안동지부를 맡아달라고 요청했지만, 그는 "나는 목사요 목사는 교회에 있어야 하고 강단에서 하나님 말씀을 전해야 되지 교회 밖에 나가서 정치하면 안 된다"며 여운형의 요청을 단호하게 거절하기도 했다.

이원영 목사는 총회장을 마치고 4년 후 1958년 소천했다. 이 목사가 세상을 떠난 후에 한경직 목사가 시를 썼다.

"훌륭한 가문 / 고귀한 명성 / 영광스러운 성직 / 실로 값진 것을 한 몸에 지닌 / 자랑스럽던 한 인물의 생애 / 그는 일제의 폭정 아래 / 수없이 투옥을 당하시며 / 오로지 나라를 사랑하고 / 하나님만 바라보며 걸어가셨다 / 그 독실한 믿음 / 고결한 인격 / 온유 겸손한 성품 / 충성된 하나님의 종 / 늘 우러러 존경합니다."

이원영 목사가 한국교회에 남긴 역사적 공헌은 항일운동과 교회성장운동 등 여러 가지가 있지만 그는 총회장이 되면서 우선 신사참배 취소 성명을 발표했다.

이원영 목사가 제39회 총회장에 취임한 후에 보여줬던 행보는

"▲총회 기간 중 일정한 기간을 정해 통회자복하고 사죄하심을 위해 기도 ▲신사참배 주동자 약간 인을 심사한 후 당 노회를 통해 시벌 ▲ 전국 각 교회가 같이 연보해 신사불참배로 순교한 성도 유가족 위문금을 드릴 것"이라고 명시돼 있다.

이 목사는 1980년 대한민국 정부로부터 독립운동 공적을 인정받아 대통령표창에 추서되었고, 이어 1990년 건국훈장 애족장에 추서되었다. 그의 유해는 당초 경상북도 안동시 풍산읍 수곡리에 안장되었다가 1999년 11월 2일 국립대전현충원 독립유공자 2묘역에 이장되었다.

경안신학교

경안신학원은 경안대학원대학교의 전신이자 대한예수교장로회총회(통합)가 인준한 평신도 지도자(사역자) 양성 기관으로 출발했다. 1920. 4. 10. 북 장로교회 인노절과 권찬영 선교사가

안동읍 옥동에 남녀 성경학교를 설립한 것이 효시였다.

　지금은 경상북도 안동시 북후면 물한길 16-29에 위치한 대한예수교장로회(통합) 경안노회 산하 대학원대학교가 되었다. 경상북도에서 유일한 신학대원대학교이자, 예장통합 교단에서도 유일한 신학대학원대학교이다. 이 학교는 예장통합 교단 산하 신학교에서 가장 많은 9명의 총회장을 배출했다.

　1920년에 인노절, 권찬영 선교사가 경안성서신학교를 세운 이래, 이원영 목사를 비롯하여 그의 영적, 정신적 영향을 받은 김광현, 김기수, 이광선, 김삼환, 김태범, 지용수, 김태영, 이순창 목사까지 9명의 총회장을 탄생시킨다.

　39회 이원영 목사, 51회 김광현 목사, 79회 김기수 목사, 89회 김태범 목사, 91회 이광선 목사, 93회 김삼환 목사, 94회 지용수 목사, 104회 김태영 목사, 107회 이순창 목사이다. 특히 경안성서신학교가 성장하는데 김기수, 김삼환 목사가 큰 역할을 한다.

정성구

안동 출신 중에 합동교단소속으로서
정성구 박사가 있다. 정성구 박사는 40
년 동안 총신대학교와 대신대학교에서
칼빈주의와 실천신학 교수로 봉직하면
서 총신대학교와 대신대학교의 총장과
대학원장으로 섬기기도 하였다. 그는
1984년에 한국칼빈주의연구원(The In-
stitute for Calvinistic Studies in Korea)
을 세워 24년간 국제적 학술 교류와 칼
빈주의 신학과 신앙 운동에 힘써왔다. .

정성구 박사는 네덜란드에서 유학을 하면서 칼빈을 비롯한 종교개
혁자들의 자료들을 약 1만 점 수집하여 경기도 성남시 분당구 분당동
121-9번지에 칼빈주의 연구원을 개원하였다.

김영길

우리는 2014년까지 한동대학 총장을 지낸 김영길 박사(金永吉,
1939년 10월 3일~2019년 6월 30일)를 주목할 필요가 있다. 포항공과
대학교의 초대 총장을 지낸 김호길 박사의 동생이기도 하다.

그는 서울대학교 금속공학과를 나오고 미국 미주리대학에서 석사를 하고, 1972년에 렌셀레어 폴리테크닉대학교 (Rensselaer Polytechnic Institute)에서 재료공학 박사학위를 취득하고 1976년부터 미국 항공우주국(NASA) 연구원이었다. 대한민국 정부의 요청으로 귀국하여 1979년부터 KAIST 재료공학과 교수로 재직하기도 하였다.

그는 항공기 제트엔진용 니켈합금과 고강도 자동차용 합금을 개발하는 등의 실적을 인정받아 미국과 캐나다의 저명과학자 인명사전 《미국의 과학자들》 95년 판에 대한민국 국적 과학자로는 최초로 김동한 포항공과대학교 교수와 함께 수록되었다. 2019년 6월 30일 숙환으로 인해 별세하였다.

결론

안동은 이퇴계의 사상적 영향으로 발전한 도시로서 한국에서 이씨 조선의 역사가 여전히 흐르고 있는 곳이다. 서원이 가장 많은 지역으로 한국에서 가장 보수적이며 유교적인 지역이다.

그러나 유림들이 예수를 만났을 때 안동은 변화하기 시작했다. 유교의 문화가 그대로 기독교로 이식되면서 안동은 기독교의 수많은 인물들을 탄생시킨다. 이원영, 이육사, 권태호, 김영길, 김호길, 정성구, 안동 문화권의 김삼환, 김진홍, 이상현 목사 같은 걸출한 인물들을 배출한다. 유교가 기독교를 만났을 때 안동의 역사는 변혁되었다.

문경

문경의 뜻은 '경사스러운 소리를 듣는 곳' 이다. 그러나 문경의 진정한 경사는 문경새재를 넘어 한양에서 과거 합격을 통해 기쁜 소리를 듣는 것이 아니라 하늘 복음의 소리를 듣는 것이다. 문경의 교회들이야말로 항일운동, 지역 봉사 등을 넘어 한양으로 가는 길이 아닌 하늘로 가는 길을 안내하는 진정한 문경새재였다.

지리적 여건

문경시는 경상북도 북서부에 있는 도시로 우리나라의 동남부, 경상북도의 서북단 내륙에 자리잡은 중산간 지역으로서 동쪽으로는 예천 군과 남쪽으로는 상주시, 서쪽으로는 충청북도 괴산군, 북쪽으로는 충청북도 제천시, 충주시, 단양군과 경계를 이루고 있다. 충청도와 가장 접근해 있는 지역이다.

역사

문경은 신라시대에 고령군(古寧郡, 상주시 함창읍) 소속 영현으로 관산현, 호계현, 가선현, 가유현, 안인현이 있었다. 고려시대는 모두 상주목의 속군이었다. 이 당시에는 문경이 상주(사벌주) 휘하에 있었기 때문에, 지금의 문경 지역 사람이던 견훤과 아자개가 상주 사람으로 알려지기도 했다.

조선시대 문경현이었다가 1895년 안동부 문경군이 되었다. 1896년 23부 체제가 다시 13도로 개편되어 경

문경시 행정구역 변천사		
문경군 (聞慶郡, 1914)	→	점촌시 (店村市, 1986) 문경군 (1986)	→	문경시 (1995)

상북도 문경군이 되었다. 1914년에 용궁군의 서면, 함창읍의 동면 일부를 문경군에 편입시켰다. 1986년에 점촌시와 문경군이 연합하여 1995년에는 문경시로 되었다.

문경새재

문경에서 가장 유명한 이름은 문경새재이다. 문경새재는 경상북도 문경시와 충청북도 괴산군 사이에 있는 고개를 말한다. 문경새재는 백두대간(白頭大幹)의 조령산(鳥嶺山) 마루를 넘는 재로서 예로부터 한강과 낙동강 유역을 잇는 영남대로 상의 가장 높고 험한 고개로 사회 문화 경제의 유통과 국방상의 요충지였다.

▲ 문경새재 제1관문(주흘관)

▲ 제2관문 조곡관

새재는 '새들도 넘기 힘들다'라는 뜻을 가지고 있는데 한자로 풀면 조령(鳥嶺)이다. 제3관문, 즉 조령관이 위치한 곳의 해발 고도가

642m인 만큼 그 말이 영
틀린 말은 아니다. 서울
남부를 지키고 서 있는
관악산의 정상 고도가
629m이니, 조령의 그 위
치도 높다고 볼 수 있다.
임진왜란 뒤에 이곳에 3
개(주흘관, 조곡관, 조령

▲ 제3관문 조령관

관)의 관문(사적 제147호)을 설치하여 국방의 요새로 삼았다.

선비들은 청운의 꿈을 안고 한양에 과거를 보러 가기 위해 고개를
넘었고, 보부상들은 장시를 찾아 발걸음을 재촉했고, 종교인들은 포
교를 위해 넘었다. 이렇듯 문경새재는 많은 이들의 발자국을 담아낸
공간이었다.

이곳은 자연경관이 빼
어나고 유서 깊은 유적
과 설화·민요 등으로 이
름 높은 곳이다. 과거를
보러 나서는 경북 영주
나 강원도 삼척의 선비
들은 가까운 죽령을 넘
지 않았다. 경북 김천이

나 성주 등지의 선비들도 추풍령을 넘지 않았다. 죽령은 '주욱 미끄러
진다'라고 해서, 추풍령은 '추풍낙엽처럼 떨어진다' 해서 기피 대상이

었다.

대신 '경사스런 소리를 듣는다'라는 뜻을 가진 '문경'이기에 과거 길에 나서는 선비들은 문경새재를 필수코스처럼 밟고 지나갔다. 심지어 전라도 지역의 선비들까지 문경새재를 넘으며 합격을 기원했다고 한다.

이렇듯 문경새재는 수많은 이들의 발걸음을 불러 모았고, 그로 인해 조선의 으뜸 고갯길로 자리매김하게 되었다. 하지만 그 길에 선 발자국들이 모두 다 좋은 걸음은 아니었다.

견훤의 탄생지

후삼국 시대에 견훤이 완산주에서 후백제를 세우자, 문경은 후백제 견훤의 세력권에 들어갔다. 그러나 고구려의 남하로 세력의 각축장이 되기도 했다.

후백제는 900년 완산주에서 견훤이 세운 나라로 후삼국의 하나였다. 견훤은 문경 지방의 호족 출신으로, 군에 들어가 서남해의 방수군으로 파견되어 전공을 세우고 비장(裨將)이 되었다. 엄격하게 말하면 상주 출신이라기보다는 문경 출신이다.

견훤은 867년에 상주의 농부였던 아자개의 아들로 태어났지만, 지역적으로는 현재의 경상북도 문경시 가은읍에서 태어났다. 그래서 이 지역 금하굴은 견훤 설화가 나온다.

　<견훤 설화>는 뱀으로 변해 찾아온 남자와 관계를 맺은 처녀가 비범한 아이를 낳았다는 내용의 야래자형설화(夜來者型說話)이다.

　『삼국유사』의 기록을 보면, "광주(光州) 북촌에 사는 부잣집 딸이 부친에게 말하기를, '밤마다 자줏빛 옷을 입은 남자가 침실에 와서 교혼(交婚)하고 간다' 라고 하였다. 이에 부친이 긴 실을 바늘에 꿰어 그 남자의 옷에 꽂으라고 하자 딸이 그 말대로 하였다. 날이 밝은 뒤 실을 따라갔더니 큰 지렁이의 허리에 바늘이 꽂혀 있었다. 다음날 실을 따라가 보니 금하굴로 이어져 있고 굴속에는 커다란 지렁이가 몸에 실을 감고 있었다고 한다. 그 후로 태기가 있어 사내를 낳으니, 이가 곧 후백제 시조 견훤이다"라고 되어 있다.

　그 후에 굴속에서 금빛이 번쩍이고 풍악 소리가 들려 금하굴이라 불린다. 그 이후 많은 사람이 소문을 듣고 찾아왔는데 이 마을 부호인 심정자가 손님 대접하는 게 너무 힘들어서 금하굴을 묻어 버렸다고 한다. 그 후로는 풍악 소리도 끊어지고 심정자 집도 망했다는 이야기가 들려 해방 후 다시 굴을 팠다고 한다.

  문경에는 전투와 관련된 가은읍 견훤산성, 가은성 희양산성, 산양면 근품산성 등이 있다. 견훤산성은 문장대가 있는 속리산 해발 540미터에 약 600여 미터의 돌 성곽으로 되어 있다.

▲ 견훤산성

  견훤은 신라가 국정이 문란하여 각지에 도둑이 창궐할 때 질서를 바로잡고자, 기회를 포착하여 군사를 일으켜 호남의 무진주(光州)에 쳐들어가 이를 점령하였다(889년). 수도를 세운 전주에서는 후백제 견훤이 축조한 것으로 알려진 동고산성이 발견되기도 하였다.

  견훤은 892년에 스스로를 왕이라 칭하고 900년에 완산주(지금의 전주)를 도읍으로 하여 국호를 후백제라 하고 정치체제를 갖추었다. 견훤은 건국하면서 중국의 오(吳)·월(越)과 통교를 하는 한편 영토를 확장하였고 신라의 경주를 공격하여 경애왕을 죽이고 경순왕을 세우고,

▲ 동고산성

왕건이 세운 고려와도 여러 차례 싸웠다. 결국, 패배하고 말았다. 후백제를 세운 견훤은 문경의 인물이었다. 문경에는 일본에서 활동한 유명한 독립투사도 있었다.

무정부주의자 박열

일본에서 애국운동을 했던 박열은 1902년 문경시 모전동에서 출생했다. 그는 문경에서 태어났지만, 머리가 비상하여 경기고등학교에 진학했다. 문경새재를 넘어 한양까지 가서 경기고등학교에 합격한 것이다. 문경은 이처럼 '경사스러운 소리를 듣는 곳'이다. 그러나 경사스러운 소리도 잠깐이었다.

박열은 1910년 3·1운동에 적극적으로 참가하였지만, 일제의 강한

탄압에 더 이상 국내에서 항일운동을 전개할 수 없다고 판단하고 이번에는 한양이 아니라 문경새재를 넘어 동경에 진출한다. 그는 일본에서 신문 배달을 하며 고등학교에 다니면서 다양한 서적을 탐독하며 여러 사상가의 사조를 공부했다.

그가 주목했던 사상은 바로 무정부주의(아나키즘)였다. 아나키즘을 접하면서 그는 인간과 인간 사이의 평등과 절대 자유에 집중했다. 그는 18세의 나이로 최초의 무정부주의 단체인 '흑도회'를 조직하기도 했다. 박열이 참여했던 단체는 흑도회뿐 아니라 의혈단, 조선 고학생 동우회, 흑우회, 불령사 등이 있었다.

일본 생활을 하면서 박열은 이론의 한계를 체감했고 일제에 대한 직접적인 행동을 구상하게 되었다. 그는 행동하는 양심으로서 일본 황태자의 결혼식을 목표로 폭탄 테러를 준비하게 되었다.

1923년, 관동대지진이 발생하자, 일본군은 희생양을 찾기 위해 한국인들을 약 6,000여 명 살해를 한다. 당시 일본은 조선인들이 지진의 혼란을 틈타 폭행, 약탈, 방화, 집단 습격, 여성 능욕 등의 만행을 저지르고 있다는 유언비어를 퍼뜨렸고 이에 선동된 일본 민중은 조선인들을 닥치는 대로  학살하기 시작했다. 박열이 항일운동을 꾀하던 시기의 일본은 혹독하고 잔인함 그 자체였다.

1923년 9월 1일 오전 11시 58분 도쿄와 요코하마 등 관동지방 일대를 강타한 규모 7.9의 대지진으로 10만 5천 명 이상(행방불명자 포함)이 사망했다.

당시 '조선인이 우물에 독을 풀었다', '조선인이 폭동을 일으켰다'는 등의 유언비어가 조작되고 일본 사회의 내부 불만이 조선인에게 향하면서 도쿄, 지바(千葉)현, 가나가와(神奈川) 등 관동 일대에서 재일동포가 일본군과 경찰, 자경단 등에 의해 대량 학살됐다.

'쇠갈쿠리(쇠갈퀴)로 개 잡듯이 학살', '죽창으로 복부를 찔렀음', '곡괭이로 학살' 등 일본의 관동(關東·간토)대지진 당시 조선인 학살의 참혹성이 '일본 피살자 명부'를 통해 속속 드러나고 있다.

일본 아이들까지 길거리에서 군인, 경찰, 자경단으로 역할을 나눠 꼬챙이 같은 막대기를 들고 조선인 역할을 맡은 아이를 찔러 죽이는 시늉의 '자경단 놀이'를 하는 삽화가 발견되었다.

당시 박열도 관동대지진의 피해자였다. 그러나 그는 철두철미 독립투사로서 해방될 때까지 사형선고라는 어려운 고비를 넘어서면서까지 무정부주의자로서 항일정신과 민족정신을 한시도 잊지 않고 법정투쟁을 하였다.

박열은 1924년 2월 4일 이치가야 교도소에서 열린 제6회 예심에서 다음과 같이 자신의 확고한 신념과 의지를 드러냈다.

"나는 일본에게 억압을 당하고 있는 조선 민족의 한 사람으로서 일본의 천황과 황태자는 하나의 우상에 지나지 않는다. 가련한 제분기이자 희생자에 불과하다."
"나는 사고하고 행동한다. 온몸을 바쳐온 독립운동의 일꾼으로서 한 병졸로서 일한다. 나의 사상과 행동은 언제나 올바르고 더욱 정의로운 것을 지표로 한다."

그는 한 때 이승만과 함께 활동하기도 했다.
그의 옆에는 가네코 후미코가 있었다.

일본 여성인 가네코는 책 편집을 하다가 어느 날 박열이 쓴 '개새끼'
라는 시에 반하여 동거하면서 사랑을 하게 된다.

박열은 '개새끼'라는 시를 썼다.

개새끼

나는 개새끼로소이다
하늘을 보고 짖는
달을 보고 짖는
보잘것없는 나는
개새끼로소이다

높은 양반의 가랑이에서

뜨거운 것이 쏟아져
내가 목욕을 할 때
나도 그의 다리에다
뜨거운 줄기를 뿜어대는
나는 개새끼로소이다

박열의 시《개새끼》는 개처럼 힘이 없어도 끝까지 짖어댄다는 것이다. 즉 강력한 약자의 저항을 말하는 것이다. 개새끼처럼 비천한 자이지만 강자에게 끝까지 저항하겠다는 의지를 보여준다. 힘 있는 자가 자신에게 소변을 누어도 자신 역시 비천한 개와 같은 자이지만 자신도 가만히 있지 않겠다는 의지를 보여준다.

박열의 시와 정신에 반한 가네코는 박열과 함께 구속되어 사형판결을 받지만, 끝까지 변하지 않고 박열의 입장에 서고 사형판결을 받을 때 한복을 입고 오히려 대한독립만세를 외쳤다.

박열과 가네코는 일본의 천황제도를 부인하는 무정부주의자였다.

가네코는 옥중수기에서 "저는 일본인이기는 하지만 일본인이 매우 증오스러워 화가 치밀곤 합니다. 그때 그저 눈에 비쳤을 사건들이 지금은 크나큰 방향의 뿌리가 되어 제 가슴속에 깊이 새겨져 있습니다. 조선에서 사는 동안 보고 들은 것 때문에 저는 일본제국주의를 향한 조선인들의 모든 반항 운동에 동정심을 갖게 되었습니다. 저는 동경으로 오자마자 많은 조선이 사회주의자 혹은 민족 운동가와 벗이 됐습니다"고 했다.

그들은 한복을 입고 재판에 임했다.

당시 예심판사 다테마스 가이세이는 박열 부부가 실제로 폭탄 테러를 계획한 적도 없고 그저 관심을 받으려고 허위자백을 하는 것으로 생각하였지만, 상층부에서는 미리 준비된 시나리오에 맞추어 기소하라고 요구하면서 판사까지 정의관의 갈등을 겪는다.

결국, 내무 재신 미즈노가 (그리고 박열도) 바라는 대로 박열을 대역죄로 기소하지만, 판사는 끝까지 박열이 진짜 대역죄인이라고는 믿지 않았다. 그러나 대심판결에서는 이들 모두에게 사형선고를 내렸다.

예심판결을 받으면서 가네코는 다정하게 박열의 무릎 위에 앉아 사진을 찍었다. 그러나 당시 야당이 한 장의 사진으로 죄인을 우대한다며 들고 일어나자, 내각이 총사퇴하

는 사태가 발생하기도 했다.

가네코는 사형에서 무기징역으로 감형된 사실에 아랑곳하지 않고 감형장을 발기발기 찢어 버리고 일본 정부를 비웃기라도 하듯, 자결을 선택한다.

그녀는 남편 박열과 함께 일왕 부자 폭살을 목적으로 폭탄 반입을 시도하다 붙잡혀 사형선고를 받았다. 이후 무기징역으로 감형돼 옥살이하던 중 1926년 옥중에서 23세의 나이로 숨졌다.

그는 세상을 떠난 지 92년 만에 한국 정부로부터 독립운동가로 인정받았다. 국가보훈처는 2019년 11월 일본 국적의 가네코 후미코 (1903~1926) 여사를 독립  유공자로 서훈했다. 그의 무덤은 문경에 있다.

또 한 명의 국가유공자인 일본인이 있다. 그는 당시 변호를 맡았던 후세 다쓰지 이다. 후세 다쓰지는 약자 들의 변호를 맡아 무죄를 주장했다.

그는 '일본의 신들러'라고도 불린다. 그는 원래 검사였으나 법 제도의 한계를 체감 후 사회적 약자들에 대한 연민으로 인권 변호사가 되었고 한국의 여러 독립운동가를 많이 변호했으며 그가 변호했던 사건 중 박열과 후미코의 일본 황태자 암살 미수 사건이 있었다. 그리고 그의 도움으로 박열과 가네코 후미코는 옥중 결혼식을 추진할 수 있었다.

후세 다쓰지는 박열 이외에 일제 치하에 체포된 조선인들을 변호하는 일을 맡았다. 그는 1923년 관동대지진 이후 발생한 대학살 사건을 두고 일본인으로서 책임을 통감한다는 사죄문을 동아일보와 조선일보에 보내기도 했다.

2004년, 후세 다쓰지는 일본인 최초로 대한민국 건국훈장을 받기도 한다. 노무현 정부는 핍박받는 조선인들의 마음을 움직였다고 하여 훈장을 수여했다. 최근  한일동맹으로 양국이 많이 가까워지고 있다는 것은 고무적인 사실이다.

이후 박열은 22년간의 수감생활을 마치고 출옥한다. 그러나 그는 6·25전쟁 때 북한군들이 그를 납북시켰다.

1956년 7월 2일 평양의 모란봉 극장에는 재북평화통  일촉진협의회 결성대회를 위해 400여 명의 납북/월북 인사, 300여 평양 시내 각 기관과 업소 인사들이 모였다.

납북자 중에 조소앙과 안재홍, 박열이 있었다. 이들은 이곳에서 협의회가 민족 세력으로 독자적 존재를 영위하고 민족진영의 목소리를 내어 평화 통일로 나아가자고 했다.

비운의 민족 운동가 박열은 일본과 북한에서 애국운동과 민족 통일 운동을 전개하다가 1974년 1월 73세의 나이로 사망한다. 1974년 대한민국 건국훈장 대통령장에 추서되었고 이후 대한민국 국가유공자로 지정되었다.

청운각과 박정희 대통령

문경에 가면 박정희 대통령이 묵었던 청운각이라는 하숙집이 있다. 그가 문경새재를 넘어 혁명하기 위해 한양으로 가기 전 문경에서 마지막으로 머물렀던 곳이다.

박정희 대통령은 군사혁명을 통하여 한반도의 경제혁명을 추구하고자 했다. 나름대로 경사스러운 소리가 들려지도록 노력했다. 정치적으로는 불행했지만, 그는 한반도에 경제개혁 5개년과 새마을 운동을 통하여 경제의 경사스러운 소리를 들려주었다.

▲ 문경초등학교

박정희 전 대통령이 대구사범학교를 졸업하고, 문경초등학교에서 1937년부터 1940년까지 근무하였다.

대통령이 된 후 박정희는 1966년 문경초등학교에 '문희관'이라는 이름의 강당을 하사하였으며, 1979년에는 '문정관'이라는 이름의 도서관을 준공하여 하사하였다.

문희관은 문경초등학교의 '문자'와 박정희의 '희'자를 딴 것이고, 문정관은 문경과 박정희의 '정'자를 따서 이름 붙인 것이다. 박 대통령은 문경초등학교에 근무하면서 청운각에 세 들어 살았다.

하숙방 우측에는 문경시민교회가 우뚝 서 있다.

박정희 대통령 옆에는 항시 교회가 있었다. 그는 어려서는 구미 상모교회에 다녔다. 교회만이 진정한 경사스러운 소리를 전할 수 있는

곳이라는 것을 알고 있었는지도 모른다. 새마을운동이 성공하기 위해
서는 지역 교회의 도움을 받아야 했기 때문이다.

실제로 한경직 목사는 박정희 대통령의 새마을운동을 성공시키기
위하여 많은 도움을 주었다. 박정희 대통령은 국가조찬기도회에 참석
하기도 했을 정도로 기독교에 대해서는 좋은 감정을 갖고 있었다.

▲ 국가조찬기도회, 김수환, 한경직, 김준곤, 박정희

박정희 대통령은 18년간 독재를 한 것은 사실이지만 한국의 전체
교회를 무시하거나 핍박하지는 않았다. 문재인 정부는 코로나19 핑계
를 대고 한국교회 전체를 무너뜨리려고 하였다. 교회는 좌익정권의
걸림돌이기 때문이다. 여기에 CBS, 뉴스앤조이가 편승했다.

100년 이상 된 교회

문경은 '경사스러운 소리를 듣는다'는 뜻이다. 옛날에는 과거에 합
격한 경사스러운 소리를 듣는 것이 목표였다. 한양으로 가는 첫 번째
관문으로서 경사스러운 소리를 듣는 고개인 문경새재를 넘어야 했다.

그러나 진정한 문경새재는 교회였다. 교회를 통해서만이 하늘의 경사스러운 소리를 들을 수 있었다. 문경에 세워진 100년 이상 된 교회를 통하여 문경은 하늘의 기쁜 소식을 듣는 계기가 되었다.

문경시민교회(1920)

문경시민교회는 1920년 3월 14일 문경지역에 복음을 전한 로저윈(Rodger Winn, 1882-1922, 인노절) 선교사로 인해 세워지는 계기가 되었고 현재는 1961년 문경교회(합동)와 문경읍교회로 분리되었고, 현재는 문경시민교회로 되었다.

로저윈(인노절) 선교사는 안동에서 안동 성경학교(현 경안신학대학원대학교)를 설립하여 성도들에게 성경공부를 체계적으로 실시하여 사역자를 양성하고, 안동 복음화에 기여한 선교사이다. 그러나 40세에 안동 지역에서 두 번째로 순교한 선교사가 되었다.

동성교회 (1903)

1903년 설립된
동성교회는 문경
지역에서는 가장
오랜 역사를 가진
교회로 여느 교회
들과는 달리 문경
에 항일운동과 사

회봉사를 통하여 경사스러운 소리를 제공하고 있다.

이 교회는 선교사의 영향을 받지 않은
전형적인 '자립·자치·자전'이 이뤄지는
교회이다. 1903년에는 노목교회로 설립
되었지만 1975년에 동성교회로 개칭되
었다.

교회의 설립자는 전승달 성도였고, 일
본 경찰은 전승달 성도를 연행해 갔다. 교
회는 일제의 탄압으
로 1908~1912년까지
4년 동안 문을 닫았
으며, 1912년에 문을
다시 열었다.

이 교회의 순교의

정신은 지역 주민을 위하여 공부방과 마을문고를 운영하여 봉사하면서 실현하고 있다. 국가인권위원회에서 탐방을 나왔을 정도이다. 학생들은 대학입시를 위하여 강남까지 공부하러 유학을 갈 필요도 없다.

현재 컴퓨터가 9대 갖춰져 있어 강남의 유명 강사진으로 이뤄진 학습사이트와 연결, 인터넷 동영상으로 강의를 듣는다.

▲ 마성교회(동성교회)

이외에 문경시의 협조로 설립된 아동 급식소를 운영하여 학기 중에 주중 매일 저녁을 제공한다. 또 방학 중에는 주중 매일 점심을 제공하고 있다. 특히 11명의 성도가 4,000평의 농장을 교회에 기증해 마련한 농장에는 감나무 1,100주를 심어 서울 명성교회와 부산진교회 등과 직거래를 하고 있다.

이 수익금은 공부방, 마을문고, 장학사업에 쓰이고 있다. 성도들은 돈이 없어서 공부를 못 하는 학생은 없어야 한다는 신념으로 최선을 다하여 봉사하고 있다. 이것이야말로 진정한 문경새재이다. 어려운 고비를 신앙으로 넘고자 하는 것이다.

마성침례교회(1910)

문경 마성에는 100여 년 전에 마성침례교회가 세워졌다.

점촌시민교회(1927)

　예장통합 교단 소속 점촌시민교회는 원래는 점촌읍교회였다가 이름이 개칭되있다. 점촌읍교회는 1927년 3월 7일 문경군 호서남면 점촌리 474-1번지(기왓골)에서 강영수, 임학렬, 주용분, 노명희 외 수명이 모여 처음으로 예배를 드리면서 시작되었다. 이 교회는 1927년 4월 11일 황해도 재령에서 내려온 한위렴(william B. Hunt) 선교사가 예배를 인도하였다. 이후 1960년에 점촌제일교회(합동)로 분리되었다.

이 교회는 일제 강점기 때 심한 박해를 입은 교회 중의 하나이며 주백용 장로는 일경에게 심한 고문을 받기도 하였다. 이 교회 출신으로 연동교회를 시무했던 김형태 목사가 있다. 김형태 목사는 예장통합 제72회(1987년) 총회장을 역임하기도 했다.

김 목사는 일찍이 도미하여 미국 피츠버그대학에서 기독교 교육으로 박사 학위를 받았다. 귀국 후 1960년 한국기독학생 총연맹(KSCF) 총무를 맡고, 연세대학교 신학대학 교수와 교목으로도 사역하였고 연동교회를 시무하였다.

김 목사는 총회에서는 서기와 총회 총무 대행, 서울노회장, 총회장을 역임했으며 세계교회협의회(WCC) 중앙위원과 한국기독교교회협의회 부회장, 숭실대학교 이사 등을 역임했다. 1975년 케냐의 나이로비에서 열린 WCC 5차 총회에 참가를 한 이래 일평생 에큐메니칼 신학과 군사 독재에 대한 저항 정신으로 싸운 진보적 목회자이다.

점촌시민교회를 시무한 김형칠 목사와 함께 경안노회의 초대 노회장인 김영옥 목사의 손자이다.

 김 목사는 경북 포항에서 김은석 목사의 4남 3녀 중 셋째로 출생하였고, 조부 김영옥 목사는 항일운동을 하였다. 김 목사의 4형제는 모두 예장통합 교단의 목회자가 되었다

마성장로교회(1949)

 마성교회는 역사가 70년 된 대한예수교장로회 합동교단 소속 교회로서 1949년 윤말림 집사를 비롯해 10여 명의 성도가 윤 집사 가정에서 첫 예배를 드린 이후 한때 주일예배 참석인원만 수백 명에 달하기도 했다. 마성교회는 50년 역사 속에서 336명의 세례교인을 낳았고, 14명의 목회자를 배출했으며 5명의 목회자 사모와, 5명의 장로를 배출했다.

 특히 문경새재를 넘어선 박원영 목사는 서울로 가서 우리나라 최초로 한국 강해 설교학교를 열어 한국 목사들의 설교 성장에 큰 공헌을 하였다. 그는 싱가포르의 로랜스콩 목사, 콜롬비아 보고타의 시즈카스테라노스 목사,

미국의 릭웨렌 목사까지 초청하였을 정도이다.

박 목사는 선진교회들의 목회 유형들을 접목해서 한국교회 성장에 큰 도움을 주었으며, 또한 한국의 구역조직이 해외에서 셀 목회와 G12 원리로 발전되어 영혼 구원을 위한 전도 프로그램과 전문 목회라는 용어로 목회 계획 세미나. 새 가족 양육 훈련, 중보기도 학교, 청소년·청년대학생 수련회 등 수많은 전문 목회기획들을 탁월하게 개발하여 한국 강해 설교학교 전문 목회연구원을 1994년도 설립하기도 하였다.

결론

문경은 한양의 과거 합격이라는 경사스러운 소리를 듣는 고개가 있는 곳으로 유명하다.

새들도 넘기 어려운 이 고개를 사람들이 걸어서 넘어야 했다. 류성룡은 27세에 이 길을 거쳐 가면서 과거에 수석으로 급제하여 경사스러운 소식을 들었다. 그는 승승장구하여 영의정까지 오른다.

그는 주막에 묵으면서 인

생의 무상함에 대한 시를 썼다. 진정한 경사는 과거 합격에 있지 않다는 것이다.

　새재에서 묵다

　살랑살랑 솔바람 불어오고
　졸졸졸 냇물 소리 들려오네

　나그네 회포는 끝이 없는데
　산 위에 뜬 달은 밝기도 해라

　덧없는 세월에 맡긴 몸인데
　늘그막 병치레 끊이질 않네

　고향에 왔다가 서울로 가는 길
　높은 벼슬 헛된 이름 부끄럽구나

　문경의 진정한 경사는 하늘 복음의 소리를 듣는 것이다. 문경에는 의병과 박열과 같은 애국자들의 소리가 있었다. 그러나 교회를 통해서는 하늘의 소리가 들렸다.
　문경의 교회를 통하여 항일운동, 지역 봉사 등의 소리도 있었지만 하늘을 알리는 복음의 경사스런 소리가 있었다. 교회는 하늘로 가는 길을 안내하는 진정한 문경새재였다.

이곳 출신인 권태진 목사는 군포로 가서 복음을 전하고, 고명진 목사는 수원으로, 박원영 목사는 서울로 가서 경사스러운 소식을 전했다. 예장통합 교단의 김형태 목사는 총회장을 역임하기도 하였다. 문경 출신자들은 하늘의 경사스러운 복음을 전하였다. 문경에 하늘의 경사스러운 소리가 들리니 문경의 역사는 변하였다.

상주

경상도의 '상'은 상주의 '상'에서 왔다. 그만큼 상주는 안동과 대구와 더불어 경북에서 중심지이다. 특히 경상북도에서 유일하게 동학교당이 세워져 동학이 활발하게 펼쳐진 곳이기도 하지만 경상북도에서 가장 먼저 예수 믿은 사람이 나온 곳이다. 브루엔(부해리) 선교사가 활발하게 전도한 결과 김재수라는 사람이 예수를 믿게 되었다. 복음이 들어오자, 상주에는 많은 인물이 배출되었다.

명칭

상주의 원래 이름은 낙양이다. 낙동강은 낙양 동쪽에 있다는 의미이다. 낙동강은 강원도 태백시 함백산(咸白山, 1,573m)에서 발원하여 영남지방의 중앙저지(中央低地)를 통하여 남해로 흘러드는 강이다.

상주는 경상북도 서북부에 있는 시로서 1,254.80㎢라는 넓은 면적을 자랑한다. 인구는 현재는 약 9만 7천여 명 정도이지만 인구밀도가 상당히 낮다.

북쪽으로 문경시, 충청북도 괴산군, 동쪽으로 예천군·의성군·구미시, 서쪽으로 충청북도 보은군·옥천군, 남쪽으로 김천시, 충청북도 영동군과 접한다. 동서 간 거리 48.3㎞, 남북 간 거리 49㎞이다.

지리적 여건

이 지역의 지질구조는 소백산괴(小白山塊)에 속한다.

서쪽 경계에는 속리산(1,058m)·팔음산(762m)·포성봉(933m), 남쪽에는 국수봉(793m), 북쪽에는 작약산(763m)·도장산(828m) 등의 높은 산들이 솟아 소백산맥의 줄기를 이룬다. 이러한 산지로부터 이안천과 북천·남천이 동류(東流)하여 낙동강에 합류함으로써 이 하천 유역에는 도내 굴지의 비옥한 함창평야와 상주평야가 발달하였다.

▲ 함창평야

경상도의 중심지

상주는 경주시의 '경'과 함께 '상'이란 이름의 어원이 된 유서 깊은 도시로 조선시대에는 임진왜란 때까지 경상감영(慶尙監營), 즉 오늘날의 경상(북)도청과 같은 행정기관이 있었던 "경상도의 중심지"였다. 1970년대 말까지만 해도 인구 27만 명 이상을 자랑하는 경상북도 서부의 중심 도시였던 시절도 있었다.

주산물

주산물로는 쌀, 곶감, 무연탄, 흑연 따위가 생산된다. 명승지로 속리산, 남장사(南長寺), 화달리(化達里) 삼층 석탑 등이 있다. 1995년 1월 행정 구역 개편 때 상주군을 통합하여 도농 복합 형태의 시를 이루었다.

동학운동

동학운동은 호남이나 충청도 지역만이 아니라 전국적으로 활발하게 일어났던 운동이다. 상주에서도 동학운동이 활발하게 전개되었다. 전국적으로 수십만 명이 참여했다. 처음 동학이 상주에 전해진 것은 1862년경이었고, 동학을 창도했던 수운 최제우(1824~1864)는 황문주를 상주의 동학 접주로 임명하기도 하였다.

이후 최시형이 상주에 직접 포덕활동을 하여 상주의 동학은 1863년에 급성장하게 된다. 동학을 창도했던 경주와 가까웠던 지역적인 면도 일익을 담당했다. 그래서 호남의 전봉준의 동학보다 경북의 동학은 일찌감치 성장하고 있었다.

그러나 상주의 동학은 관과 향리와 양반들에게 탄압을 당하기 시작한다. 기존의 유교질서와 양반서열을 흔들어버렸기 때문이다. 당시 양반들과 유생들은 동학은 이단사교로서 마땅히 배척되어야 한다고 주장했다.

그러나 상주의 동학은 양반의 배척 결의와는 상관없이 농민과 민중들, 일부 양반 자제들을 통하여 빠르게 확산되어 갔다.

한편 상주의 동학 농민군들은 낙동과 태봉에 주둔하고 있던 일본군 병참부를 먼저 공격하기 위해 1894년 9월 22일(양력 10월 20일) 드디어 봉기했다. 그들은 이렇다 할 격전 없이 쉽게 읍성을 장악할 수 있었다.

관아를 점령한 농민군들은 창고를 열어 굶주린 배를 채우고  억울하게 갇힌 사람들을 풀어 주었다. 양식이 없는 사람들은 곡식을 가져가게 했고, 병든 사람은 치료를 받게 했다.

상주의 농민군들은 낙동의 일본군 병참부를 공격할 준비를 했다. 농민군의 사기는 매우 충천했고, 각오 또한 비장했다. 그러나 농민군이 결전 태세를 갖추기 전에 일본군이 먼저 읍성을 기습해 왔다.

9월 28일 낮, 농민군은 결사 항전했지만, 신식 무기를 앞세운 일본군을 감당할 수는 없었다. 이렇다 할 무기도 없이 온몸으로 싸우던 농민군은 백여 명의 사상자를 남긴 채 퇴각하고 말았다. 관군에서 탈취한 농민군의 무기는 대부분 일본군이 낙동 병참부로 가져갔다.

그러나 상주의 동학운동은
몰락하지 않고 1924년 남접 김
주희 선생이 세운 동학교당을
통하여 여전히 그 정신이 이어
지고 있다.

동학의 후손들이 행랑채에 여전히 살고 있다.

동학교당은 경상북도 민속자료 제120호로 지정되어 있고, 교당의
유물은 경상북도 민속자료 제111호로 지정되어 있는데 총 177종, 1,084
점에 이른다.

기독교 전래

상주에서는 동학혁명이 1894년에 끝났지만 1년 전인 1893년에 배위량(베어드) 선교사가 상주에 첫발을 내디딘다. 동학혁명 이전부터 상주에 복음의 씨앗이 뿌려졌다. 동학혁명이 끝난 지 5년이 지난 1900년경에 최초의 교회가 설립된다. 기독교를 통한 새로운 종교의 역성혁명이 시작되었다. 사산교회, 함창읍교회, 청리수상교회만 선교사들이 직접 개척을 했다. 나머지는 한국인들이 주도해서 설립을 했나.

도표(7) 〈상주 지방 초기 장로교회 설립개요〉(1900-1925)

설립년도	교회명	설립자	참여자
1900년(?)	서정(상주)교회	정세부인, 마상의 전도사	부무연(선교사), 송병근(영수), 이문주(조사)
1908년	사산교회	부무연	신자 몇 명
1908년	화산교회	박동선	
1908년	금존교회	신자 몇 명	최군중(조사)
1908년	오리원교회	신자 몇 명	
1908년	오종리교회	김성택	
1909년	함창읍교회	부무연	
1919년	옥산교회		
1920년	청리 수상교회	방혜법	김문석(영수), 서상룡(조사)
1925년	부원교회	어디지의 몇명	서상룡(조사), 정남순(전도부인)

▲ 출처, 경북기독교회사

한국인의 자생적 교회설립

미국 북장로교회 선교사 베어드(배위량)가 부산에 도착한 것이 1891년 2월 2일이었다. 그는 부산에 거점을 확보한 후, 1893년 4월 17일에서 5월 20일까지 33일 동안 서경조, 박재룡과 함께 경북지방을 순회하게 되었다. 부산 동래를 출발하여 밀양, 청도, 대구, 동명, 성주, 안동, 상주, 안동에까지 올라갔다가 의성, 신령, 영천, 경주, 울산을 거쳐서 부산으로 돌아갔다.

이수정과 서경조

베어드 선교사가 일행과 함께 상주에 도착한 날은 1893년 4월 27일 저녁이었다. 이날 선교사는 상주시장에서 갖고 간 여러 권의 성경을 팔았다. 이 성경을 읽은 사람들은 자생적으로 각 처소에 들어가 교회를 세우기도 하였다. 한국은 자생적 교회가 많이 있다.

언더우드와 아펜셀러가 1885년 한국에 들어오기 전 일본에서 이수정이 이미 1883년에 마가복음을 번역하였고, 1884년에는 서경조와 백홍준이 황해도 소래지역에 소래교회를 자생적으로 설립했다. 상주시의 최초 교회도 선교사들에 의해서가 아니라 한인에 의해서 자생적으로 설립이 되었다. 상주 출신으로서 김재수는 경북 최초의 장로교인이었다.

경북 최초의 장로교인, 김재수

그는 훗날 김기원으로 개명하여 경북 최초의 목사가 된다. 김재수는 1891년 심한 종창을 앓던 중 부산에 선교부를 찾아가 1890년에 부산에 와 있었던 선교사를 통하여 세례를 받았다. 선교사 베어드는 일기에 그를 김 서방이라고 불렀다.

1893년 4월 28일 오전, 상주

우리는 어제 오전에 낙동을 출발하였다. 상주까지 반쯤 왔을 때, 우리는 김 서방이 한 작은 마을의 길가 근처에 살고 있다는 것을 알았다. (김 서방에 대해서 알려진 바는 없지만 그가 부산의 기독교병원의 환자였으며, 거기서 예수를 믿게 되었으며 아마도 사랑방에서 열리는 예배에도 참석했던 것이 분명하다.)

선교사 베어드는 1893년 4월 28일 상주에서 김 서방(김재수)을 만났다고 적고 있다.

1893년 4월 28일

우리는 아주 가난해 보이는 작은 집에 살고 있는 그를 발견할 수 있었다. 그는 부산을 떠난 후 7일 만에 집에 도착하였고, 며칠 전까지 몸져 누워있었다고 했다. 그의 집으로 가는 길에 세척기가 부서져 그의 상처를 세척할 수가 없었다.

그는 우리가 앉을 만한 방을 가진 이웃집으로 우리를 데려갔다. 이런 저런 이야기를 나누고 나서 우리에게 그의 친척들을 소개해 주었는데, 그들은 약 12채 정도의 집들로 이루어진 작은 마을에 살고 있었다. 김 서방은 우리에게 식사하고 가라고 간곡히 권했고, 거절하기 어려웠다. 그와 함께 성경을 읽고 토론을 한 뒤 우리는 그곳을 떠났다.

김 서방은 언덕마루까지 나와서 우리를 배웅했다. 불쌍한 친구! 그는 이제 얼마 살 수 없을 것이다. 하지만 그는 성경을 가지고 있으며, 아마도 그의 이웃들보다 나을지도 모른다. 그의 이웃들은 유교 사상에 빠져 있어 성경과 그리스도에 관한 그의 이야기를 듣지 않으리라고 김 서방은 분명하게 느끼고 있었다.

우리는 어젯밤 낙동에서 40리 떨어진 상주에 도착했다. 마부 한 사람이 몸이 안 좋아 낙동에 남겨두었다. 우리와 함께 여행하는 소년의 건강 상태도 점점 안 좋아진다. 부산을 떠나 여기까지 온 상황에서 일행 중 한 사람이라도 건강이 안 좋을 경우 많은 문제가 야기된다. 모든 것이 잘되기를 바랄 뿐이다. 어제는 비교적 괜찮은 하루였다. 우리는 쉴 수 있는 방을 겨우 얻었고, 오늘 오전에는 책을 판매하고 있다.(출처, 상주교회 홈페이지)

『대구장로교회사연구』라는 책을 낸 이재원은 그의 책에 김재수에 대해 다음과 같이 밝히고 있다.

"아담스 목사와 같이 대구에 온 어학 선생 김재수는 부해리 목사의 증언으로는 상주 출신이다. 그는 1854년 11월 3일 경북 상주군 낙동면 화산리에서 출생하여 8세에 상주군 화산리에서 수학하였고, 18세에 조승장과 결혼하여 2남을 두었다."

1897년 겨울에 존슨 의사가 와서 아담스 가족과 함께 대구 남문 안에서 예배드리기 시작했을 때(남문 안 예배당이 문을 열었을 때) 그는 이 예배에 참석한 최초의 유일한 조선 사람이었다. 그래서 선교사들의 기록에는 그는 경북에서 가장 오래된 교인 또는 가장 먼저 믿은 장로교인 등으로 기록되어 있다.

▲ 아담스

부해리 선교사는 "김기원 목사는 성경 이야기를 재미있게 잘해서 주일학교를 많이 도우신 분"이라고 하고, 구미 상모교회 김성현 장로는 "김기원 목사는 성경 말씀을 많이 아시고 또 이야기를 재미있게 잘해 주심으로 작은 예수라는 별명으로 불렸다"고 평가하고, 대구신학교 정규선 목사는 "김기원 목사님은 주야로 성경을 읽으시고 묵상하시며 눈물겨운 가난과 병고 속에서도 언제나 웃음을 잃지 않으시고 감사하는 마음으로 여생을 보내셨다"고 평가했다.

선교사들이 상주시장에서 성경책을 팔자, 베어드 선교사는 "약 2만 명이 온 것 같다"며 많은 사람이 관심을 드러냈다고 적었다.

1893년 5월 1일 월요일 저녁

상주는 부산에서 480리 떨어져 있다. 상주에서 서울까지도 480리 길인데, 사실 형편은 상주-서울 간 길이 더 좋다. 일행 중 두 사람의 건강이 좋지 않아 오늘 아침까지 상주에 머물러 있었다. 사람들이 너무 많이 몰려와 이를 통제할 사람을 하나 보내주도록 이 지방 관리에게 요청해야만 했다. 이들은 분명 외국인을
본 적이 없었을 것이다. 서 전도사는 약 2만 명은 온 것 같다고 했다. 가능한 많은 양의 책이 배포되었다. 관리는 매우 친절하고 적극적이었다. 그는 수차례 찾아왔고, 우리가 요청한 것을 들어 주었다. 우리는 그에게 1달러에 670전씩 모두 7달러를 팔았다. 나는 관리의 보호 하에 마부를 맡기고 상주를 떠나야만 했다. 상주에서 마부 한 사람을 충원했는데 식사를 포함하여 10리에 10전씩 주기로 했다.

서정교회(1900년)

상주 서정교회는 1900년 5월 1일 정씨 부인에 의하여 개척되었다.

1900년 5월 1일
정 씨 부인에 의하여 상주군 내서면 서성내리(현: 상주시 서성동)

소재의 초가 4칸에서 전도사(성명미상)가 교회를 개척하다.

1905년에 브루엔(Henry M. Bruen, 1874-1959, 부해리) 선교사가 서서 내리교회를 정식으로 설립하고, 1909년이 되어서야 이희봉 목사가 부임했다. 1914년에 서성내리교회를 서정동교회로 개명하였다. 1926년 부원교회가 분립하게 된다.

이희봉 목사는 부원교회가 분립하기 전 1917년에 사임하고 서정동교회는 1925년에 이상백 목사가 부임했다. 당시 면이 읍으로 승격함으로 서정동교회를 상주읍교회로 개명을 했다. 상주읍교회는 다시 1973년 상주교회로 개명을 한다. 이처럼 서성내리교회는 서정교회로 개명이 되었고, 서정교회는 상주읍교회로 되었다가 다시 상주교회로 개명을 한다. 1947년에는 상주교회가 분립되어 상주제일교회가 탄생하게 된다.

이희봉(李熙鳳)

1909년에 서정교회에 부임한 이희봉 목사는 경북 상주 출신으로서 일찍 기독교에 입교한 사람으로 선교사 부해리의 조사가 되었다. 1901년 선산 죽원교회의 조사로 시무하기 시작하여 1915년까지 선산, 김천, 칠곡, 상주 등에서 조사로 시무하였다.

이희봉은 조사를 하면서 선교사를 도와

선산의 죽원교회, 노상동교회, 습례교회, 김천지방의 대양교회, 복전교회, 인의동교회와 상주 지역의 서정교회 등에서 시무하였다. 특히, 1909년 서정교회에서는 1910년 보성의숙을 개설하여 신도들과 이웃 주민들에게 성경을 비롯하여 역사, 지리, 산수, 국어 등을 가르쳐 주민들이 일찍이 서구문물에 눈을 뜨게끔 했다.

그는 1916년 평양장로회신학교를 제9회로 졸업하고 같은 해 목사 안수를 받았다. 그는 김천 송천교회를 담임하다가 1931년 상주 남문외교회(尙州南門外敎會)를 개척하여 목회 활동을 왕성하게 하였다.

이러한 그가 갑자기 건강이 문제가 되어 1937년 상주 남문외교회와 상주 서정교회가 합병을 하고 상주 서정교회 원로목사로 추대 받았다. 그리고 목회 일선에서 물러나 생활하다가 1940년 향년 64세를 일기로 하늘의 부름을 받았다.

사산교회(1908)

사산교회는 1908년에 브루엔 선교사가 세운 교회이다. 신자 여러 명이 선교사 브루엔의 인도로 사랑방에서 예배를 시작하였다. 화산교회도 1908년에 설립을 하였다.

함창장로교회(1909)

함창읍교회는 함창장로교회(예장통합)로 개칭하였다.

 1960년 합동교회와 분리되었고 합동교회는 함창중앙교회로 개칭
하였다.

브루엔 선교사(Henry M. Bruen 1874~1959)

 브루엔(부해리) 선교사는 상주시 교회를 설립하고 발전시키는 데
지대한 공헌을 했다. 경상도 서북지역에는 브루엔 선교사가 많은 공
헌을 하였다. 브루엔은 1896년 22세 나이에 프린스턴대학교를 졸업

하고 뉴욕에 있는 유니온신학교를 1899년에 졸업하고 북 장로교회로부터 안수를 받았다.

그는 1899년 10월 세 번째 선교사로 대구에 도착하여 아담스(안의와), 존슨(장인차) 등과 함께 대구, 경북 지역 선교에 중요한 역할을 하였다. 그는 1901년 마르타 브루엔(부마태)과 결혼을 하였고, 1902년에 대구에 와서 선교사들 간의 경북지역 선교 분할로 김천, 선산, 군위, 고령, 성주, 상주, 칠곡 등지의 선교를 담당하여 직간접적으로 교회를 개척하는 데 열심이었다.

경산, 영천, 포항 등의 동부지방은 아담스(안의와)선교사가 맡아서 일을 했고, 안동, 봉화, 영주 등지의 북부지방은 1902년 대구 선교기지에 임명되어 온 바렛(W.M.Barre, 1872-1956, 방위렴)이 맡게 되었다.

브루엔은 1903년에는 아담스(안의와)목사의 후임으로 대구제일교회를 담임하였고, 1904년에는 대구 성경학원의 남자 조사반을 맡아 수업을 진행했다. 1912년에는 경산노회 조직에도 크고 공헌을 했고, 1915년에는 대구 남산교회를 세운 담임목사가 되기도 했다. 이러한 그가 1909년에 함창읍교회를 설립했다.

청리 수상교회(1919)

1919년에는 청리 수상교회가 설립되었다. 청리 수상교회는 1919년

3월 김문석의 집에서 최초의 예 배를 드리면서 교회가 시작되었 다. 김문석은 외지에서 복음을 안고 들어온 사람으로 자기 집에 서 교회를 설립했다.

이러한 교회의 교육과 신앙의 역사로 근대 교육이 형성되고, 교회를 통하여 일반 사람들은 근 대교육을 받을 수 있었다. 후백 제를 세운 견훤도 상주출신이고, 교회가 세워진 이후, 상주에는 인물 들이 나오기 시작했다.

서울대학교 교수출신으로 법철학 최종고 교수, 김부겸 국무총리, TV 조선의 9시 뉴스를 진행하는 신동욱 앵커와 프린스톤신학대학원 이상현 교수가 있다.

최종고 교수는 1947년 경북 상주에서 태어나 서울법대를 졸업하고 독일 프라 이부르크(Freiburg)대학에서 법학 박사 학위를 받은 후 모교 서울 법대에서 33 년간 교수로 법사상사를 가르쳤다.

법학 사상뿐만 아니라 독일 문호 괴 테 연구가이기도 한 그는 문학에도 조 예가 깊어 '괴테와 다산, 통하다' 등을 펴냈으며 서울대 총장을 지냈던 유기천 박사와 같은 한국사의 주요

인물들을 조명하는 한국인물전기학회를 이끌고 있다.

　최 명예교수는 서울대 규장각에서 열리는 규장각한국학연구원 제82회 콜로키엄에서 '춘원학(春園學)의 새로운 지평 - 이광수 연구의 새 자료와 과제'를 주제로 발표하여 다양한 분야에 관심을 가진 천재적인 학자였다. 그는 일찍이 기독교에 귀의하였다.

　CTS 사장을 지냈던 한양대학교 박사 출신의 김기배 예술단장도 상주 출신이다. 이외에도 상주에도 수많은 인물이 존재한다.

결론

　교회를 통한 항일운동과 근대교육에 힘입어 상주는 수많은 인재를 양산했다. 교회는 상주의 역사를 바꾸는 데 일익을 담당했다. 상주의 역사 속에 들어온 그리스도의 역사는 상주에 수많은 인물을 탄생시켰고 상주를 한층 근대화된 지역으로 발돋움시켰다. 복음이 들어오자, 상주는 곶감보다 더 달콤한 예수의 역사를 지금까지 써 내려가고 있다.

　　1990년대에 전국에서 공시지가가 가장 싼 땅이 봉화군에 위치한다고 보도된 적이 있다. 봉화는 경북의 가장 오지인 BYC 지역 중의 하나이다. 봉화, 영양, 청송이 BYC이다.

　　산지가 많다 보니 경북 북부 중에서도 가장 낙후된 곳으로 2020~2021년 인구과소지역 비율 전국 1위를 달성했으며 재정자립도도 전국 하위 10%에 들어갈 정도로 지역경제 역시 취약하다. 2016년 및 2021년에는 전국 지자체 간 재정자립도에서 꼴찌를 맡기까지 했다.

지리적 여건

봉화는 강원도와 경계
를 이루는 곳으로 태백
산맥과 소백산맥이 이어
지는 지역에 위치하여
산지가 대부분이며 지질
은 복잡한 편이다. 동쪽

과 남쪽, 북쪽은 산맥들과 청량산으로 막힌 험준한 산지에 서쪽으로
만 영주시와 이어진 구릉 지대가 펼쳐져 있는 분지이다.

분지이다 보니 경상도에서 4계절 관계없이 가장 추운 곳이다. 봉화
의 1월 평균 기온은 -4.0℃로 경상북도 지역에서 압도적으로 가장 추
우며 역대 최저 기온은 2012년 2월 3일에 기록된 -27.7℃였다.

봉화는 경상도의 철원이며 지리적으로도 강원도와 맞닿아 있기도
해서 겨울 최저 기온이 강원도 영월군, 평창군 등과 비슷하다.

역사

봉화는 경상도에서 유일하게 장수왕의 남하 정책으로 인해 한때 고
구려의 땅이 되기도 했다. 고구려 당시 행정구역명은 고사마현(古斯
馬縣)이었다. 봉화군은 현재의 부산, 대구, 울산을 포함한 경상남북도

전 지역의 유일무이한 고구려 영역이었다.

이후 신라의 삼국통일로 인해 법흥왕 시절 신라에 다시 귀속되었다. 신라 경덕왕 시절 대대적인 행정구역 개편 당시 옥마현(玉馬縣)으로 고쳤다. 고려 태조 때 봉성현(鳳城縣), 공양왕 때 봉화현(奉化縣)으로 개칭됐다. 그리하여 조선시대를 거쳐 오다가 1895년(고종 32년) 봉화군이 되었다. 구한말 시기에 경주, 영주 다음으로 양반이 많은 곳이었다. 봉화군 전체 인구의 약 94~95% 정도가 조선 시대부터 살아온 토박이이다.

유적과 문화

천년 고찰 청량사

청량산에 설립된 청량사는 신라 문무왕 3년(663)에 원효대사가 창건했다고 전해지며 송광사 16국사의 끝 스님인 법장 고봉선사(1351-1426)에 의해 중창된 천년 고찰이다.

하지만 조선시대 불교를 억압하는 주자학자들에 의해 절은 피폐하게 되어 현재는 청량사 와 부속건물인 응진전만 이 남아있다. 응진전은 청량사 부속건물로서 청 량사와 같은 연대에 창 건되었고 원효대사가 수 도를 위해 머물렀던 곳 이다

닭실마을

봉화에는 경주 양동마을, 안동 하회마을, 내앞마을과 함께 삼남지 방의 4대 길지로 불렸던 닭실마을(달실마을)이 있다.

계서당(溪西堂)

계서당은 춘향전에 나오는 이몽룡의 생가이다. <춘향전>에서 이몽 룡의 실제인물로 알려진 성이성 선생이 1610년(또 다른 문헌에는

1613년)에 건립하여 문중 자제들의 훈학과 후학 배양에 힘쓴 곳으로 전해지고 있으며, 그 후손들이 중건하였다 한다. 원래 성이성 선생은 경남 창녕사람으로 남원 부사를 지낸 부용당 성안의 선생의 아들로, 인조 5년 문과에 급제하여, 진주 부사 등 고을 수령 6개, 어사 4번을 지냈다.

　연세대학교 설성경 교수 논문에 의하면 춘향전 이도령의 본래 이름은 성이성 (1595~1664)이다.

　성이성은 조선 인조, 광해군때의 실존 인물로 남원 부사로 부임한 아버지를 따라 전라도 남원에 머무르는 동안 기생을 사귀었고, 수십 년 세월이 흐른 뒤 암행어사가 되어 호남지역을 순행하다가 남원을 들렀다. 춘향전은 실화를 소설화시킨 것이다.

　한국 최초의, 최고의 로맨스이자 4대 국문소설의 하나로 꼽히는 "춘향전"의 탄생 비밀이 연세대 설성경 교수의 끈질긴 추적 끝에 발견되었다.

　지금은 그의 대 후손 성원기(61세) 씨가 관리하고 있다. 현재는 정자 1동과 방앗간 1동, 강당 1동과 일부 담장 등은 허물어지고 그 터만

이 남아있다. 국가지정 중요 민속자료 제171호로 지정(1984. 1. 10) 관리되고 있다.

이처럼 봉화는 원효대사와 춘향전의 실제 인물의 발자취가 있는 곳이다.

분천 산타마을

봉화 분천읍에는 산타마을이 있다. 핀란드 로마니에미의 산타마을을 그대로 재현하였다.

국립백두대간 수목원

국립백두대간 수목원은 기후 특성에 따라 온대북부지역, 온대중부지역, 온대남부지역으로 구분하여 백두대간의 생태적 가치와 생물다양성의 의미를 전달  하고 있다. 호랑이 숲에는 시베리아산 호랑이를 방사하기도 했다.

이처럼 국립백두대간 수목원에는 호랑이도 있다.

100년 이상 된 교회

척곡교회(1907)

청량산 자락인 법전면 척곡리 언덕에 1907년 교회가 들어섰다.

대한제국 탁지부 관리였던 김종숙은 평신도로서 을사늑약 이후 경상북도 봉화군 법전면 척곡리에 내려가 척곡교회와 명동서숙을 세웠다. 명동서숙은 1907년 문을 열었고, 척곡교회 예배당은 1909년에 건립되었다.

이 곳은 복음을 전하기도 했지만 독립운동의 근거지이기도 했다. 최재구가 땅을 내놓았고, 건축비는 김종숙의 헌금으로 충당했다. 척곡교회 예배당

은 정면 3칸, 측면 3칸 미음 자 기와집으로 세워졌다.

교회 출입문은 문을 달리하여 남자와 여자의 출입구를 구분했고, 뒷문은 교회 뒤 산으로 연결되었는데, 예배 인도자가 드나드는 문이자,

독립운동가들이 발각될 경우 피신시키기 위한 용도였다고 한다.

척곡교회는 봉화 의병장과 독립투사들이 비밀 회합을 가지는 장소였고, 간도로 보내는 독립운동 자금을 전달하는 통로였다. 석태산, 정용선, 김명림 등은 경상북도 일대의 주재소를 습격하고, 친일 부자들을 털어 군자금을 마련한 다음 김종욱을 통해 만주에 보냈다.

김종숙은 1920년대에 일경에게 끌려가 고초를 겪었고, 해방 직전에는 신사참배 거부로 옥에 갇혔다.

김종숙의 처남인 봉화 의병장 석태산은 소백산에서 잡혀 현장에서 처형됐다. 명동서숙은 정식 학교가 되지 못한 채 운영되다가 1943년 폐교되었다. 이처럼 척곡교회는 설립 동기부터 독립운동과 깊이 연관되어 있다. 척곡교회 담장 아래에는 일본 헌병이 출현했는지 살피는 구멍이 뚫려 있었다.

김종숙은 1919년에야 장로가 되었고, 해방 후인 1946년 목사 안수를 받았다. 김종숙과 함께 척곡교회를 설립한 김종욱도 나중에 목사가 되었다. 척곡교회를 관리하는 사람은 김종숙의 손자인 김영성 장로이다.

애국운동을 한 척곡교회는 2006년에야 역사적 가치를 인정받아 명동서숙과 함께

▲ 명동서숙과 김영성 장로

등록문화재 제257호로 지정되었다. 척곡교회의 초기 역사와 기록은
설립자 김종숙의 손자 김영성 장로의 노력 덕분에 확인되었다.

봉화제일교회(1917)

　예장통합 소속인 봉화제일교회는 1917년 방탐실, 김윤래, 이희봉,
김영수 등이 우홍직 집에서 예배드린 것이 시초가 되었다. 1919년 1월
경북노회에 내성교회로 가입했다. 봉화제일교회는 시골에 세워진 척
곡교회와는 달리 봉화군에 세워진 대형교회이다. 따라서 이 교회는
매년 지역 교육 발전을 위한 장학금 기탁, 어려운 이웃을 위한 성금
전달 등 지역사회의 크고 작은 어려움에 적극적으로 동참하는 나눔
실천으로 지역민들의 귀감이 되고 있다.

결론

　봉화가 경북에서 가장 척박한 오지임에도 불구하고 춘향전의 실제
인물이 살았던 로맨스가 있는 곳이며, 고구려의 영향하에 있었던 봉

화는 제국주의에 대항하는 항일정신이 살아있는 곳이다.

　김종숙은 서울에서 언더우드로부터 복음을 듣고 이 복음의 힘을 갖고서 교회와 명동서숙을 설립하여 신학문으로 교육하여 개신교의 정신으로 애국을 하려고 노력했다. 오지의 봉화를 애국의 봉화로 만들었던 것이다.

　오지에 복음이 들어오게 되니 교회와 신학문의 교육기관이 설립되어 제국주의에 대항하게 되었고, 봉화제일교회는 지역사회를 봉사하는 교회로서 오지를 밝히고 있다. 최근에는 영농단지가 발전해 있고, 핀란드의 산타클로스 마을이 있고, 국립백두대간 수목원이 있다. 예수그리스도의 역사를 지닌 교회는 오지 봉화를 변혁시키고 있다.

　봉화의 인물로는 서울 강동구에서 국회의원을 지낸 명성교회 김중환 장로와 김중위가 있다.

영양은 경상북도에서 가장 오지 중의 하나이다. 그러나 아무리 오지라고 할지라도 복음이 들어오게 되니 영양의 역사는 인물을 토해내는 가나안으로 변하기 시작했다. 대구에 이론신학자 이상근 목사가 있었다면 영양에서는 이론을 실천

으로 극복한 김삼환 목사가 있었다. 일반 역사 속에 그리스도의 역사가 침투할 때 그 지역은 획기적으로 발전하고 반드시 인물을 내는 가나안 땅이 된다.

경북에서 가장 오지로 불리는 곳은 북쪽 내륙에 위치한 봉화, 영양, 청송이다. 소위 BYC 지역으로 불린다.

봉화, 영양, 청송은 산이 많
고 평지가 적은데다가 교통
이 불편한 지역으로 산업이
발달하기에 지리적으로 약점
을 지니고 있다. 이곳은 농지
가 없다보니 산을 이용하는
화전민이 많았다.

지리적 여건

영양은 평야가 없고, 산만 있기 때
문에 신천지가 아니라 산천지였다.
동학의 2대 교조 최시형도 영양에 피
신했을 정도로 산이 울창한 지역이
다. 개화 이후에 경부선이 개통되고
고속도로가 생겼지만 영양은 여전히
산이 많은 북부지역으로 소외지역이었다. 영양은 태백산맥이 동남 방
향으로 뻗어 많은 대소계곡을 형성하고 북고남저의 산간 분지 상의
지역을 이루고 있다. 영양의 산은 일월산이다.

영양은 전반적인 해발고도가 경북에서 가장 높은 곳으로 임야가
85.4%이고, 농경지는 9.2%에 불과하다.

영양은 해발 1,219m의 일월산을 중심으로 수려한 자연경관을 이루
고 있고, 서쪽으로 안동군과 경계로 산맥이 가로 놓여있고 경상북도

에서는 가장 높은 고원지대이다.

명칭과 위치

경북 안동권에 위치한 영양군은 신라 때 고은현으로 고려 초에 지금의 이름으로 바뀌었고, 조선 중기에 인근의 청기현을 합하여 울진과 분리되어 독립 행정단위를 구성하였고 근대에 이르러 군으로 승격되었다. 영주와 영양, 봉화는 안동 문화권이 강원도와 동해안 중심의 문화권과 교류하는 창구였다.

온통 산과 물로 둘러싸인 영양은 경상북도 동북부 태백산맥의 내륙지역에 위치하며 동쪽은 울진군과 영덕군, 서쪽은 안동시, 남쪽은 청송군, 북쪽은 봉화군 등 5개 시군과 경계하고 있다.

주산물

주산물은 고추, 사과, 담배, 더덕, 천궁, 천마, 어수리 곰취나물, 머루 등이 많이 생산된다. 특히 영양은 고추로 유명한 곳이다.

영양군에는 고추 홍보관이 있을 정도이다. 영양군의 고추 재배면적은 2,172ha이고, 경상북도 재배지의 10%를 차지한다. 영양의 담배재배는 약 300년 전부터 행해졌고 전매제가 실시되기 전까지 외국시장에서 가장 인기 있는 제품이 되었다.

청양고추는 청송과 영양의 줄임말로서 상당히 매운 고추로 유명하다. 영양은 일조시간이 많고 일교차가 크며, 고추재배의 적절한 토양조건을 갖고 있다. 풍기가 인삼을 재배하기 위한 적절한 토양이라면 영양은 고추를 재배하기 위한 적절한 토양이다.

두들마을과 주실마을

두들마을

영양에는 두들마을과 주실 마을이 있다. 두들마을은 이씨 집성촌이고, 주실마을은 조씨 집성촌이다. 두들마을에서는 이문열, 주실마을에서는 승무의 조지훈이 배출된다.

두들마을은 1640년(인종 18년) 석계 이시명 선생이 병자호란의 국치를 부끄럽게 여겨 벼슬을 버리고 들어와 학문연구와 후학을 양성하는 데 전념한 곳이다. 그러다 보니 산골짜기 영양에 많은 인재가 나온다. 독립운동가, 의병, 문학가, 종교인들이 나온다.

文 **문향의 고장**
The place of the arts

영양은 내륙의 섬으로서 강직하고 독특한 문화를 형성하여 일제강점기 암울한 현실을 노래한 서정시인 일도 오희병(1901~1946)과 현대미술의 기틀을 다진 서양화가 금경병(1916~1948)을 거쳐, 청록파 시인이자 국문학자인 지훈 조동탁(1920~1968)과 현대문학의 거장 소설가 이문열(1948~현재)에 이르기까지 수많은 문예가를 배출한 문향(文鄕)의 고장이다.

As an inland island, Yeongyang is a homeland of art and literature producing many man of letters from lyric poet Ildo O Huibyeong who have sang poems about the reality of gloomy reality of the Japan's colonial rule of Korea, who have made a rigid and characteristic culture, and western painter Geum Gangyeon(1916~1948) who have paved the way of modern art, to Chongrokpa poet and a scholar on Korean literature Jihun Jo dongtak(1920~1968) and the greatest of modern literature, Lee Munyeol(1948~present).

석계의 아들 중 넷째 숭일이 선업을 이었고 후손들이 더해져 재령 이씨 집성촌이 되었다. 이문열도 두들마을 출신이다.

이문열의 <사람의 아들>은 종교적인 문제를 거론한 소설책이다. 이 작품의 주제는 선과 정의로 표상되는 천상의 논리와 자유로 특징 지워지는 지상의 논리 사이의 충돌에서 발견할 수 있다.

천당과 영원을 약속하는 기성 종교의 비현실성에 대하여 사람의 아들들에게 절실한 삶의 복락, 현세적 의무의 중요성을 제기하는 것이다. 즉 신의 문제보다는 인간의 문제, 종교적 진리의 실현보다는 사회적 정의의 실현에 더욱 치중하는 것이 「사람의 아들」의 기본 방향이다. 철두철미하게 신중심보다는 사람중심의 세계에 포커스를 두고 있다. 그러나 기독교와는 상관이 없다. 이 책은 아편의 종교처럼 맹목적인 종교심보다는 현실에 충실히 하라는 경고의 책이기도 하다.

주실마을

두들마을에 이문열이 있다면 주
실마을에는 승무의 조지훈이 있었
다. 지훈은 호이고 원래의 이름은
동탁이다. 주실마을도 모두 양반이
고 유학의 집안이다.

조지훈은 기독교인은 아니지만 박목월, 박두진과 함께 청록파 시인
이면서도 민족운동, 항일운동에 앞장섰고 이승만과 박정희의 독재정
권을 반대한 사람이다. 그야말로 의식이 있는 지성인이었다.

조지훈이 살았던 영양군 일월면 주곡동의 주실마을은 400여 년이
된 마을로 조광조 후손인 한양 조씨 마을이다. 양반마을이다.

원래 이곳은 주 씨가 살았으나 1630년 조선 중기 조광조의 친족 후
손인 한양인 조전 선생이 사화
를 피해 정착하게 되면서 주실
마을이라는 별칭으로 불리게
되었다.

이 마을에는 청록파 시인이
자 지조론의 학자였던 조지훈
(1920~1968)의 생가인 호은종택(경북도기념물 제78호)이 마을 한복
판에 널찍이 자리 잡고 있다.

조지훈(1926~1968)은 시인이며 학자인 동시에 논객이었다. 그는 어
려서 할아버지로부터 한학을 배우고 보통학교 3년을 수학하고, 1938
년 혜화전문학교(동국대학교) 문과에 입학하여 1941년에 졸업을 했
다.

'향수'를 쓴 정지용이 문단에 추천했다. 그는 승무, 고풍의상, 봉황수 등을 써서 이름을 알렸다. 시문학에 천재적인 사람이었다.

그는 일찌감치 교육받을 정도로 집안이 넉넉하였지만, 영양 사람들의 대부분은 교육조차 받기 어려울 정도로 가난했다.

영양군은 지형상 3개 생활권으로 나뉘면서 유일하게 청기면에는 중학교 이상의 고등 교육 시설이 없어 중학교 교육은 남부는 입암, 중부는 영양, 북부는 일월 등 인근 읍면에서 가르치고, 고등학교 교육은 안동 등 타지로 유학했다. 김삼환 목사 같은 이는 가난해서 아예 안동까지 유학하는 것은 꿈도 꿀 수 없었다.

영양의 인물

영양은 가난한 동리였지만 애국 충절의 고장이며, 자수성가한 사업가, 언론인, 법조인, 종교인 등을 많이 배출했다. 돈은 없어도 인물이 있었다.

특히 청기면은 인물들이 많이 나온 곳이다.

김도현

청기면은 대표적인 애국 충절의 마을이다. 청기면 남쪽 지역에 있는 상천리에는 구한말 대표적 순국선열인 벽산 김도현(1852~1914) 선생의 생가와 선생이 왜군과 맞서 싸운 검산성이 있다.

김도현 선생은 고종 31년 (1894) 동학혁명이 일어나자 사재를 털어 검산에 창의도총부를 정하고 봉화 청량산에 들어가 의병을 일으켰고, 안동, 함창, 선성과 강릉, 영양 일월산 등지에서 의병 활동을 했다.

그는 영양 영흥학교를 창설하고 교육에도 힘썼으며, 1914년 국권을 강탈당한 것을 통분해 동해(영해 관어대)에 투신자살했다. 헤이그에서 자결한 이준 열사와 같았다. 광복 후 1962년 건국 공로 훈장을 추서했다.

오윤승

영양 청기면의 3·1운동을 주도한 인암 오윤승(1875~1960)도 대표적 항일 독립운동가이다. 오윤승은 3·1운동이 일어나자 1919년 3월 24일 청기면민 약

400명을 동원해 시위했으나 체포돼 1년 형을 선고받았다.

이처럼 영양군은 애국충절의 지역이기도 하면서 문학과 종교인, 사업가, 법률가, 교육가, 정치가(이재오) 등을 많이 배출한 곳이기도 하다. 이러한 인물이 발생한 이면에는 개신교도가 세운 교회를 무시하지 못한다. 교회는 당시 가장 근대문명이 발달한 곳이었다. 교회는 역사의 변혁을 추구하고 있었다.

이러한 근대의 교회는 영양을 발전시키는 데 공헌한다. 교회의 역사가 없었더라면 많은 인물이 배출되지 못했을 것이다.

영양의 교회

영 양 은 안 동 에 서 전 도 하 는 권 찬 영(J.Y.Crothers)선교사 부부의 전도를 받은 사람이 1904년에 교회를 개척했다.

권찬영 선교사는 1910년부터 그가 은퇴한 1952년까지 40년 동안 안동에 있으면서 안동 인근지역까지 복음을 전했다.

내당동교회(1904)

영양군에는 1904년 찰당골(내당동)에 교회가 처음으로 설립되었다. 이것이 내당동교회이다. 영양군 내당동교회는 곽진섭이라는 사람이 대구 약전 골목에 양초를 팔러갔다가 권찬영 선교사의 전도로 예수를 믿고 찰당골에 내당동교회를 설립하였다.

내당동교회는 소멸되었
지만 다시 일부 교인들이
설립하여 당동교회가 내당
동교회를 잇고 있다.

일제의 박해와 생활고로
인해 교인은 하나씩 흩어져

내당동교회는 결국 문을 닫고 말았다. 흩어진 교인들 중 곽석진이라
는 사람은 오리교회(1905)를 설립하였고, 다른 사람들은 영양교회
(1907)와 계동교회를 설립하였다.

계동교회(1908)

1908년에는 영양군 수비
면에 계동교회가 설립되었
다.

현재까지 영양군에는 예
장통합 교단 소속 24개 교
회를 비롯하여 타 교단까지
합치면 약 70여 개에 달하
는 교회가 설립되었다.

교회의 영향

이러한 기독교의 영향은
새로운 사고와 의식을 깨우
치게 하여 영양군에서는 많
은 인재가 발생하는 중추적
인 역할을 하였다. 교회는 신
문명, 근대교육, 유교탈피,
서구 지식과 문화를 알게 함으로 사람들의 의식을 깨우는 데 앞장섰
다.

유교가 중심되었던 영양군에 교
회가 들어오면서 결출한 인물이
나오게 된다. 특히 100년 전부터
교회가 설립되면서 인구 2천도 안
되는 청기면에서 많은 인재가 출
헌했다.

교회의 직간접적인 영향으로 영
양의 학생들이 열심히 공부하여
입신양명하게 된다. 청기면 출신
중에 대구지방법원 김천지원 김연
우 지원장, 전 영덕지원 부장판사
권재칠 변호사, 김용일 전 대구지
법 총무과장, 안종익 서울지방청

▲ 청기면 신당교회

생활안전과장, 이갑형 전 울산 중부 경찰서장, 남병상 전 영양경찰서
장 등이 있다. 명성교회 김삼환 목사도 청기면 출신이다.

구성희
히공제연합회 상임 대표

권원달
충북대 명예교수

권재철
전 영덕지원 부원장사

김삼환 숭남대학교 이사장
명성교회 원로 목사

김선광
소설가

김연우
대구지법 김천지원장

김성진
안동시의회 의장

남청진
서울시의회 의원

안종익
서울지방청 생활안전과장

오도창
영양군수

오해원
전 재령 영양 향우회장

오재춘
영진전문대 교수

오창린
동국대 경주캠퍼스 교수

오창우
계명대 교수

이갑렬
전 울산동부경찰서장

이동교
전 대구시 교통국장

이창환
시인

임재암
전 농산품질관리원장

조병인
전 경북교육감

조창용
전 중앙일보 논설위원

예장통합교단의 부총회장 김영걸 목사도 영양 출신이다. 그의 할머니는 영양읍교회에서 전도사를 역임했고 그 할머니의 영향으로 2022년 2월 10 장로회신학대학교(총장:김운용)에서 열린 115회 학위수여식에선 4대가 목회자의 길을 걷는 김영걸 목사(포항동부교회)의 아들이 졸업을 하게 되었다.

할머니 안초순 전도사는 영양읍에서 사역하면서 아들을 출산했는데 그 분이 김충효 목사이다. 영양 출신인 그는 경상북도 안동을 중심으로 경안노회 산하에서 목회하였다. 그는 경안성서신학교에서 김기수 목사와 동역을 하면서 많은 후진을 양성했다.

그 당시 공부했던 사람이 김태영, 이순창 총회장이다. 김충효 목사의 아들 김영걸 목사는 예장통합 108회 부총회장으로 포항동부교회를 사역하고 있으며, 손자 김윤찬은 2022년 장로회신학대

학원을 졸업하여 4대째 사역자의 길을 가고 있다. 영양이라는 오지

에서 하나님의 은혜로 총회장이 두 명이나 출현했다. 장로회신학대학원 최윤배 교수도 영양 출신이다.

이렇게 많은 인재가 발굴될 때까지 100여 년 전에 영양에 여러 교회가 세워졌다. 호남도 교회가 100년 전부터 세워진 곳은 반드시 인물이 나왔다. 박화성, 황성수, 목일신, 김대중, 김일, 유제두, 박지성, 김원기(레슬링 금메달리스트), 정세균, 이낙연, 김영진, 한완석, 안영로, 박종순, 채영남, 소강석, 김의식, 신정호 등은 대표적인 인물이다.

전주 예수병원, 광주 기독병원, 여수 애향원, 군산 영명학교, 전주 신흥학교, 목포 정명학교 등의 단체도 좋은 예이다. 교회가 일찍이 세워진 지역은 항시 사회적으로 훌륭한 인물과 단체가 발생하였다.

김삼환 목사가 예수를 만났을 때

영양 출신 중에 정치인 이제오, 문학가 이문열, 시인 조지훈도 있지만 우리가 주목할만한 인물은 종교인으로서 김삼환 목사가 있다. 김삼환 목사와 어려서 함께 살았던 김삼환 목사 친구의 형수인 권 권사는 어려서부터 다른 친척은 잘 살았는데 김 목사의 가정은 가난했다고 털어놓았다.

그러나 그가 훗날 명성교회를 이루면서 마을을 위해 많은 공헌을 하였다고 했다. 잔치도 열어주고, 중국 여행도 시키고, 가뭄을 방지하기 위하여 저수지도 만들어 주었다고 했다.

김 목사는 농림부 장관에게 요청하여 청기면 동리에 산위에서 흘러내리는 물을 막아 작은 호수를 만들어서 농민들이 가뭄 시 밭농사에

물이 모자라지 않도록 했다.

지역민들은 "우리 지역은 농
사철만 되면 물이 부족하여 오랜
세월 고생하면서 농사를 지어 오
던 중 지역 출신이신 김삼환 목사
님께서 농림부 장관과 상의하여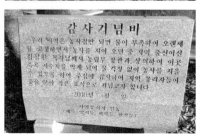
이 곳 죽곡 저수지를 막게 되어
물 걱정 없이 농사를 지을 수 있
도록 하여 주심에 감사하여 지역
동리자들이 뜻을 모아 작은 표적
으로 기념하고자 합니다" 며 감사기념비를 세우기도 했다.

저수지의 물은 아래로 흘러 밭농사에 많은 도움을 주고 물 부족을
해결하였다.

그러나 정작 김삼환 목사
는 어린 시절 차비도 없어
안동까지 가서 고등학교에
다니지도 못할 정도로 가난
해서 교육의 혜택을 전혀 받
지 못하였다.

그는 일찍이 고등학교 대
신 경안성서학교에 들어가
서 공부했고, 피어선 신학교, 장

약력 [편집]
- 피어선신학교(현평택대학교) 졸업((1974)
- 장로회신학대학교 신학대학원(M.Div.)
- 장로회신학대학교 명예신학박사
- 숭실대학교 명예철학박사
- 뉴브런스윅신학교 명예신학박사
- 샌프란시스코신학교 명예신학박사
- 연세대학교 명예신학박사

대외직분 [편집]
- 대한예수교장로회 명성교회 원로목사
- 대한예수교장로회(통합) 증경총회장
- 한국기독교교회협의회(NCCK) 前 회장
- WCC 제10차 총회 한국준비위원회 前 준비위원장
- 재단법인 아가페(소망교도소) 이사장

▲ 김삼환 목사 약력

로회신학대학교 목회연구과에서 공부한 것이 전부였다. 정상적인 학

교 과정을 마치지 못하였지만, 훗날 명예 신학박사 학위를 5개나 받는다.

그는 영양에서 가난한 빈농의 아들로 태어나 교육받을 기회가 거의 없었고, 완고한 아버지 밑에서 농경 일에 종사하면서 쌓았던 다양한 농촌의 체험 기회가 훗날 계시적 행동이 되어 목회에 성공하게 된다. 명성교회는 세계에서 가장 큰 장로교회로 발전하였다.

명성교회에서 빈궁이 부요가 되고, 불임이 임신이 되고, 귀신이 쫓겨 나가고, 질병에 걸린 자들이 치유를 받고, 이루 말할 수 없는 예수의 기적이 그를 통하여 창출되었다. 대부분의 역대 대통령들이 명성교회에 다녀갔다.

특히 김대중, 김영삼 대통령이 집무할 때, 김삼환 목사는 청와대를 내 집처럼 드나들면서 그들을 위해 기도해주었다.

이러한 인연으로 김영삼 대통령 추도식에 초청받기도 하였다.

김삼환 목사는 CBS에서 노무현 대통령을 세워놓고 설교하기도 했다.

또한 박근혜 대통령 앞에서 설교  도 하여, 대한민국 대통령들 앞에서 설교하는 영예까지 안았다. 한국의 대통령들은 항시 그를 초청했다. 그는 박근혜 대통령이 탄핵의 위기에 몰렸을 때, 청와대에 초청 받아 만찬을 하면서 대통령이 예수를 믿고 기도해야만이 살아남을 수 있다고 조언하기도 했다.

김 목사는 노 대통령의 추도식에도 명성교회 성가대를 보내기도 할 정도로 야당 출신 대통령과도 좋은 관계를 맺은 바 있다. 대통령이 자살하였다고 아무도 성가대를 보내지 않았다고 한다.

김 목사는 농촌의 체험을 바탕으로 예화를 인용하면서 그들에게 설교를 하였다. 뱀과 물고기 잡은 이야기, 논밭 일을 하고 과수원 농사를 한 이야기 등, 모든 과거의 농촌 경험을 설교화시켰다. 자신의 콘텍스를 성경이라는 텍스트로 연결하여 하나  님의 은혜를 실제로 강조하여 많은 사람들의 관심을 끌었다. 그는 어렸을 때는 영양의 상청교회에서 미래를 꿈꾸며 신앙생활 했다.

김 목사는 상청교회 앞에서 물놀이를 하면서 물고기를 잡아 엄격한 아버지께 끓여주곤 하였다.

김 목사는 어려서 경험을 하였던 요강, 화장실, 풀빵 기계, 아버지 돈을 훔쳐서 도망한 이야기, 남의 과수원의 과일을 훔친 이야기, 화투를 쳤던 이야기 등 자신의 시골의 일상 경험을 격의 없이 소박하게 설교에 인용하여 신도들의 마음을 움직였다.

심지어는 총회 앞에서 "아버지도 맞는 나(김삼환 목사)의 피를 보면서 더 이상 때리지 않았다"며 "하도 얻어맞아서 피가 난 명성교회를 더 때리지 말아 달라"며 총대들의 가슴을 움직이기도 했다. 이야기 설교의 천재였다.

결국 그의 어려서의 체험이 계시적 말씀이 되었다. 그것이 모든 사람들에게 위로를 주고, 대통령들까지도 김삼환 목사의 설교를 듣는 것을 좋아했을 정도이다. 최근에도 윤석열 대통령이 김삼환 목사를 청와대에 초청하여 예배를 드리기도 했다.

김 목사의 설교는 국내 대통령들에게만 감화를 준 것이 아니라 에티오피아. 이스라엘, 케냐, 미국 등의 대통령에게도 감동을 주었다. 심지어 케냐 대통령이 기도해 달라고 해서 기도를 해주니 노벨상까지

받게 되었다. 김 목사의 집 앞에 개울물의 물놀이 경험이 세계의 지도자들 앞에서 그들을 감동시키는 설교로 변하였다.

집 앞의 작은 개울은 넓은 낙동강을 향하여 흘러내려 가듯이, 그의 사역도 5대양 6대주로 흘러 나갔다.

그가 명성교회를 굴지의 교회로 만들 것을 하나님 외에는 아무도 알지 못하였다.

그는 교회만 세우는데 끝나지 않았고, 안동성소병원을 인수하여 안동 최고의 병원으로 만들고, 영양에 있는 병원, 에티오피아에 있는 병원까지 운영하며 많은 환자들을 치료하고 있다. 슈바이처나 이태석 신부가 한 일의 수천수만 배를 하고 있다. 최근에는 에티오피아 MCM 병원에 가난한 자들을 위한 무료 보건소도 설립해서 무료 진료를 하고 있다. 하루에 수백 명씩 무료 진료를 하고 있다.

그는 봉사에 앞장서기도 했다. 2009년에는 태안에 기름유출사고로 인해 국내 환

경의 재앙 상태에 있을 때, 발 벗고 나서서 최악의 기름유출을 몸으로 막는 데 앞장을 서기도 했다.

김삼환 목사는 2009년 용산참사 때도 유가족 편에 서서 활동하여 어려운 처지에 있는 사람들을 감동시켰다.

이 외에도 김 목사는 정의연 길원옥 할머니가 돌아가셨을 때도 조문을 가서 정의연 할머니들을 위로해 주었다. 그에게는 대통령이나 힘없는 할머니나 차별이 없었다. 어려움을 당한 사람들에게는 항시 그가 함께했다. 정의연 할머니들이 편안하게 거하도록 집을 제공하기도 하였다.

그의 공적인 사역은 여기서 끝나지 않고 100억 이상을 들여 여주 민영교도소를 설립하는 데도 앞장섰다.

그는 교육에까지 헌신하여 영주의 영광여고까지 인수하여 전원이 4년제 대학에 들어가는 최고의 학교로 만들기도 했다.

이외에도 농어촌 목회자의 자녀를 위해 순천 장학관을 비롯하여 7개의 장학관을 세우기도 했다. 세계로 금란교회 주성민 목사는 명성 장학관 출신이다.

구 분	주 소	수용인원	연 락 처
서울	서울 강동구 천호동 77-1	101명	010-8421-1871
광주	광주광역시 남구 제중로 87	26명	010-5132-1473
대구	경북 경산시 강변서로 209	30명	010-5100-8340
전주	전북 전주시 완산구 안터6길 9-9	19명	010-3642-9099
순천	전남 순천시 가곡4길 34	20명	010-4600-2931
부산	부산광역시 부산진구 복지로 14-1	32명	010-2385-6662
목포	전남 무안군 삼향읍 석매길10	15명	010-3225-2286

병성교회 장학관 주소 및 연락처(모집중)

특히 호남에는 4개의 장학관을 세웠다.

이외에도 재단법인 빛과 소금을 만들어 교파를 초월하여 매달 1,000여 명의 미자립 교회 목회자들을 돕고 있다. 그리고 파송 선교사 42명에게 매달 200만 원씩 지원하고, 300여 명의 선교사들에게 매달 일정비용을 지불하고 있다. 코로나의 상황에서도 한 명도 끊지 않았다.

파송선교사

강명관(심순주)　강인덕(이부영)　강희수(김영미)　공명성(김명성)
권정구(형순덕)　김대오(박미아)　김병교(한경복)　김상철(서정회)
김성태(박상숙)　김용구(송희은)　김인권(한미향)　김주천(김성옥)
김홍태(홍은주)　남시겸(박은숙)　노효종(김희정)　박명하(최은심)
백남원(김유경)　서성덕(윤혜림)　서혜경(김성표)　석용균(김정란)
신방현(김은희)　안태영(유채영)　오є화(조영숙)　유춘안(안 세)
윤미경(김송혜)　이강근(이영란)　이강영(이혜원)　이상구(김영숙)
이재삼(신소영)　이재열(김종현)　이재경(한경숙)　이준래(이미영)
장덕인(이금숙)　정태화(정혜열)　최광수(이현숙)　최영모(박경희)
최재운(장순희)　홍김주(조영씨)　홍남기(김인규)　황화숙(안범수)
권영대　김옥심　　문경회　이우영

협력선교사 하재건 외 172명　　**견습전문인선교사** 김현대 외 6명

이외에도 파키스탄의 이준재 선교사가 코로나에 걸렸을 때, 1억 이상 들여 에어 앰브란스를 띄워 한국에 운송하기도 하였을 정도로 한영혼을 사랑하였다.

요약하면 김 목사는 용산참사, 태안반도 기름 닦기, 정의연 할머니 사택제공, 군선교회, 이북 돕기, 통일 선교 등 사회와 국가의 일에도 앞장서서 도왔다. 심지어 자신과 상관없는 기장 측 목사가 화재로 인해 어려움을 당할 때도 함께 했다.

그는 국경과 교파, 신분을 초월해서 어려움이 있는 사람들에게 신분이나 교파차별을 하지 않고 찾아가서 위로해 주었다. 코로나가 닥쳐와 미자립교회 목사들이 어려움을 당하자, 수백 명을 매달 30만 원씩 2년을 도왔다. 코로나 시대 선교사들의 지원은 한명도 끊지 않았다. 이러한 일들을 아들 김하나 목사가 그대로 잇고 있다.

김삼환 목사는 아들 승계 문제로 인해 사회적으로 수많은 어려움으로 인해 한 때 위기도 있었지만, 그의 사역은 멈추지 않았다. 내용으로 형식적 비판을 극복했다. 그는 은퇴 이후 비전 사역을 통하여 예수 그리스도의 사역을 이어 나갔다. 화재가 난 곳, 위안부 할머니, 시각장애인교회, 홀사모회, 미혼모, 코로나로 인해 어려운 선교사들 등 사회의 후미진 곳만을 찾아다니며 제도적 은퇴는 있어도 사역적 은퇴는 없다는 것을 여실히 보여주고 있다.

경북 울진 산불로 전소된 호산나교회

화재로 전소된 속초 농아인교회

코로나 위기 20개 노회 지원
(목포노회, 양릉노회, 진주노회, 진주남노회, 강릉노회, 강릉동노회 등)

불의의 사고로 두 딸을 잃은
이성진 목사 가정 위로(목포 새생명교회)

평화의 우리집(위안부 할머니 쉼터)

위안부 생존자
길원옥 할머니 예방(인천생수감리교회)

상계동 104마을의 연탄은행

서대문구 애란원(미혼모 생활시설)

최근에는 군 선교회협회 이사장을 맡아 군 선교에도 일정 부분 공헌을 하고 있다.

결론

영양이라는 일반 역사 속에 그리스도의 역사가 들어왔을 때 오지 영양은 많은 인물을 길러내는 가나안 땅으로 변하였다. 청기면의 수많은 사람들이 입신양명을 한 것은 우연일까? 그리스도의 영양분이 공급될 때 그 오지에 수많은 인물이 탄생할 정도로 영양은 새로운 땅으로 변했다.

특히 한 사람이 수백 년 살아도 해내지 못할 일을 김삼환 목사가 목회 40년 만에 해낸 것은 역사를 변역시키는 그리스도의 힘이 컸기 때문이다. 최근에는 아들 김하나 목사가 프랭클린 빌리그라함 통역까지 맡게 되는 영광을 안았다. 오지의 영양이 예수를 만나니 세계를 향하고 있었다.

아들 김하나 목사는 펜데믹 코로나가 창궐할 때 회복에 대해서

CNN과 인터뷰를 하기도 하여 국제적인 인물로 부상하기도 했다.

빌리그래함 통역과 관련하여 미국의 폭스 뉴스도 그를 다루었다.

영양의 김삼환 목사의 사역은 아들을 통하여 영양을 초월하여 전세계로 뻗어 나가고 있었다. 영양에 예수그리스도의 역사가 침투할때 영양은 세계를 향하는 영적 지도자들을 토해내고 있을 정도로 영양은 더 이상 오지가 아니라 영적 가나안이 되었다.

두 번째 이야기

청송
의성
예천
김천
영천
영주

두 번째 이야기

청송

청송도 영양 이상 오지이지만 복음이 들어가자, 그 오지에 인물들이 많이 배출된다. 오지가 그리스도의 역사라는 개신교의 새로운 역사를 만나면서 변화되기 시작했다. 특히 청송은 김진홍이라는 인물을 배출한다. 오지가 예수를 만났을 때, 오지는 미래를 짊어질 인물을 토해냈다.

지리적 여건

청송은 경북 내륙지역으로서 동쪽은 영덕군·포항시, 서쪽은 안동시·의성군·군위군, 남
쪽은 포항시·영천시, 북
쪽은 영양군에 접한다.
영양 밑에 청송이 있다.
경상북도가 경부선과
경부고속도로가 통하는
남부 지역을 개발하였
기 때문에, 경북 북부 지
역은 낙후지역으로 전락했는데, 청송군은 이웃한 봉화군, 영양군과
함께 경북 북부 중에서 가장 낙후된 지역을 일컫는 BYC로 불리기도
한다.

면적은 846.12㎢이고, 인구는 25,623명으로 80년대 7만 여명에서
점점 줄어들고 있는 실정이다.

역사

청송군은 고구려시대에 청기현이라 칭하였으나 신라에 이르러 적

선이라 개칭하고, 고려 초에는 부이(鳧伊)라 개칭하고 그 후 운봉(雲鳳)이라 칭하다가 세종조에 송생현과 합하여 청송군으로 개칭하였으며, 1914년 부령 제111호로 부·군·면 통폐합에 따라 진보군 일부를 합병, 8면으로 구분하여 현재에 이르고 있으며, 1979년 5월 1일 청송면이 청송읍으로 승격(1읍 7면)되었다. 초등학교가 8개, 중학교도 8개, 고등학교는 4개가 있다.

주산물

청송의 주산물은 사과와 고추이다.

청송교도소

청송군 자체도 전국 3대 오지 중 하나인데, 그 중에서도 청송 교도소의 입지는 '육지의 섬'이라고 불릴 정도로 세상과 동떨어져 있는 곳이다. 청송 하면 생각나는 것이 청송교도소이다.

한 교도관은 "청송교도소는 수감 여건이 국내에서 가장 엄격하다"며 "도주를 막기 위해 교도관들의 숫자도 다른 시설보다 많고 정문을 제외한 교도소 주변은 절벽과 강으로 둘러싸여 탈옥은 생각할 수조차 없는 '천혜의 요

새"라고 말할 정도이다. 특히 교도소가 산으로 둘러싸여 있기 때문에 기온이 매우 낮고 겨울에는 눈도 많이 오고 날씨도 매우 춥다.

3면이 물살 빠른 반변천으로 둘러싸여 있고, 나머지 한 면 또한 광덕산의 깎아지를 듯한 절벽으로 되어 있다. 죄수가 탈출해도 도망하기도 어려운 곳이다.

교도소를 창립한 1981년 개소 후 40년간 이곳을 탈옥한 재소자는 1명도 없다. 빠삐용의 신화는 재현될 수 없었다.

빠삐용이 와도 탈출하기가 어려운 곳이 청송교도소이다. 청송교도소는 바다가 없기 때문에 뛰어내리기도 어려운 실정이다. 그러므로 청송교도소에 수감된 사람은 형기가 마칠 때까지 기다리는 수밖에 없다. 탈출이 불가능한 곳이기 때문이다.

항일 의병기념관

청송에는 교도소만 있는 것이 아니라 의병기념관도 있다. 청송의 항일 의병기념관은 전국적인 항일 의병의 활동상과 함께 청송지역의 의병 활동상을 알리면서 의

병 정신을 재조명하고 나라 사랑 전통정신 문화를 보여주는 역사교육의 장으로 조성된 전시관이다.

유독 청송 출신들이 의병 활동을 많이 했다.

청송의 교회

화목교회(1904)

1904년에 세워진 화목교회는 1904년 11월 청송군 현서면 덕계리에 세워진 최초의 교회이다. 화목교회라는 이름을 사용한 것은 1920년대로 전해진다. 6·25전쟁 때 순교한 엄주선 강도사가 시무한 교회이다.

　화목교회는 마을에 아직 학교가 없을 때 초등학교와 중학교를 설립해 교육으로 지역사회를 섬기는 모범을 보였다. 화목교회 임재양 목사와 박효일 장로는 마을에 초등학교를 설립하기 전인 1919년에 영신 여자학원을 설립해 운영(초등학교 설립 후 5년 만에 폐교)하였다. 중학교가 없던 시절에는 화목학원을 설립해 중등 교육을 시행하였던 것이다.

　그만큼 청송교회는 항일운동의 본산지, 교육운동의 본거지 역할을 하였다. 1951년 화목교회를 담임했던 엄주선 강도사는 새벽기도회를 마치고 홀로 기도하다가 공산당에게 납치되어 공산군 총검에 찔려 순교를 했다. 현재는 순교자 엄주선 강도사 테마공원이 설립되어

있다. 예장통합 총회는
순교 테마공원을 기독교
사적지 10호로 지정하였
다.

엄주선 강도사는 예천
상락교회에서 1936년 3월
15일 세례를 받았다.

▲ 예천 상락교회 돌비석

수락교회(1908)

1908년에는 청송에 노래교회와 수락
교회가 세워졌다. 노래교회는 폐지되
었고, 수락교회는 박영수라는 사람이
1908년 11월 16일 자택을 기도실로 하
면서 집에서 예배를 드림으로 교회가
시작되었다. 1909년 9월 15일 교회를
수락동으로 이전하면서 수락교회가 설
립되었다.

복동교회(1915)

김진홍 목사가 어려서 다녔던 복동교회는 1915년에 창립되었다. 복
동교회는 1915년에 청송군 안덕면 복리의 소대마을에서 처음 예배가

시작되었다. 이때 예배를 주도했던 인물이 선교사 아담스(안의와)이다.

도동교회(1916)

도동교회는 1916년에 창립되었다. 도동교회는 1916년 3월 1일에 설립된 것으로 알려져 있다.

개일교회(1918)

개일교회는 1918년 11월 설립된 것으로 알려져 있다. 1920년 대구

선교지부의 중심인물이었
던 아담스(안의와)가 파송
한 박낙현에 의해 교회의
모습을 갖추게 되었다. 한
편, 개일교회는 일제강점기
때 신사참배를 거부하여 옥

고를 겪었던 서정환 목사가 시무했던 곳이다.

청송의 인물

청송은 경북내륙의 오지이지만 일찌감치 복음이 들어와 교회를 통한 신교육과 새로운 사상이 싹트게 되어 많은 인물이 배출된다.

경북 청송군 진보면은 청송군의 북부에 있다. 15개 법정리로 구분돼 있고 면사무소는 진안리에 있다. 영양군·영덕군 및 안동시 경계와 맞닿아 있다. 동부와 남부는 비교적 높은 산이 분포해 있으나, 청송군 내에서는 상대적으로 구릉지가 많은 편이다. 노태우 전 대통령의 부인 김옥숙, 처남 김복동은 청송군 청송읍 출신이다.

청송읍 출신 인물로는 국회의원을 지낸 윤용구 제3, 4대 국회의원(청송, 자유당), 박주운 제5대 국회의원(양주, 민주당), 황병우 제10, 12, 13대 국회의원(신민당, 신한민주당, 민주정의당, 3선 의원), 윤태균 제14대 국회의원(민주자유당), 김복동 14, 15대 국회의원(대구 동구갑)이 있다.

한동수 3선 청송군수, 우병윤 경상북도 경제부지사, 윤주학 국방과학연구소(상임감사), 조영호 제54대 부산지방조달청장, 이상룡 시조 시인이자 명예 문학박사, 일본에서 자수성가한 이정행 선생, 윤영균 한국산림복지진흥원 초대 원장 등 그 밖에도 다양한 분야에서 청송읍 출신들이 활동하고 있다.

이 중에 청계천 넝마주의들과 동고동락을 하면서 복음을 전한 김진홍 목사를 주목할 필요가 있다.

김복동
전 국회의원

김옥숙
노태우 전 대통령 부인

박주운
전 국회의원

윤주학
국방과학연구소 상임감사

윤영균
산림복지진흥원 초대원장

윤태균
전 국회의원

조영호
제54대 부산지방조달청장

우병윤
경북도 경제부지사

한동수
청송군수

황병우
전 국회의원

김진홍 목사

청송군 안덕면 출신 중에
김진홍 목사가 있다. 그는
살기가 너무 힘들어 어머니
돈을 몰래 훔쳐 가출하기도
하였을 정도이다. 김삼환

목사도 오지 영양에서 탈출하기 위하여 아버지의 돈을 몰래 훔쳐 가
출한 적도 있다. 그 정도로 영양과 청송은 희망이 없는 지역이었다.

김 목사는 일본에서 태어나 5살 때 어머니와 함께 청송으로 왔고, 홀
어머니로 슬하에서 공부하며 계명대학에 수석으로 들어가 장학생으
로 마치고, 장로회신학대학원에 가서 공부를 마쳤다.

그는 어려서 삼덕면에 있는 복동교회를 다녔다. 그는 지금도 책을
놓지 못하는 이유는 어머니가 자기 머리카락을 팔아서 책을 사주었
기 때문이라고 한다.

김 목사는 꾀를 내고 싶
으면 머리카락을 잘라 등록
금을 구해오신 어머니의 머
리카락이 생각났고, 졸릴
때도 어머니의 머리카락이
생각나서 열심히 공부했다

고 했다. 김 목사는 1971년 장신대학원을 다니면서 서울 청계천에 활
빈교회를 세우고 빈민선교와 사회사업을 펼쳤다.

1974년경 박정희 정권의 유신에 반대하는 시위를 주도하다가 끌려가서 옥고를 치렀다. 청계천에서 목회하다가 1974년 1월 긴급조치 1호로 감옥에 갔다.

이후 청계천 거주민들과 경기도 화성에서 두레마을 및 활빈교회를 형성하고 경기도 구리로 이전하여 두레교회를 크게 성장시키고, 퇴임 후에는 동두천으로 이주해서 두레 수도원을 설립했

▲ 1970년 당시 청계천

다. 산골짜기를 가나안 복지로 만들었다.

80세를 넘긴 김진홍 목사가 동두천 산골짜기에 들어온 지 12년째이다. 그는 1971년에 청계천에서 머물면서 목회 사역을 하였다.

김진홍 목사는 당시 청계천에 들어가 넝마주이들과 함께하면서 전도를 하였다.

청계천에는 빈민 판자촌이 많이 있었다. 청계천 활빈교회도 판잣집이었다.

1970년대 중반 서울시는 청계천 판자촌 지역 철거를 시작하면서 김진홍 목사는 철거민들을 데리고 농사짓고

▲ 청계천 활빈교회

세금도 내며 사람답게 살고자 활빈 귀농 개척단을 조직하여 경기도

화성군 소재의 남양만 간척지에 정착하였다. 남양만의 바다 갯벌을 막아 960만 평의 농토가 조성되었다.

이곳에 15개 마을에 1,200세대가 입주하게 되었다. 김 목사는 여기에 7개의 개척교회를 세웠다. 남양만 주민회를 조직하고 교회가 센터가 되어 주민 봉사와 지역사회를 통하여 두레선교운동을 하였다.

김 목사는 공동체 마을을 세우려는 꿈을 실현하기 위하여 50세대를 한 마을에 입주하여 공동 소유하고, 공동 작업하고, 공동으로 누리는 마을을 건설하려 하였다. 그러나 중앙정보부가 개입하여 공동체 마을이 북한의 집단농장과 유사하다고 하여 정부는 허락하지 않았다.

김 목사는 1997년 남양만 시대를 끝내고 1997. 3. 1 구리에서 구리 활빈교회를 개척하였고 남양만 활빈교회는 1999년에

▲ 남양만 간척지

사임하였다. 구리 시대가 열린 것이다. 구리 두레교회에서 2010년 교회를 떠날 때까지 약 3,000여 명의 신도들이 집회에 참석하였다.

두레교회는 후임 이문장 목사가 맡았지만, 교단을 탈퇴하고 말았다. 이 목사는 예장통합 교단에서 이단으로 면직된 바 있다.

김 목사는 2011년에 구리 두레교회 사임을 하고 동두천에 산 7만 5천 평을 매입하여 동두천 시대를 열었다. 받은 퇴직금으로 산 7만 5천

여 평을 매입하여 신화를 써나가고 있다. 그는 동두천 산속에 금식 수
도원을 세웠다. 구리 두레교회 이상의 신화를 쓰고 있었다.

▲ 두레교회

▲ 두레수도원

주택도 30채씩이나 지어 두레공동체를 형성하였다.

두레 공동체는 양봉 사업을 해서 매년 7억의 수입을 올리고 있으며 국제 대안학교는 100여 명에 육박했고, 심지어 실내 체육관까지 확보했고 남녀 기숙사까지 세웠다.

김진홍 목사의 사역을 요약하면 1971년 청계천 사역을 시작으로 1974년에는 유신정권 반대로 감옥, 1970년대 중반에서 1996년까지는 남양만 사역, 1997년부터 2010년까지는 구리 사역, 2011년부터는 동두천 사역에 마지막 인생을 불태우고 있다. 그는 청계천 판자촌에서 동두천까지 늘 주변인들과 함께하는 삶을 살았다.

1941년생인 김진홍 목사의 나이가 80이 넘었다. 그러나 그의 인생은 모세처럼 80부터 시작이라는 것이다. 김진홍 목사에게 90 잔치는 아직 끝나지 않았다. 청송군과 김진홍 목사가 예수를 만났을 때 청송도 영양처럼 인물을 토해내었다. 오지에 그리스도의 역사가 침투할 때 가나안을 개척할 인물을 출현시켰다. 김 목사는 한국의 그룬트비였다. 그는 북한 신의주까지 농지를 개척하기도 했다.

경상북도의 가장 오지마을에서 김삼환, 김진홍 목사가 예수를 만났을 때 세상에 빛과 소금이 되는 역할을 하였다. 하나님은 교회를 통하여 오지마을 청송에 새로운 질서를 창조하였던 것이다.

그는 광화문 운동에 참여하여 문재인 정권 타도를 외치기도 했다.

결론

경상북도에서 가장 오지인 청송에 그리스도의 역사가 들어왔을 때 영양처럼 오지 청송은 인물을 토해냈고, 학교가 세워지고, 병원이 세워지는 등 지역자체가 발전된 새로운 역사를 써 나가고 있었다.

특히 김진홍이라는 인물은 예수를 만나 무에서 유를 창조하였고, 동두천 산속을 가나안 복지로 만드는 그룬트비와 같은 혁명적 기질을 가진 사람이 되었다. 청송에 복음의 씨앗이 떨어졌을 때, 청송은 김진홍 목사 같은 거대한 인물을 꽃피웠다.

의성은 류성룡과 최치원의 고향이다. 그만큼 의성은 의로운 고장이다. 저항이 다른 어느 지역보다 심한 고장이다. 의성은 경북 3 · 1운동의 시발점이 되기도 하였을 정도로 강력한 항일운동의 중심지이다. 의성은 류성룡, 최치원의 정신을 이어받아 항전의 정신이 강한 곳이다. 여기에 복음이 들어오자 의성의 역시에 기독교 인물이 많이 발생히여 의성 이외에 다른 지역에시 하나님의 나라를 만드는 데 헌신적이었다.

지리적 여건

지도를 보면 알 수 있듯이 의성은 경상북도의 중앙에 자리 잡고 있다.

조선시대에 경상도가 좌우 갈라져 있을 때는 의성은 경상 좌도에 속해있었다. 의성은 경북 중앙에 속해 있어서 사방으로 다른 도시들이 연결되어 울진과 울릉, 독도를 제외한 도내 지자체가 80km 반경 안에 들어간다.

의성군 다인면은 상주시와 예천군과 인접해 있고, 비안면과 봉양면은 군위군, 사곡면과 춘산면은 청송군, 단밀면은 상주시와 구미시와 인접해 있다. 신평면의 북부지역은 지리적인 관계로 안동 생활권에 근접해 있다.

명칭

고려 초에 이르러 문소군의 성주가 견훤 군을 막다가 전사했는데 이를 보고 의로운 고장, 즉 의성(義城)이라 하여 의성부로 승격되었다. 조선

의성군 행정구역 변천사		
의성군 (義城郡, 1895) 비안군 (比安郡, 1895)	→	의성군 (1914)

초기에 행정구역을 개편하였고 조선 후기인 1895년(고종 32)에 전국이 13도로 개편되면서 의성, 비안이 군으로 바뀌었다.

도전과 혁신 능동적인 정신으로 고결한 역사를 지켜온 의성!
그러기에 의성의 오늘이 더욱 빛납니다!

| 신라벌휴왕 2년 신라에 병합이전 조문국 | 신라 경덕왕 16년 문소군 | 고려초에 의성부로 승격 | 조선고종 32년 의성군 | 1940. 11. 1 의성면이 읍으로 승격, 1읍 16면 | 1990. 4. 1 안사출장소가 안사면승격, 1읍 17면 |

▲ 의성군청 홈페이지

이처럼 의성군의 명칭은 고려 초에 의성부로 확립되었고, 조선 고종에 와서 의성군이 된다. 1914년 부군면 통폐합으로 비안군을 흡수하였으며 18개 면이 되었다. 1934년에는 산운면과 소문면을 통합하여 금성면으로 개칭하여 17개 면이 되었고, 1940년 11월 1일에 의성면이 의'성읍(1읍 16면)으로 승격되어있다. 1990년 4월 1일 인사출장소가 안사면으로 승격하여 1읍 17면이 되었다.

인구수는 5만여 명에 불과하다.

주산물

상주의 주산물이 곶감, 사과이고, 영양의 주산물이 고추라면 의성의 주산물은 마늘이다. 의성 마늘은 전국에서 가장 유명하다.

의성 마늘 관련 기록은 1655년 나온 '농가집성'과 '사시찬요초'라는 책에 나타나는데, 본격적인 마늘 재배는 조선 중종 21년(1526년) 의성읍 치선리에 경주 최씨와 김해 김씨가 터를 잡으면서 시작한 것으로 전해진다. 의성 마늘은 전국 마늘 생산량의 약 3.5% 정도만 생산되고 있다.

의성 마늘은 오랫동안 저장하여도 품질이 잘 변하지 않고, 약리 성분이 강하며, 매운맛, 쓴맛, 짠맛, 단맛 등 다섯 가지 맛이 고루 함유되어 있어 다른 마늘 맛보다 뛰어나며 양념 다지기를 할 때 즙액이 많아 적은 양으로도 양념 효과가 좋으며, 김치를 담그면 오래 두어도 잘 시지 않는 특성이 있다.

의성 마늘은 조상 대대로 재배하여 온 토종마늘이며 주야 재배로 즙액이 많고 입안에서 독특한 향기와 매운맛이 감돌며 저장성이 강하다. 한지형 마늘로 전국 1위의 생산량을 자랑한다. 이를 이용한 의성 마늘햄이 유명하다.

유적지

고운사는 신라 신문왕 원년인 681년에 신라의 승려인 당나라 유학파 의상이 창건한 것으로 전해진다. 고운사는 '높이 뜬 구름'이라는 뜻이다. 이는 최치원이 머물며 가허루(駕虛樓)와 우화루를 건축한 이래 그의 호 고운(孤雲)을 따라 절의 이름을 개칭했다.

고운사

고종의 건강과 장수를 기원하며 1904년 지어진 경북 의성군 단촌

면에 있는 천년사찰 고운사의 연수전이 보물 제2078호로 지정됐다.

최치원

최치원(崔致遠, 857~908?)은 신라 말기의 문신, 유학자, 문장가로서 의성 출신이다. 본관은 경주이고 자는 고운, 해운, 해부이다. 최치원은 868년 당나라로 건너가 과거에 급제한 후 당나라의 관료로 생활하였다. 그는 신라 말 삼최(三崔) 중 한 사람으로, 문묘에 종사 된 해동 18현 중의 한 사람이다.

최치원은 6두품 출신으로서 12세의 나이로 당에 유학하여 6년 만에 당의 빈공과에 장원으로 급제하였으며, 황소의 난이 일어나자, 절도사 고병의 막하에서 토황소격문〈討黃巢檄文〉을 지어 당 전역에 문장으로 이름을 떨쳤고, 승무랑 시어사로서 희종 황제로부터 자금어대(紫金魚袋)를 하사받았다.

토황소격문은 신라 제49대 헌강왕 때 최치원이 중국 당(唐)나라에서 벼슬하며 황소(黃巢)를 치기 위하여 지은 격문이다. 최치원은 그 토벌총사령관인 고변(高騈)의 휘하에 종군하였는데, 황소가 이 격문을 보다가 저도 모르게 침상에서 내려앉았다는 일화가 전할 만큼 뛰어난 명문이었다 한다.

당나라 희종 광명 2년에 황소(黃巢)가 모반하여 복주를 점령하고 소란을 일으키자, 조정에서는 적을 치게 하였다. 이때 최치원은 '토황소격문'을 지었다. 이 격문은 적장의 간담을 서늘하게 한 명문으로서 문필의 대공을 세웠다.

중국 당나라의 황소(黃巢, 820~884)는 당나라 말기의 농민 반란 주모자이다. 그는 관리에 뜻을 두었으나 과거에 낙방하고 소금 장사를 하였다. 당시는 정치가 몹시 어지러워 농민은 과중한 세금에 시달리고 있었는데, 마침 큰 흉년이 들어 민심이 동요한 틈을 타 왕선지가 난을 일으키자 이에 호응하여 난을 일으켰다. 이 난 때 신라의 최치원이 황소를 처단하기 위하여 당나라에 있으면서 토황소격문을 지었다.

특히, 이 글 중의 "천하 사람들이 모두 백일하에 능지처참할 것을 생각할 뿐 아니라 땅속의 귀신들도 이미 암암리에 처치할 것을 의론하였다"라는 구절에서 황소는 저도 모르게 상 아래로 내려와 꿇어 엎드렸다는 일화가 있다.

　당시 당나라는 혼란의 끝을 달리고 있었는데 부패한 환관들이 조정을 농락하고 자기들의 입맛에 따라 황제를 폐위하는 등 갖가지 부정부패가 만연해 있었다. 그러다 보니 동학란처럼 중국도 황소의 난이 발생하였다.

　중국의 소금 산지는 일정 지역에 편중되어 이를 독점만 할 수 있다면 엄청난 부를 보장받는 곳이었다. 소금을 확보하기 위해 전쟁도 빈번하게 발생하였는데 당나라도 안시의 난 이후 부족한 재정을 이 소금을 전매함으로써 보충하고 있었다. 황소의 난도 소금 전쟁이었다. 최치원은 당의 관리였기 때문에 난을 진압하는 데 일익을 담당해야 했다.

　토황소격문의 내용은 도(道)와 권(權)을 내세워 천하대세의 운행이치를 밝히고, 당나라 조정의 바르고 강성함과 황소 무리의 비뚤어지고 무모함을 대비시켜 사태를 올바로 파악하여 항복하도록 권유한 것이다.

　그는 귀국하여 헌강왕으로부터 중용되어 왕실이 후원한 불교 사찰 및 선종 승려의 비문을 짓고 외교 문서의 작성도 맡았으며, 시무 10여

조를 올려 아찬(阿飡) 관등을 받았다. 그는 당대 천재 문인가였다. 그러나 천재는 일찍 죽거나 그를 시기하는 반대파 세력들이 많이 있다.

이러한 모함은 류성룡에게도 나타난다. 인류의 역사는 누명과 모함의 역사이다. 예수도 누명과 모함을 당하여 십자가에 처형당했다.

최치원 역시 예외가 아니다. 진골 귀족들이 득세하며 지방에서 도적들이 발호하는 현실 앞에서 자신의 이상을 펼쳐보지도 못한 채 관직을 버리고 은거하여 행방불명되었다. 그의 명문은 시무 28조에 나타났다.

시무 28조

「시무28조」는 성종이 친히 개봉하도록 별도로 밀봉해서 올린 것으로, 성종 대에 이루어져야 할 정치개혁을 모두 28개 조목으로 나누어 최승로 자신의 견해를 솔직하게 피력한 것이다. 28조 중 현재 알 수 있는 내용은 22조까지이며, 나머지 6조의 내용은 전해지지 않는다. 이 6조의 내용에 대한 복원작업이 시도되기는 하였으나 확실한 내용은 알 수 없다.

토왜격문 류성룡

류성룡은 왜를 토벌하는데 앞장선 인물이다. 그의 <징비록>은 사실상 토왜격문이었다. 조선 시대의 문신으로 25세에 문과에 급제하고 나라의 정책을 결정하는 우의정 자리까지 오른다. 임진왜란이 일어났을 때 참모총장의 역할을 맡아 전쟁을 승리로 이끄는 데 큰 역할을 했다.

특히 가장 괄목할 만한 일은 50세의 이순신을 발탁한 일이다. 이외에도 전쟁에 대한 <징비록>을 써서 훗날 조선이 전쟁을 예비하도록 하는 혜안이 있는 천재 문인이었다. 류성룡이 없었다면 임진란을 막아낼 수가 없었다.

병산서원

안동 병산서원은 서애 류성룡의 학문과 업적을 기리기 위해 만든 경상북도 안동시 풍천면 병산리에 건립한 서원이다. 본 서원의 전신은 고려 말 풍산현에 있던 풍악서당으로 풍산 류씨의 교육기관이었는데, 이를 1572년(선조 5) 류성룡이 현재의 위치로 옮겼다.

▲ 병산서원 만대루

징비록

징비록은 류성룡이 선조 25년(1592)부터 31년(1598)까지 7년 동안에 걸친 임진왜란에 대하여 적은 책이다. 징비록은 《시경》 소비편(小毖篇)에 적혀 있는 "내가 지난 잘못을 징계하여 후환을 경계한다(予其懲而毖後患)"는 구절을 인용한 명칭이다.

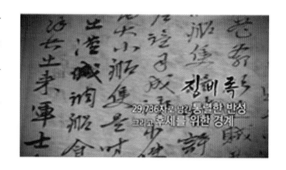

류성룡은 "난중의 일은 부끄러울 따름이다"라고 하여 스스로 반성한다는 의미에서 이 책을 저술하였다. 징비록의 내용은 전쟁의 배경, 전투 당시의 상황, 조선·일본과 명나라 간의 외교 관계, 주요 맹장에 대한 묘사와 전투 성과, 이후 백성들의 생활상 등을 기록한 책으로 임진

왜란에 대한 총체
적인 기록이다.

그는 7년 동안 조
선군 총사령관으로
서 조선의 육군참
모총장 역할을 하
였다. 류성룡이 없었다면 이순신도 없었을 것이므로 임진란에서 일본
에 패배하였다면 한일합방이전에 조선은 일본과 17세기 초에 이미 합
방되었을 것이다.

류성룡은 어렸을
때 같이 지냈던 이
순신의 공을 인정
하여 정읍 현감 이
순신을 전라좌수사
에 파격 천거하였
다. 이는 신의 한 수
였다. 그리고 이순신이 어려움을 당할 때마다 그는 이순신의 뒤를 봐
주었다.

류성룡 같은 전쟁의 영웅이 있었기에 이순신이 있었고, 현대에는
그러한 피가 백선엽 장군에까지 흘러 낙동강전선을 사수하여 주체사
상에 물든 북한군으로부터 한반도를 구하였던 것이다.

류성룡은 조선 후기의 실학자 정약용이 수원성을 만든 기중기를 발
명하듯 그 역시 발명가였다. 천재들은 항시 창조적 능력이 있었다. 류

성룡은 임진강에 칡넝쿨로 부교를 설치하여 대포와 군수물자를 이동하기도 하였다.

류성룡은 직업군

인인 훈련도감을 설치하고 속오군을 주장하여 양반의 병역의무를 지게 하였다.

토일격문의 의성교회

의성의 교회들은 토일격문에 앞장섰다. 3월 3일 평양신학교에 입학하기 위해 평양에 갔던 김원휘가 서울과 평양 등 전국적으로 독립 만세 시위운동이 일어나고 있음을 보고 고향으로 돌아가서 만세시위운동을 주동하기로 결심했다.

그는 곧바로 귀향하여 3월 6일 쌍계동교회에서 박영달을 만나 서울·평양 등 전국에 걸쳐 일어나고 있는 독립 만세운동을 전하면서 이곳에서도 독립 만세운동을 거사할 것을 촉구하고, 이튿날 안평면 괴산동교회 목사 박영화에게 평양의 상황을 알리고 함께 시위운동을 주도할 것을 상의했다.

특히 교회들이 항일운동, 근대교육과 농촌계몽에까지 앞장서 의성
이 의로운 고장이 되게끔 하는 데 큰 역할을 했다. 최근에 의성은 스
포츠까지 축복받아 동계올림픽 컬링에서 은메달까지 확보하는 기염
을 토하기도 했다.

비봉교회(1900)

1900년 3월 초 의성
군 의성읍 비봉리의
김수영이 청도 장터에
서 노방 전도 중인 선
교사 베어드(배위량)
로부터 복음을 접한
뒤 고향으로 돌아와

전도 활동을 펴고 가정 예배를 보면서 비봉교회가 시작되었다. 1902
년 의성군 의성읍 비봉동 748에 초가 4칸으로 첫 예배당을 지었다.

비봉교회는 교육을 중시하여 1908년 사립 기독 개신학교를 세워 신도들의 자녀를 교육하였다. 그러나 이 학교는 1930년대 일제에 의하여 강제 폐교되었다. 당시 박봉순, 설봉화 장로와 설인철, 구경모 집사가 이를 반대하다가 일경에게 끌려가 가혹한 고문을 당하기도 하였다.

1912년 와가 8칸으로 예배당을 건축하였다. 1921년 당회가 조직되었으며, 1936년 4월 함석 양제 콘크리트 132㎡ 규모의 예배당을 건축하였다. 1944년 5월 일제의 강압으로 교회가 철거당했으며, 철거한 자재는 일본인 학교를 건축하는 데 쓰였다.

1979년 3월에는 93㎡ 규모의 교육관을 건축하였고, 1982년 12월에는 79㎡ 규모의 목회관을 건축하였다. 1994년 3월에는 99㎡ 규모의 봉사관을 건축하였고, 2000년 3월 선교 100주년 기념식을 거행하고 기념비를 세웠다.

쌍계교회(1903)

1903년 두 번째로 설립된 쌍계교회는 초가를 기역 모양으로 지어 남녀가 따로 예배를 보도록 하였다.

쌍계교회는 경상북도 의성군 비안면 쌍계리에 있는 대한 예수교장로회(합동) 소속이다. 쌍계교회는 김인옥, 이성준이 군위의 봉황교회에 다니다가 1903년 의성군 비안면 신묘동에 초가를 매입하여 예배당을 마련하면서 시작되었다.

1903년 3월 15일에 교회가 설립되었으며 박영화가 초대 목사를 지냈다. 1906년 신묘동에서 의성군 비안면 쌍계동 572번지로 교회를 이전하였다. 1919년 3월 12일 쌍계교회 박영화 목사, 박영달 장로, 박영신 형제가 일제에 저항하여 만세 시위를 일으켰으며, 이에 따라 일제 경찰에 체포되어 수감되었다.

1925년 6월 17일 교회를 현 위치로 이전하고 예배당을 15칸으로 신축하였다. 일제의 극심한 탄압으로 교회가 폐쇄되었다가 해방 이후 집회를 재개하였고, 1951년 11월 27일 예배당을 신축하였다. 2002년 2월 17일 이슬비 선교회를 조직하였고, 2003년 10월 3일 『쌍계교회 100년사』 발간 및 100주년 기념 예배를 드렸다.

박곡교회(1904)

박곡교회는 1904년에 설립된 118년 이상 된 교회이다. 1959년 9월 세계교회협의회(WCC) 가입을 두고 교회가 통합 측과 합동 측으로 분리된 후, 1969년 합동 교단에 가입을 하였으나, 1987년 11월 3일 합동 교단에서 통합 교단으로 소속을 변경하였다.

이 교회는 의성군 안평면 금곡리에 사는 권수백의 전도를 받은 박곡리의 김학배, 이만기, 손용진, 최달모 등이 1904년 10월 16일 설립하였다.

일제의 탄압에 의해 1943년 교회가 폐쇄되었고, 다음 해인 1944년에는 친일파에 의해 교회당이 매각되어 해방 후 예배당을 신축하였다. 1992년 4월 7일 예배당을 신축하였고, 2004년 교회 설립 100주년을 맞이하였다.

의성교회(1908)

1908년 초가 3칸의 기도소로 시작된 의성교회는 불과 5년 만인 1913년에 기와집 30칸의 예배당으로 증축되었다. 이는 교세가 그만큼 급속히 신장하였다는 것을 의미하기도 한다.

▲ 의성제일교회(통합)

의성교회는 일찍이 비봉교회에 다녔던 김기화와 김경찬, 김천특 신자들이 20리 길인 비봉에 왕래하며 신앙생활을 하다가 호미동에 기도처를 설립한 것이 1908년이었다. 이것이 의성교회의 시작이다.

1913년에 초가 3칸을 헐고 와가 30칸으로 건축하였다. 1919년에는 교회 신도들이 3·1운동에 참여하였다. 1922년에는 김익두 목사를 초청하기도 하였다. 1925년에는 학술강습소를 설치하여 학생들을 가르쳤으나 1919년 의성 경찰에 의하여 강제로 폐쇄당하기도 했다.

이 교회를 담임했던 유재기 목사는 1937년 큰 부흥을 일으켰으나 '조선 소년군'(1922)이라는 농촌계몽단체를 창립하여 일제의 주목을 받게 되어 결국 교회를 떠나게 되었다.

▲ 유재기 목사와 동료들

의성 농우회 사건

1928년 조선예수교 농우회(農友會) 발기총회(제17회 총회 회의록 11쪽)가 발족했다. 의성 농우회는 평양장로회신학교 학생들을 중심으로 구성한 농촌경제활성화 사업으로 야학, 농사개량, 협동조합 등을 진행했는데, 기독교 지도자들의 반일 사상 혐의로 사건화되었다.

유재기 목사가 이 일의 주동자였다. 유

재기 목사가 시무했던 경북 의성읍교회가 소속된 합동 교단의 경중노회 100회사에는 1939년 7월 유재기 목사가 농민 복음 운동인 농우회 사건으로 박대환 등 많은 성도와 함께 의성 경찰서에 검거되었다고 기록돼 있다.

농우회는 평양장로교 학생들과 기독 청년들이 중심이 된 농촌사업 연구모임으로 일제가 탄압하면서 농촌사회운동에 임하던 기독교

지도자들을 대거 검속된 사건이기도 하다. 이 사건으로 일제는 주기철, 송영길, 이유택, 박학전 목사 등을 검속했다가 안동 군위 청송경찰서에 유치시켰다.

이후 후임자인 의성교회 조선출 목사까지 지독한 박해를 받아 다시 교회를 떠나게 되어 일제로부터 많은 고난을 겪은 교회이다. 이 교회는 훗날 의성제일교회(통합)와 의성교회(합동)로 나뉘어졌다.

▲ 의성교회(합동)

컬링의 도시

2018년 11월 의성군은 컬링의 성이라는 캐치프레이즈를 정했다. '컬

링 의성', '컬링의 성(城)'도 되는 중의적인 의미가 담겨있다. 의성은 스포츠와 거리가 있는 조그마한 도시지만, 동계 올림픽에서 은메달을 따면서 컬링이 동계 올림픽의 인기 종목으로 급부상하여 의성은 컬링의 메카가 되었다. 모든 국민이 '영미'라는 이름을 모르는 사람이 없었다.

결론

이성은 이로운 고장이었다. 토황소격문, 토애격문, 토일격문에 앞장선 사람들을 배출한 의로운 고장이다. 의성출신인 최치원도 죽음을 두려워하지 않고 왕에게 의로운 상소를 올렸고, 류성룡은 이순신을 천거하고 징비록까지 작성하여 더 이상의 임진란이 발생하지 않도록 하여 항일을 대비하는 사람이었다. 의성은 토일격론을 실천한 고장이었다. 특히 교회가 토일격문의 중심지이다.

의성군에서의 만세시위운동은 토일격론의 일환이었다. 1919년 3월 12일 비안 공립보통학교 학생들의 만세시위를 시발로 안평·봉양·장곡·신명·춘산면에서 4월 초까지 전개되었다.

의성에는 100년 이상 된 교회가 여러 개 있음으로 인해 하나님의 의가 넘치는 의로운 고장이 되었다. 장신대 총장을 지낸 이종성, 김명용 교수, 예장통합 교단의 총회장을 지낸 양곡교회 지용수 목사, 사랑의 교회 오정현 목사, 합동 교단 총회장 오정호 목사, 장신대 신약학 김철홍 교수가 의성 출신이다.

의성에 그리스도의 역사가 임하였을 때 하나님은 의성의 인물들을 통하여 새로운 역사가 이루어나가게 하였다. 의성은 진정 하나님의 의가 넘치는 의로운 고장이 되었다.

예 천

예천은 서원문화와 불교, 동학운동이 발달했던 곳이다. 많은 동학인들이 생매장 당했을 정도이다. 이러한 예천에 복음이 들어오자, 농촌교회를 통해서 수많은 박사학위 소지자가 나온다. 일반 역사 속에 예수의 역사가 들어오자 예천의 역사는 변화하고 있었다.

명칭과 지리적 여건

예천은 신라 22대 지증왕 6년(505년)에 수주현이라 하였고, 고려시

대 성종 14년(995)에는 청하라
는 별호가 있었고, 조선시대 태
종 13년(1413)에 보천군으로, 태
종 16년에 예천군이라 명명하
여 지금까지 예천군이라는 지
명을 사용하고 있다.

　동쪽은 안동시·영주시, 남쪽
은 의성군·상주시, 서쪽은 문경
시와 접하고 북쪽은 충청북도 단양군과 경계를 이룬다. 행정구역은 1
읍 11면으로 이루어졌으며, 군청 소재지는 경상북도 예천군 예천읍
대심리에 있다.

　동북쪽에는 소백산맥의 산악지대로 형성되어 있고, 서남쪽에는 낙
동강과 내성천변에 일부 평야를 이루고 있다. 교육기관으로 경북도립
대학교가 있고, 예천여자고등학교, 대창고등학교, 경북일고등학교가
있다. 인구는 56,165명으로 6만 명이 되지 않는다.

교육과 문화

　근대에 들어와 신교육이
보급됨에 따라 유지들이 남
명학교(南明學校)를 세워 인
재 양성에 노력했으며 항일
의병투쟁에도 적극 참여하

였다. 1919년 3·1운동 때는 4월 1일부터 12일까지 군 내 각지의 장날에 수많은 주민들이 모여 만세 시위운동을 전개하였다.

은산장터 독립 만세운동은 1919년 4월 4일 하리면 은산장터에서 금곡리 출신 권창수(당시 28세),이용헌(당시 41세),이재덕(54), 이헌호(46), 채동진(42)등 5명이 주도했다.

▲ 경상북도 유형문화재 제210호

불상으로는 동양 최고의 철불로 9세기 중엽에 제작된 감천면 증거리의 한천사 철조여래좌상(보물 제667호)이 있다. 용문면 선리에는 청룡사 석조여래좌상(보물 제424호)·청룡사 석조비로자나불좌상(보물 제425호)이 있다.

유교 문화재로는 용궁면 향석리의 용궁향교(경상북도 유형문화재 제210호), 무이리의 무이 서당(경상북도 유형문화재 제230호), 예천 청주정씨재실(경상북도 유형문화재 제315호)이 있다.

그리고 예천읍 백전리에 예천향교(경상북도 문화재자료 제138호), 왕신리에 신천서원(경상북도 문화재자료 제139호)이 있다.

동학운동

경상북도 동학은 창도 이후 탄압 속에서도 포교 활동이 꾸준히 이어 나갔고, 교단 조직이 정비되면서 1871년에는 영해 교주 신원운동이 발생하여 동학이 본격적인 사회운동으로 나서게 되었다. 결국 지역의 관민에 의해 패배했지만 한때 엄청난 세력으로 영향력을 행사했다. 경북에서 동학운동이 가장 활발한 지역이 경상북도 서북부 지역의 예천이었다.

경상도 서북부 지역은 동학 창도 초기부터 포교 활동이 활발하게 이루어진 지역이었다. 그러나 이에 대한 반발도 무시하지 못하였다. 유림 지역인 영남에서 동학이라는 새로운 종교운동은 신분 계급을 타파하는 양반이 아닌 상놈 운동으로 비쳐졌고, 척결 대상의 종교였다. 특히 상주에서는 서원을 중심으로 한 동학 배척 운동이 전개되기도 했다.

예천 지역 동학농민군의 활동은 1894년 3월 소야(蘇野)에서 최맹순이 접소를 설치하고 관동수접주(關東首接主)가 되어 교도들을 불러모으면서 시작되었다. 그의 세력은 수만을 헤아렸다고 할 정도였다.

그러나 예천의 유림과 백성들이 동학운동에 대한 대책을 논의하여 동학 농민들과 관민의 투쟁은 불가피했다. 소야접 최맹순은 관민 상화라는 북접 교단의 기본원칙에 따라 향촌 질서를 안정적으로 이끌어가고자 하였지만 관이나 향촌 지배 세력들과의 충돌은 불가피했다.

예천 군수는 동학에 반대할 목적으로 집강소를 설치하고 군민들에게 무기를 나눠주면서 동학 농민들을 척

▲ 집강소(대창고등학교)

결하고자 했다. 관에서 농민군을 진압하기 위해 세웠던 관군의 지휘본부를 집강소라고 불렀다.

이곳은 조선시대 관청의 객사로 사용되던 건물인데 지금 대창고등학교로 옮겨져 교장실, 행정실 등으로 쓰였다. 예장통합 교단의 부총회장 이순창 목사와 김윤식 증경 총회장의 막내동생인 명성교회 김종식 장로가 대창고등학교를 졸업했다.

군수는 8월에 1천 5백여 명의 민보군을 모집하여 관아의 무기로 무장을 시켰다. 이에 대해 농민군들은 8월 2일 읍내로 들어가는 사방 통로를 막아 예천 읍치 지역을 봉쇄하는 한편, 보수 집강소 세력을 압박해 나갔다.

그러던 중 1894년 8월 10일 새벽 농민군을 분노하게 만드는 사건이 발생했다. 그것은 읍 동쪽으로 50리 떨어진 안동 감천까지 쳐들어간 예천의 민보군이 농민군 11명을 체포하여 돌아온 후 모래밭에 생매장하여

죽인 사건이었다. 예천 공설운동장 옆에 동학군의 생매장터가 있다.

민보군의 주도 세력은 양반 유생과 향리이다. 지역의 특성에 따라 양반 유생층이 실권을 잡았느냐 향리층이 실권을 잡았느냐의 차이가 있었지만, 기득권을 지키려는 목적은 같았다.

양반 유생층과 향리, 토호 등 보수 지배층에 의해 민보군에 강제 편제된 농민들은 상황이 발생하면 농민군과 싸워야 했다. 오랫동안 함께 공동체를 이루고 살아온 농민들이 스스로 또는 강제로 서로 다른 이해관계를 대변하는 집단에 속해 서로 죽고, 죽여야 했던 것이다.

보수 지배층이 민보군을 결성한 목적은 분명했다. 자신들의 기득권을 침해하고 기존 신분, 경제 질서를 거부하는 동학 농민군을 진압하는 것이다. 오로지 주자학만을 성인의 도로 섬기던 양반 유생들에게 동학은 사교에 불과했다.

동학 농민군은 반상의 질서를 부인하고, 땅에 대한 소유와 큰 장사에 대한 보수 지배층의 독점권을 인정하지 않으니, 보수 지배층의 입장에서

동학 농민군은 반드시 죽여 없애야 할 패역의 무리였다. 그들에겐 일본의 침탈보다 눈앞의 동학 농민군을 진압하는 것이 더 급했기 때문이다. 보수 지배층은 되려 일본군, 관군과 힘을 합쳐 동학 농민군을 공격했다. 생매장 사건과 관련하여 동학군들은 이에 대응하기로 의견을 모았다.

오합지졸의 동학 농민군이 민보군과 이에 연대한 신식무기를 든 관군을 이길 수가 없었다. 예천 한천제방은 동학 농민과 민보군의 전쟁

이 치열했던 곳이다.

관군과 민간인, 일본군의 삼위일체가 동학 농민을 척결하였던 것이다. 일본 군대는 소야리와 석문리에 들어와 군량미와 무기를 실어 갔다. 그래서 전북의 정읍, 장흥, 충청도의 우금치, 예천은 관군과 일본군이 협력하여 동학을 물리친 곳으로 동학인들의 한이 서려 있는 곳이다.

100년 이상 된 교회

상락교회(1906)

예천군 지보면에 자리 잡은 상락은 낙동강 상류에 있는 30호정도 밖에 안 되는 가장 작은 마을이다. 1906년 10월 15일 양조환(김윤식 목사의 외증조부), 양성환, 김낙진(계명대 총장 김태한의 선친), 전병원(전성천의 백부) 등 3인이 의성 안계 장터에서 삼분교회출신 오

의근으로부터 전도를 받아 상락 교회를 창립했다.

창단멤버들은 "예수를 믿으면 잘산다" 는 말에 교회를 시작하였다.

전병원 장로
(1876~1957)

김낙진 장로
(1887~1950)

실제로 3명의 가계를 보면 박사학위 소지자가 70여 명이나 나온다.

양성환 장로 가계도를 보면 평양신학교, 경기고등

학교 교장, 연세대학교 대학원 출신, 일본대학 졸업자, 총회장(김윤식 목사)까지 나온다.

김낙진 장로 가계도를 보면 목사 7명, 장로 11명, 권사 6명, 박사 15

명, 교수 1명이 나왔다.

전병원 장로 후손들도 많은 박사학위 소지자가 나온다.

1913년 경북 예천에서 출생한 전성천 박사는  일본 아오야마(靑山)대학 신학부를 졸업한 후, 미국 프린스턴신학대학에서 석사, 예일대학에서 석사 및 박사학위를 받았다. 이승만 정부에서 공보실장 및 정부 대변인, 성남 교회 원로 목사를 지냈다. 그는 순수한 신앙으로 하나님의 교회에 봉직하는 것을 평생의 영광으로 삼았다. 그는 영남 교회사를 집필하기도 했다.

▲ 전성천 박사

예천 출신인 김윤식 총회장은 서문을 쓰면서 집필에는 전성천 박사가 수년에 걸쳐 심혈을 경주하여 탈고하였다고 하였다.

전 박사는 1975년에는 기독교방송사 사장, 방송협회 회장 등을 역임했다. 그는 윤치영, 윤보선과 사돈으로 윤보선의 동생인 윤완선의 딸 윤남경이 그의 제수이다.

상락교회는 예천 지보면이라는 작은 부락에 위치한 30호정도 밖에 안 되는 시골교회였다.

▲ 예천군 지보면

"예수 믿으면 잘 산다"는 믿음을 갖고 시작한 농촌교회에서 박사학위 소지자가 70명, 수십 명의 목사와 장로가 나와 그야말로 한 교회를 통하여 사회의 인물들이 쏟아져 나왔던 것이다. 예수 믿어서 잘 살게 된 대표적 케이스이다.

영양에서 김삼환 목사, 청송에서 김진홍 목사는 예수 그리스도의 힘에 의하여 광야에 길을 낸 사람들이다. 상락 마을에서 박사학위 소지자가 70여 명이 나온 것도 하나님의 축복이 아닐 수 없다. 이 교회는 농촌교회이지만 신풍, 어신, 갈동, 우망, 봉전, 축동, 풍양, 지보교회를 개척할 정도로 교세가 상당했다.

이 교회는 청송 화목교회에서 순교한 엄주선 강도사가 다녔던 교회이기도 하다.

예천교회(1911)

예천읍 노하동에 자리 잡고 있는 예천교회는 1911년 2월, 권수도, 김분이, 최악이, 김조경 등이 모여서 설립한 교회이다. 권수도 장로는 신사참배반대로 투옥되기도 했고, 6.25때는 예배당이 파괴되기도 했다.

이 교회의 성장은 1952년 상락교회 출신 김윤식 목사의 취임으로 이루어졌다. 김윤식 목사는 이 교회는 영주노회에서 내실 있는 교회 중의 하나로 성장시켰다.

1991년 76회 총회장이 된 김윤식 목사는 1927년 경북 예천에서 출생하여 장신대학교를 졸업 후, 일본 동경신학대학원과 미국 피츠버

그 신학대학원에서 수학했으며, 1953년경 경안
노회에서 목사 안수를 받고 예천교회에서 19년
간 목회했다.

1971년부터 5년간 교단 총무로 재직한 후
1976년 종암장로교회로 부임했다. 또 경안노회
와 서울북노회에서 노회장을 지냈으며, 1991년
제76회 총회장에 선출됐다. 그는 1996년 5월

▲ 김윤식 목사

원로 목사로 추대됐으며, 美 성앤드류스 장신대 신대원 명예 신학박
사 학위를 수여받기도 했다.

금곡교회(1900)

1900년에 설립된 경북 예천군 소재
대한예수교장로회(합동, 총회장 전계
헌 목사) 금곡교회(안동노회)는 경북
북부 지역에서 가장 오래된 교회이다.
금곡교회는 1900년 이유직 씨(교동영
감)가 1893년 낙향하여 1899년 형 이유
인 씨(양주대감) 저택을 완공하고 그
다음 해에 산정별장에서 신도 10명이
첫 예배를 드린 것이 금곡교회의 시작
이었다.

금곡교회 이종진 장로는 대구 계성

고등학교를 나오고 서울대학교를 졸업한 후, 미국 MIT 공대를 졸업하기도 했다.

양궁의 고수들도 예천 출신들이 많이 있다.

신궁 김진호

시골 교회의 영향은 한국의 양궁을 세계화하는데 기여했다. 김진호는 경북 예천 출신으로 기독교 신앙의 힘으로 2018년에는 대한민국 스포츠 영웅이 되었다. 대한체육회는 2018 대한민국 스포츠 영웅으로 한국 양궁 원조 신궁 김진호 선수를 선정했다.

김진호 신수는 1975년 예천여중 2학년 때 양궁에 입문하여 1978년 12월 방콕 아시안게임에 출전해 개인전 금메달을 따냈고, 4년만인 1979년 7월 베를린에서 개최된 제30회 세계선수권대회에서 5관왕에 등극하며 한국 기록경기 사상 최초로 세계 제패를 이룩하는 쾌거를 거뒀다. 그녀는 한국에 와서 카퍼레이드를 하기도 했다.

김진호는 "내 자세를 지키면 편안하게 쏠 수 있었고 결과도 잘 나왔다. 나머지는 하나님께 맡길 수밖에 없었다"고 말했다. 기독교 집안에서 태어난 김진호는 "자신이 세계 정상에 오를 수 있었던 데는 신앙의 힘이 컸다"고 절대 믿고 있다.

김진호는 "양궁은 마지막 세 발에 모든 것이 결정되는 경기다. 마지막 세 발을 쏠 때면 긴장감이 최고치에 이른다. 그럴 때면 기도하게 된다"고 하면서 "기도하는 마음으로 사대에 섰다"고 했다.

김제덕

예천군 출신으로 김제덕은 도쿄 올림픽에서 양궁 단체전과 양궁 혼성 단체전에서 금메달을 따 금메달 2관왕에 올랐다. 도쿄올림픽 양궁 2관왕 김제덕(경북일고)과 스포츠클라이밍 선수 서채현(신정고) 등 100명이 각 분야 청년 인재들에게 수여되는 '대한민국 인재상'을 받기도 했다. 이외에 세계 양궁선수권대회에서 금메달을 차지한 윤옥희도 예천 출신이다.

예천도 영양이나 청송처럼 교회를 통하여 하나님을 만났을 때, 수많은 인물이 나타났다.

결론

　예천 상락은 30호밖에 되지 않는 농촌지역이다. 여기에 교회가 세워졌을 때, 하나님은 교회를 통하여 한국 사회와 교회에 영향을 줄 수 있는 수많은 박사와 전문가들을 양육하고 있었다.

　그들이 예수를 만났을 때 하나님은 광야와 같은 임야를 젖과 꿀이 흐르는 기름진 땅으로 변화시켰다. 보잘것없는 시골교회였지만 교회를 통하여 하나님은 한국의 국제화를 실행하셨다. 예천이 예수를 만났을 때, 예천의 역사는 변하기 시작했다. 예천에 그리스도의 역사가 임할 때 예천은 가나안 땅이 되어 수많은 인물을 배출하였다.

김천

100여 년 전부터 교회가 세워진 김천은 대구와 대전의 중간지역으로서 동학의 눈물, 3 · 1운동의 눈물, 6·25의 눈물, 가난의 눈물을 잘 극복하면서 풍요의 미래 웃음의 도시로 급부상하고 있다. 교회를 통하여 하나님만이 그들의 눈물을 씻어줄 수 있었다. 현재 김천은 풍요의 샘이 되었다.

김천의 명칭 유래

김천시의 이름에는 하늘 천(天)이나 내 천(川)이 아닌 샘 천(泉)을 쓴다. 물이 맛있어서 귀한 물이라는 뜻의 김천이라는 이름이 붙었다고 한다.

경북의 김천시는 금지천(金之泉)에서 비롯된 이름이다. 임진왜란 당시 지원군으로 출동했던 명나라의 장군 이여송(李如松)이 이곳을 지나다가 남산의 샘물을 마시고, 그 '맛이 중국의 과하천(過夏泉)과 같다'고 찬양한 데서 붙여진 이름이다.

김천의 인구는 약 14만 명 정도이다.

경상북도 김천시 인구추이
(1949년 ~ 2021년)

1949년 김천읍이 김천부 → 승격 다시 김천시 / 김천군 : 금릉군으로 개칭

1950년	231,561명
1965년	218,486명
1980년	170,088명
1995년	153,630명
2000년	150,457명
2005년	142,583명
2010년	137,880명
2015년	139,559명
2020년	140,548명
2022년 1월	140,144명

지리적 여건

김천시는 동쪽으로 경상북도
구미시, 칠곡군, 성주군과 접하
며 서쪽으로 충청북도 영동군,
전라북도 무주군과 접하며, 남
쪽으로 경상남도 거창군과 접
하며 북쪽으로 경상북도 상주
시와 접한다.

역사

김천은 조선시대에 김산(金山), 지례(知禮), 개령(開寧)의 3개 고을
이 있던 곳이며, 1914년 김산군을 중심으로 개령군, 지례군을 통합하

김천시 행정구역 변천사						
김산군 (金山郡, 1895) 지례군 (知禮郡, 1895) 개령군 (開寧郡, 1895)	→	김천군 (金泉郡,1914)	→	김천부/시 (1949) 금릉군 (金陵郡, 1949)	→	김천시 (1995)

고, 철도역이 설치된 김천면의 이름에서 따와 김천군이 설치되었다.

1931년 김천면이 김천읍으로 승격되었고 1949년 김천읍이 김천부 (府)→김천시(市)로 승격되었으며, 김천군의 잔여지역은 옛 김산 고을의 별칭(別稱)인 '금릉(金陵)'에서 따와 금릉군(金陵郡)으로 개칭되었다.

1995년 도농통합 당시 김천시와 금릉군이 다시 통합하여 현재의 김천시가 되었다. 현재 김천시 경제를 떠받치는 것은 응명동, 대광동과 어모면 일대의 김천 산단이며, 현대모비스 김천공장과 코오롱인더스트리 김천공장, 유한킴벌리 김천공장, KCC 김천공장 등이 입주해 있다.

어모산업단지로 인해 일자리가 늘어날 것으로 보이며, KTX역의 신설, 혁신도시의 건설과 김천-진주/김천-전주 철도건설로 교통과 물류 중심으로 재도약하고 있다. 이러한 김천은 3.1운동과 6.25의 눈물

이 있는 곳이다.

3 · 1운동의 눈물, 교회연합 시위

1919년 3·1운동이 전국으로 확대되는 과정에서 경상북도 김천시의 천주교와 기독교 신자들이 벌인 독립운동을 교회연합 시위운동이라고 한다. 3·1운동을 하는 데는 교파를 따지지 않는다는 것이었다.

신앙도 중요하지만, 애국운동도 중요하다는 것이 김천 사람들의 입장이었다. 개신교는 시대가 어려울 때마다 호국 종교로서의 성격을 띠어 항일운동, 반공운동, 반독재 투쟁에 앞장섰다.

김천군 황금동[현 김천시 황금동] 황금동교회의 시위가 적발된 지 얼마 지나지 않은 시점에서 천주교와 기독교 신자들은 만세 독립시위를 벌이기로 하였다.

이들 종교인들은 3월 20일 밤 대항면 운수리에 있는 황악산에서 피어오르는 봉화를 신호로 태극기를 흔들며 독립만세를 외치면서 만세시위를 벌이기로 계획하였다.

시내에는 일제 관헌의 경비가 삼엄하여 한 장소에 많은 사람들이 모여들기 어려웠다. 그리하여 종교인들은 시내 곳곳에서 일본 경찰의 탄압을 피하며 밤늦도록 산발적인 시위를 벌였다.

김천군 종교인들의 교회연합 시위는 민족 독립의 필요성을 확인케 하였고, 이후 김천에서 만세 독립운동이 확산되는 계기를 만들었다.

6·25의 눈물

김천은 일찍부터 사회주의가 싹텄던 곳이다. 김천의 인민위원회는 사회주의 계열로서 해방 이후 경상북도 김천 지역에 조직되었던 민간 자치 담당 기구이다. 사회주의는 결국 김천에 눈물을 가져왔다.

김천 인민위원회는 1945년 9월 무렵 조선건국준비위원회 김천 지방위원회가 변경되어 발족한 것이며 미군이 들어오기 전까지 김천 지역의 자치를 담당한 민간 기구이다.

김천 인민위원회는 1945년 9월 김천경찰서, 김천 군청, 김천세무서, 김천 읍사무소 등 김천의 주요 관공서를 차례로 장악하고 김천군의 자치를 담당하였다. 그러나 미군 진주 후 미군이 인민공화국을 부인하고 군정을 선언함으로써 인민위원회의 활동도 차츰 힘을 잃어갔다.

당시 제주도에도 인민위원회가 있었다. 주한미육군 971방첩대(971 Counter Intelligence Corps, USAFIK) 격주간정보보고(CIC Semi-Monthly Report)에 의하면 "제주도인민위원회는 이 섬에서 하나밖에 없는 정당인 동시에 모든 면에서 정부 행세를 한 유일한 조직체였다"고 했다.

미군 측 보고에 의하면 "제주도인민위원회는 수적으로 대단히 강했으며 온건한 정책을 추구했다"고 한다. 실제로 이런 온건한 정책들이 대단히 호응을 얻었으므로 우파에서는 "인민위 세력이 더욱 강력해질까 봐

두려워했다"라고 보고한다.

당시 제주도 인민위원회는 '민주주의적 애국투사를 즉시 석방하라!' , '인민항쟁 관계자를 즉시 석방하라!' , '최고지도자 박헌영 선생 체포령을 즉시 철회하라!' , '민주주의 임시정부 수립 만세!' , '정권은 즉시 인민위원회로 넘기라!' , '일제적 통치기구를 분쇄하라!' , '단일 누진제 즉시 실천!' , '입법의원을 타도하자!' , '친일파 민족반역자 친 파쇼분자의 근멸!' , '삼상회의 결정의 즉시 실천!' , '인민 경제를 파괴하는 모리배의 철저한 소탕!' , '언론·출판·집회·결사·파업·시위·신앙의 절대 자유!' , '식량문제 해결은 인민의 손으로!'였다.

이러한 사회주의는 6·25를 통해 실체를 드러냈고 김천시민들에게는 눈물을 가져다주었다. 김천은 북한군이 침입한 지 7월부터 약 50일 정도 공산군의 점령 아래 놓여 낙동강 전투에서 낙동강을 도하하려는 공산군의 중요 전진기지가 된 곳이다.

북한군의 난친 1개월이 되는 1950년 7월말, 북한군은 김천, 영덕, 안동, 상주, 진주를 잇는 선까지 진출하였다. 김천은 경상도 북부에 위치해 있었기 때문에 북한군에 의하여 점령되었던 곳이다.

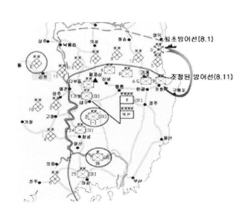

8월 15일까지 대구를 함락시키고 부산으로 진격하려던 공산군은 낙동강 영천전투에서 크게 지고, 9월 15일 UN군의 인천상

류작전으로 인해 김천에서 철수하기 시작했다. 이후 김천에서는 공산군 점령 아래 설치됐던 인민위원회 등 모든 기구들이 해체되었다.

　김천은 낙동강 방어선 전투 당시, 공산군의 군사기관·행정기관이 김천에 주둔해 전진기지 역할을 했으며 김일성이 김천에 왔다는 사실이 유엔군 정보망에 탐지돼 8월 31일과 9월 2일 두 차례에 걸친 전투기의 대대적인 폭격으로 김천 시가지는 일시에 초토화됐다.

　김천은 전쟁을 겪으면서 시가지의 80% 이상이 소실돼 폐허가 됐다. 김천은 6·25 전쟁으로 인한 피해 정도가 전국에서 가장 격심했던 도시다.

충혼탑 6 · 25 참전용사 1,795명 위폐 봉안

　김천시 성내동에는 국가와 민족을 지키고 이 땅의 자유민주주의를

수호하기 위해 헌신하신 고
이종호 소령 외 1천794명의
호국영령들을 추모하기 위한
충혼탑이 있다. 충혼탑은
1962년 최초 건립됐으며,
2010년 10월 20일 순국선영
의 위패를 봉안하고 있다.

부항 지서 망루

등록문화재 제405로 지정된
김천 부항 지서 망루는 한국전
쟁 직후 북한 인민군의 습격을
막기 위해 주민들과 경찰이 힘
을 합해 콘크리트로 건축한 자
주적 방어시설이다. 망루(望樓)
란 방어, 감시, 조망을 위해 높은
곳에 설치돼 주위를 살펴볼 수
있게 한 곳을 말한다.

이곳은 콘크리트 4면체 형태
로 높이는 7미터이며 4면에 근
대적인 사격용 총안 시설을 2개
씩 설치해놓았다. 지붕과 내부

에 망루 위로 접근할 수 있도록 설치한 사다리 시설 등은 소실되었지만 망루에서 부항파출소로 통하는 지하통로 입구는 그대로 남아있다.

1951년 1월 북한군 1,000여 명과 교전해 경찰과 주민 5명이 전사했지만 끝까지 지서를 지켜낸 곳으로 한국전쟁 때 경찰이 운용한 망루로써는 거의 유일하게 남아있는 유적이며 이 지역에서의 민·경 합동 전투 상황을 이해할 수 있어 보존가치가 높다. 현재 경찰청이 소유, 관리한다

1951년 9월 낙동강 전선에서 후퇴한 북한군이 김천시 부항면을 수차례 습격하자 주민들은 부항 지서를 지휘소로 두고 방어에 대비했고, 같은 해 10월 북한군 유격대가 공격해오자 참호와 망루

에서 다음날까지 북한군과 맞서 싸워 물리치는 데 큰 보탬이 됐다.

이후 부항 지서 망루는 경찰과 주민들이 힘을 합쳐 북한군의 공격을 막아낸 전적지로 인정받아 지난 2008년 10월 '등록문화재 405호'로 지정됐으며, 망루와 경찰서를 연결하는 지하통로는 현재도 그대로 보존돼 있다.

당시 부항 면민들은 청년들을 중심으로 별동대(60여 명)를 창설해 2차에 걸친 북한군의 부항 지서 공격을 물리치고 삼도봉 일대에 은신하고 있는 다수의 북한군을 생포하는 전과를 올리기도 했다.

특히 1951년 10월 20일로부터 21일까지 1천여 명의 적이 막강한 화력으로 공격한 2차 전투에서 경찰관 1명과 청년단원 4명이 전사하고 다수가 총상을 당했으며 끝까지 지켜낸 역사의 현장이다.

이처럼 김천은 동학의 눈물, 3·1운동의 눈물, 6·25전쟁의 눈물, 가난의 눈물이 넘쳐나는 곳이다. 그러나 김천에 세워진 교회들은 예수 그리스도를 통하여 한의 눈물을 씻어냈다.

100년 이상 된 교회

송천교회(1902)

김천 지역의 교회는 초창기 미국 북장로교 소속의 선교사들의 활동으로 시작되었다. 송천교회는 아담스의 뒤를 이어 대구에 온 부해리 선교사가 김천, 선산, 군위, 칠곡 등 4개 군을 담당하여 선교 활동을 하다가 이재욱과 함께 1901년 3월 1일 송천리 이사윤의 사랑방에 세워지면서 김천 지방 개신교 교회의 효시가 되었다.

참여자로는 김중권, 이사윤, 이영화로 나타난다. 송천교회의 설립 당시 첫 조사는 방명원 조사였다. 방명원 조사는 청도군 청도읍 평양 1리 출신으로 부해리 선교 사를 따라 송천교회를 설립 한 첫 해 조사로 시무했다.

방명원 장로는 1919년 당 시 달성군 내당동에 거주하 였으며, 64세의 고령으로 장로로 시무하면서 최재화

▲ 송천교회

(892~1962)를 중심으로 독립운동을 전개하던 이들에게 비밀모임 장 소를 제공하는 등 독립운동을 지원하는 데 앞장섰다. 이처럼 송천교 회는 항일운동의 전초 기지로서 신앙뿐만 아니라 조국의 독립을 위 한 애국교회의 역할을 하였다.

1902년 3월 1일 송천리[하송] 239번지에 초가삼간을 13원에 매입 해 교회당으로 활용하고 양성학교를 설립했다. 1903년 교회 부흥으

로 황금동교회, 추풍령교회, 구미시 무을면 대원교회, 개령면 덕계교
회 등 4개 지구 교회로 분립되었다.

황금동교회(1903)

1901년 부해리 선교사가 송천
교회를 설립한 후, 1903년 김천
시내 지역 선교를 위해 전도사 2
명을 황금동으로 파견해 황금동
183번지 박상순의 자택 사랑방
에서 최초로 예배를 보았다. 이것
이 황금동 교회의 시작이다.

1907년 집을 매입하고 가건물
을 건립해 예배당으로 사용하면서 김천 개신교의 역사를 열었고,
1922년 132㎡ 규모로 확장 신축했으나 1950년 6·25전쟁 때 폭격으로
소실되었다.

1953년부터 재건 사업을 시작해 1957년 615㎡ 규모의 교회와 교육
관을 세웠고 1988년 3월에 4층 2083㎡ 규모로 교회를 신축하였다. 부
해리 선교사가 첫 당회장이었다.

황금동교회는 1919년 김천 지역 3·1운동의 근거지가 되기도 했고,
독립만세 운동을 계획하다 사전 발각되었다. 그리고 장로 석수일은
신사참배 반대운동을 주도하다 투옥되기도 했다.

1945년 광복 이후에는 선교 사업의 일환으로 현재의 한일중학교 전

신인 배영학원을 운영했고 1974년부터는 김천유치원을 운영하여 근대 교육에 많은 공헌을 했다. 교회는 항일운동과 근대교육의 요람이 되어 선으로 악을 극복하는 도구로서 사용되었다. 그 길만이 김천지역 사람들의 눈물을 씻어 주는 길이었다.

김천지역의 이러한 교회의 설립과 분리의 역사(1901~1957)는 부해리가 직접 설립한 교회(송천교회, 광기교회, 복전교회, 송곡교회, 신암교회, 황계동교회, 신곡교회, 대신교회)와 부해리가 설립자를 도와서 설립한 교회(월명교회, 관기교회, 대양교회, 중감교회)가 있다.

그리고 현지인들만으로 설립된 교회(류성교회, 지좌교회, 인의동교회, 하강교회, 작내리교회)와 기존교회에서 분립된 교회(황금동교회, 능치교회, 평화동교회, 김천제일교회)가 있다.

도표[4] 부무연 목사가 참여한 교회개척상황[100]

[김천지역]

번호	설립연도	교회명	부해리 설립관여도	참여자
1	1901년	송천교회	직접 전도 설립	김중연, 이사순, 이병화(이씨44)
2	1903년	월명교회	교회 설립 관여	곤동리 사람 수명, 김효군(조사)
3	1905년	관기교회	직접 전도 설립	김효군(조사), 김종국(영수), 장성수(집사)
4	1906년(?)	대양교회	교회 설립 관여	김인제(영수), 이계욱, 이한군(조사)
5	1906년	복전교회	직접 전도 설립	이필제(영수), 달전우(집사), 이토병(조사)
6	1908년	중감교회	교회 설립 관여	이봉조, 이계춘(설립), 이재옥(조사), 이계춘(영수)
7	1911년	송곡교회	직접 전도 설립	이재옥(조사)
8	1921년	신암교회	직접 전도 설립	김영기(집사), 윤병복(조사)
9	1921년	황계동교회	직접 전도 설립	효진용(조사)
10	1921년	신곡교회	직접 전도 설립	김종석(설립, 집사)
11	1923년	대신교회	직접 전도 설립	유한식(조사), 윤병복(조사)

▲ 브루엔(부해리) 목사가 참여한 교회 개척 상황 (조선예수교장로회 사기(상)

관기교회(1905)

관기교회는 1905년 부해리 선교사와 이해석, 김원기, 장선학, 김현문이 창립을 했고 1대 교역자로서 부해리 목사가 부임했다.

능치교회(1908)   송곡교회(1911)

인물

김천 출신의 인물로는 국가대표 축구선수였던 김재한, 2012년 런던

올림픽 금메달리스트인 김재범, 씨름선수 이태현이 있다. 이외 독재 정권에 맞섰던 서울대학교 사회학과 한완상 교수도 김천에서 성장하였다. 교계에서 김천 출신으로는 한교연 대표회장, 한기총 대표회장을 지내고 있는 정서영 대표가 있다.

결론

현재 김천의 새로운 성장동력은 율곡동 일대의 혁신도시로, 한국도로공사와 한국전력기술 등 공기업들이 이전해 오면서 김천시의 새로운 중심으로 떠오른 상태이다. 눈물의 상태에서 교회를 통하여 복음의 눈물이 들어오니 김천은 기쁨의 샘으로 탈바꿈하여 새로운 도시로서 각광받고 있다.

영 천

　영천은 정몽주의 피가 흐르는 곳이다. 고려의 마지막 충신 정몽주는 영천에서 태어나 북한 개성에서 이방원의 칼에 맞아 숨진 사람이다. 개성 선죽교에는 아직도 정몽주의 핏자국이 서려 있다. 영천에는 임고서원이 있어 여전히 정몽주의 정신이 서려 있다. 그러나 이러한 영천에도 좌익사상이 들어와 영천폭동이 있었다. 대구의 10월 폭동이 영천까지 전이가 되었다. 당시 영천의 보도연맹에 가입한 백성들이 멋도 모르고 폭동에 나섰다가 수많은 사람들이 좌익으로 몰려 목숨을 잃었다. 이러한 곳에 구속사의 역사를 가져오는 교회가 들어서면서 영천은 새로운 역사가 시작되었다.

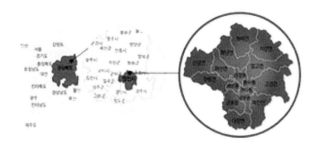

영천의 지리와 행정

영천시는 서울에서 동남쪽으로 350㎞ 지점에 위치하고, 경상북도의 동남부에 자리 잡고 있으며, 동쪽은 경주시와 포항시, 서쪽은 경산시와 대구광역시, 남쪽은 청도군, 북쪽은 청송군과 군위군이 접하고 있는 경북의 중추적인 역할을 하고 있는 도시이다.

영천은 1413년(태종 13) 이래 지금까지 존속한 행정구역으로 고려 초 이래로 영주군(永州郡)이라 하던 지역을 태종 때 영천군이라 고치고, 1981년 7월 영천읍이 영천군에서 분리하여 영천시로 승격되었다. 영천은 두 가지의 명칭이 있다. 하나는 현재의 영천시이고, 다른 하나는 영주시 안에 있는 지역이다. 공교롭게도 영주(永州)가 영천(永川)이 되고, 영천(榮川)이 영주(榮州)가 된다.

영천시 행정구역 변천사						
영천군 (永川郡, 1895) 신녕군 (新寧郡, 1895)	→	영천군 (1914)	→	경상북도 영천시 (1981) 경상북도 영천군 (1981)	→	경상북도 영천시 (1995)

현재의 영천시는 1995년 1월 금호읍과 청통 ·신령·화산·화북·화남·자양 ·임고·고경·북안·대창 등 10개 면을 영천시에 통합, 도·농 병존형의 새로운 영천시로 개편함으로써 행정구역상으로는 1981년 이전 영천군의 상태로 되돌아갔다.

인구는 1975년에는 약 19만 명이었는데 점점 감소하고 있는 실정이다.

서원과 정몽주

영천에 가면 임고서원이 있는데 이는 정몽주의 충절을 기리기 위한 서원이다.

▲ 임고서원

임고서원에는 정몽주의 영정이 있다.

임고서원은 1553년(명종 6) 포은 정몽주(1337~1392)를 제향하기 위해 세운 서원이며, 정몽주가 탄생한 곳에 자리 잡고 있으며, 서원 뒤편 부래산에는 정몽주의 아버지 운관(云瓘)과 어머니 변한국부인(卞韓國夫人) 이 씨의 묘소가 있다.

정도전은 영주 출신이지만 정몽주는

영천 출생이다. 포은
정몽주는 고려 삼인
중의 한 사람으로 영
천에서 출생하여 개

오백 년 도읍지를 필마로 돌아보니
산천(山川)은 의구(依舊)하되
인걸(人傑)은 간 데 없다
어즈버 태평연월이 꿈이런가 하노라
-길재

경(개성)에 거주하였다. 포은 정몽주는 영천, 야은 길재는 구미, 목은
이색은 경북 영덕에서 출생하였다. 구미의 길재는 쇠망해 가는 고려
왕조를 "산천은 의구하되 인걸은 간 데 없다"고 노래했다.

고려시대 이후 조선의 유명한 유학자들은 경북에서 나왔다. 근대화
이후 한국의 유명한 기독교 지도자들은 유교의 영향을 받은 영남에
서 나오는 것과 같다. 유학의 정신이 그대로 기독교로 전이되었다.

정몽주는 이색의 문하생으로서 수학하게 된다. 유년기에 성균관유
생인 아버지인 정운관에서 한학을 배우다가 이색의 문인이 되었다.

이색은 이제현과 백이정, 권부, 안향 등의 학통
을 계승했는데, 이제현은 백이정의 문인이자 권
부의 사위로 28살 때 원나라에 가서 공부하고 돌
아와 성리학을 이루었다.

이제현의 성리학은 이색으로 이어졌고, 이색
의 학문은 정몽주, 정도전, 권근, 이숭인 등 고려
말의 대표적 성리학자들에게 이어진다. 고려말
유학자들은 대부분 이색의 문하에서 배출된다.
정도전도 마찬가지이다.

▲ 이색

정도전과의 관계

이색의 문하에서 정몽주는 조준, 남은, 정도전 등을 만나게 되면서 특히 정도전과는 친한 벗이 되어 정도전의 부패한 사회를 개혁하고 권문세족으로부터 농민들을 해방

▲ 정몽주　　　▲ 정도전

시켜야 된다는 사상에 감격, 공조 하였다. 이후 정도전과는 오랜 친구로 지내게 된다.

정몽주와 정도전은 청소년기 때부터 권문세족과 외척의 발호로 부패한 고려사회를 성리학적 이상향으로 개혁해야 된다는 사상을 품고 사상적, 정치적 동지로서 협력하였으나 뒤에 정적으로 돌변한다. 정도전은 역성혁명을 일으키고 정몽주는 역성혁명을 반대한다.

정몽주는 어려서부터 기억력이 좋고 암기력이 뛰어났으며 손에서 책을 놓지 않았다. 어머니 영천 이씨(永川 李氏) 부인은 아들인 정몽주의 비범함을 일아보고 장차 위대한 인물이 되리라 예상, '백로가'(白鷺歌)라는 시 한수를 지어 주기도 하였다. 백로가는 정몽주 어머니의 시이다. 정몽주는 어머니의 시대로 백로로 살다가 죽었다.

까마귀 싸우는 골에 백로야 가지 마라
성낸 까마귀 흰 빛을 세울세라
청강에 깨끗이 씻은 몸을 더럽힐까 하노라

그는 1360년 문과에 장원으로 급제, 예문관검열로 출사하여 여러 벼슬을 지내고 성균관대사성, 예의판서, 예문관제학, 수원군 등을 지

내며 친명파 신진사대부로
활동하였으나 역성혁명과 고
려개혁을 놓고 갈등이 벌어
졌을 때 온건개혁을 선택하
였으며, 명나라에 외교관으
로 다녀오기도 했다.

　관직은 수문하시중과 익양군충의백에 이르렀다. 역성혁명파의 조
선 건국에 반대하다가 1392년(공양왕 4년) 4월 이성계의 문병차 돌아
가던 길에 개경 선죽교에서 이방원 일파에 의해 암살되었다.

정몽주가 이방원을 만났을 때

　1392년(고려 공양왕 4년) 4월 4일 저녁 정몽주는 이성계를 만나 정
황을 살피고 귀가하던 중, 개성 선죽교에서 이방원의 문객 조영규와
그 일파에게 암살당했다.

　그가 이성계 집을 방문한 것은 이방원이 계략을 써서 그를 초청했
다고도 한다. 이때 이미 이방원은 심복부하 조영규를 시켜 철퇴를 꺼
내어 선죽교 다리 밑에 숨었다가 정몽주가 지나갈 때 "쳐서 죽여버려
라" 하고 지시하였고, 정몽주는 제자 변중량을 통해 이 정보를 입수하
였다.

　조영규와 무사들이 나타나자 그는 분위기가 이상함을 감지하여 말
을 타고 이성계의 자택을 떠났으나, 돌아오면서 친구 집에 들려 술을
마신 후 말을 거꾸로 타고 녹사(錄事) 김경조(金慶祚)에게 끌라고 했

다.

이에 녹사가 포은 선생이 술이 취해 그러는 것이 아닌가 하고 의아한 눈치로 물으니, "부모님으로부터 물려받은 몸이라 맑은 정신으로 죽을 수 없어 술을 마셨고 흉한이 앞에서 흉기로 때리는 것이 끔찍하여 말을 돌려 탄 것이다"라고 하여 그의 죽음을 예고하였다.

그 말을 이해하지 못한 녹사는 말을 끌고 선죽교(善竹橋)를 향했다. 선죽교를 넘으려 할 때 궁사가 말 혹은 정몽주를 저격하여 넘어뜨렸고, 순간 4~5명의 괴한이 나타나 낙마하여 부상을 입은 정몽주와 그를 감싸 안고 보호하던 김경조를 철퇴 또는 몽둥이로 내리쳐 때려 죽였다.

선죽교의 유래

선죽교의 원래 이름은 선지교였다. 정몽주가 죽은 자리에 참대나무가 솟아올랐기 때문에 선죽교가 된 것이다. 이때 그가 흘린 피가 개성 선죽교의 교각에 일부 묻었는데, 후일 백범일지에 1945년 이후 김구  (金九)가 선죽교를 방문할 때까지도 그 흔적이 있다는 기록이 있다. 김구는 선죽교를 방문한 바 있다.

북한이 세계유산으로 등재 신청한 '개성역사유적지구(The Historic Monuments and Sites in Kaesong)'가 캄보디아 프놈펜에서 열린 유

네스코 제37차 세계유산위원회
(The World Heritage Committee)
에서 세계유산(World Heritage)으
로 등재가 확정되었다. 선죽교는
유네스코에 등록이 되었다.

선죽교에는 아직도 정몽주의 핏
자국이 남아있다.

북한화가 김종성은 절개를 의미하는 것으로 참대를 그리기도 했다.

이방원과 정몽주의 시조

정몽주는 정도전과도
결별을 하였지만 이방원
과도 대립관계에 있었다.
'하여가'는 이방원이 고려

이런들 어떠하며 저런들 어떠하리
만수산 드렁칡이 얽어진들 어떠하리
우리도 이같이 얽어져
백년까지 누리리라
-'하여가(何如歌)', 이방원

충신 정몽주에게 건넸다는 노랫말이다. 이 노랫말은 '이러면 어떠하고
저러면 어떠하냐'는 질문으로 시작한다. 칡덩굴이 좀 얽힌다고 해서 그
게 무슨 대수냐는 것이다. 고려면 어떻고, 조선이면 어떠냐는 것이다.

이 물음의 의도는 정몽주를 설득하기 위함이다. 우리가 함께할 나
라가 고려인지 조선인지는 중요하지 않다면서, 정몽주를 조선쪽으로
설득했다. 고려 충신이자 수많은 제자를 거느린 정몽주를 자기편으로
포섭한다면 이방원은 아주 큰 지원군을 얻는 셈이기 때문이다.

하지만 이에 대한 정몽주의 대답은 일편단심으로 대응했다. 정몽주

는 이방원의 물음에 흔들
리지 않았고 단심으로서
죽음을 선택했다.

이 몸이 죽고 죽어 일백번 고쳐 죽어
백골이 진토되어 넋이라도 있고 없고
임 향한 일편단심이야
가실줄이 있으랴
-'단심가(丹心歌)', 정몽주

　이처럼 정몽주는 역성
혁명의 주동자인 정도전과도 각을 세웠고, 역성혁명 주동자의 아들
인 이방원과도 대립각을 세워 죽음으로서 그의 충절을 말했다. 고려
시대의 마지막 충신이었다. 이러한 정신이 영전에 흐르고 있었다. 이
러한 정신은 훗날 기독교를 통한 역성혁명으로 이어진다.

　정몽주는 영천사람으로 고려시대의 마지막 충신이었지만 영주사
람 정도전은 나주 유배의 체험으로 역성혁명의 길로 들어섰다. 영남
은 이론이 있었지만 호남은 항시 이론을 혁명으로 실천하려고 하였
다. 동학이론도 영남에서 나왔지만 강력한 실천은 호남에서 이루어졌
다. 정도전 역시 그의 성리학적 이론은 호남 나주의 유배를 통하여 실
천직 유교로 돌아섰던 것이다.

　이러한 유교적 이론과 실천은 훗날 개신교를 통하여 사회적 개혁으
로 이어졌다. 영남에 가장 많은 유학자가 나왔지만 한국 개신교를 이
끈 지도자들은 대부분 영남 출신들이다.

　손양원, 주기철, 한상동, 정성구, 이상근, 이상현, 김진홍, 김삼환, 이
원영, 강신명, 전성천, 이성헌, 조용기 목사 등은 한국기독교계의 지
도자로서 역할을 한 사람들이다.

　정몽주, 정도전, 이색, 길재, 안향, 이황, 유성룡 등이 귀의했던 유학
은 개신교를 통하여 새로운 유교적 기독교로 발돋움했다. 유교적 기
독교는 한국을 근대화하는데 실천적 종교로서 중추적인 역할을 했다.

박정희, 이병철, 박태준 등도 모두 영남 출신으로서 한국 경제 근대화의 기수들이다.

실천적 유교정신은 개신교를 통하여 유교적 기독교라는 신흥종교로 탈바꿈하여 사회적, 경제적, 정신적 영향을 끼치는 종교로서 탈바꿈하게 되었다. 성리학적 종교는 서구의 종교를 통하여 유교적 기독교로서 토착화되었다.

영천폭동

1946년 한국의 모스크바인 대구에서 10·1 대구폭동 사건이 발생했다. 대구에서 좌익계의 소란이 벌어진 것은 9월 24일 철도 파업 소동의 연장이었다.

1946년 9월 24일 서울에서 철도 노조 파업이 일어났고, 대구로 번져 철도 파업과 동시에 40여 개 공장 노동자들이 동정 파업에 들어갔다. 그들은 대구역 앞의 공회당과 호텔 등에 집결하여 적기가(赤旗歌, 북한의 혁명가요)를 부르고 구호를 외치며 기세를 올리고 무장경찰대와 대치하고 있었다. 대구가 아니라 모스크바였다.

모스크바는 지금까지 우크라이나를 침공하는 등, 폭동과 혁명, 폭력을 즐기고 있다. 좌익은 항시 폭력을 통하여서라도 파괴하는 쪽으로 가고 있다.

대구 10·1 폭동, 영천폭동, 여순 10.19 사건, 제주 4.·3 사건이 항시 폭동으로 간 것도 좌익들과 무관하지 않다. 결국 박헌영은 북으로 도망가고 희생자들은 무고한 양민들이다. 어설프게 폭동에 개입하다가 좌익으로 엄청난 많은 사람들이 주검으로 결말을 맺고 말았다.

영천 임고강변에 가면 위령탑이 있다. 대구 10·1 폭동이 영천에 번져 여기에 가담한 사람들과 1945~1950년까지 좌익으로 몰려 적법절차 없이 사살된 사람들을 추모하기 위한 위령탑이 건립되었다. 이들의 대부분이 아작골이라는 곳에 매장되었다.

아작골 산에는 원혼비가 세워져있다. 국민보도연맹사건으로 희생된 사람들이 600여명 이상 사살되었다.

위령탑은 억울한 죽음을 위령하고 기억하기 위하여 만들어졌다.
대구 폭동의 연장선에서 영천에도 시위가 대규모로 있었다.

영천은 대구와 달리 주로 지주와 소작농들의 소작쟁의가 심했다.

대구와 같은 도시지역은 식량문제가 주된 이슈였지만 시골로 가면서 지주들과 소작농들의 대립이 심했다.

영천은 지주에 대한 반감으로 시위가 시작되어 지주의 집들이 불타기도 했다.

그러자 경찰과 군인들은 좌익소탕을 목적으로 마을전체를 불 지르고 무고한 주민집단을 사살했다.

아작골은 대구 10월 사건 관련자들과 보도연맹 사람들이 집단으로 아작났다고 한데서 유래했다.

100년 이상 된 교회

자천교회(1903)

영천에서 가장 먼저 세워진 교회는 한옥식의 자천교회이다. 자천교회(慈川敎會)는 남녀석을 구분한 전통적인 한옥 예배당으로 지어졌다. 이는 교회사뿐만 아니라 건축사·문화사적으로도 아주 중요한 의미가 있어 현재 총회사적지 제2호, 경상북도 문화재자료 제452호, 한국교회 100주년 기념교회로 각각 지정되어 있다.

자천교회를 세운 사람은 권헌중 장로이다.

▲ 자천교회 홈페이지

권헌중은 원래 영천 사람이 아니다. 의병활동 경력으로 일제의 눈을 피해 여기저기 옮겨 다니는 형편이었다. 이후 대구로 거처를 옮기기 위해 식솔들을 데리고 청송과 영천의 경계가 되는 노귀재를 넘던 중 아담스 선교사를 만나게 되었다. 여기서 복음을 접한 것이 1898년 이었다.

권 장로는 1898년에 초가집을 구입하고, 1903년에 미국인 선교사 어드만과 함께 교회를 창립하고, 1904년에 예배당을 완공했다.

당시에 마을 사람들은 유교적 가치관에 젖어 교회설립을 허락하지 않자, 권헌중 장로는 "내가 마을에 주재소와 면사무소 건물을 지어 줄 테니 교회를 세우는 것을 허락해 달라"고 제의하였다.

결국 마을로부터 교회 설립을 허락받은 권헌중은 초가삼간 한 채를 구입하여 서당을 겸한 교회를 시작하게 되었는데, 이것이 자천교회 역사의 첫 출발이 된다. 2008년 자천교회는 권헌중 장로 기념비를 세웠다.

내부는 전통적인 한옥스타일의 교회이다.

자천교회의 에피소드를 말하자면 김익두 목사가 영천에서 부흥회를 하면서 앉은뱅이를 고친 것으로 시작된다. 이 사람이 권헌중과 서

석희 장로의 뒤를 이은 도장을 파는 조병희 씨이다.

조병희는 원래 저잣거리에서 도장을 파던 평민이었다. 그리고 그는 앉은뱅이였기 때문에 마을 사람들에게 놀림과 멸시와 천대를 받으며

하루하루 힘든 삶을 연명하던 인물이었다. 그러한 그가 김익두 목사 집회에 우연히 참석하여 병을 고치게 되었던 것이다. 김익두 목사는 2만여 명 이상의 난치병 환자들을 안수 기도하여 고쳤으며, 280여 개의 교회를 세웠고, 200여 명의 신학생들을 공부시켰다.

김익두 목사의 신유사역은 일반신문에서도 관심거리였다. 동아일보는 1920년 5월 17일부터 부산진교회에서 열린 부흥집회를 소개하면서 "벙어리가 말을 하고, 앉은뱅이가 걸어간다"라고 썼다. 영천에서도 그러한 기적이 발생했던 것이다.

김익두 목사의 부흥회는 가는 곳마다 인산인해였다.

이후로 조병희 씨는 예수를 영접하고 본격적으로 신앙생활을 하면서 헌신적으로 자천교회를 섬기다가 1920년에 안수 집사가 되고 결국 영수[장로제도 이전에 있었던 직분]의 자리에 올라 충성스러운 그리스도의 일꾼으로 교회의 지도자가 되었다.

앉은뱅이에서 일어선 평민이었던 그가 반상의 차별을 없애는데 큰 공헌을 하였다. 자천교회는 교회학교를 통해 교회가 여성들에게 해방 공간이 되었던 것처럼 평민들에게도 해방 공간이 되었을 뿐만 아니라, 시골 마을까지 깊게 뿌리내린 봉건적 신분 질서를 타파하는 데에도 앞장섰고, 근대화문명과 민주주의를 가져오는데도 주춧돌 역할을 하였다.

신성학교 설립

자천교회는 신교육기관을 설립하기도 했다.

신성학당은 근대식 교육기관이었다. 서당 훈장으로서 의병 활동을 하였던 권헌중은 지성인이었기 때문에 당시 선교사들이 실시하였던 근대식 학교 교육 제도를 도입하여, 자천교회 예배당에 '신성학교'라는 2년제 소학교를 설립하였다. 『조선예수교장로회사기』에는 학교의 시작을 1913년으로 기록하고 있지만, 이는 상부 기관에 보고된 시점을 기준으로 한 것이므로 실제로는 좀 더 일찍 시작되었을 것으로 추정된다.

이 학교가 갖는 의미는 주일학교[Sunday School]가 아닌 교회학교[Church School]로서 당시 우리 사회에 근대식 학교가 드물었을 때 교회가 근대식 공교육의 현장을 감당했다는 데에 있다. 이러한 교회학교는 자천교회에만 있었던 것이 아니라 교육 선교에 힘을 쏟았던 선교사들의 영향으로 초기 한국교회가 가진 일반적 현상이었다. 영천에 근대식 교육기관이 처음 들어온 것이었다.

자천교회에서는 항시 삼천리 반도 금수강산 찬송가를 불렀다. 그러나 일제는 그 찬송가는 독립군들이 부르는 불온한 노래라고 인정하면서 찬송 부르기를 금지시켰다. 금지곡은 박정희 유신정권에만 있었던 것이 아니다. 일제제국주의 정권에서 시작이 되었다.

이 당시 신성학교의 여러 교육의 면면들을 보면 일제 치하에서 한국교회가 민족 실력 양성을 도모하기 위해 실시했던 문맹 퇴치 운동, 농촌 계몽 운동, 절제 운동, 민족운동에 앞장서 근대화를 앞당기는 초석의 역할을 하였다. 이처럼 교회는 반항일운동, 반좌익운동, 빈봉건, 근대교육을 실천하는 곳이었다.

영천의 인물

영천 출신으로서 가장 유명한 사람은 고려시대 정몽주와 화약을 개발한 최무선이 있다. 경기도지사를 2번씩이나 지내고 3선 국회의원이며 윤석열 정부의 경제사회노동위원회 김문수 위원장과 이종섭 국방부 장관, 개그맨 김제동과 고 김형곤, C 채널의 부사장직을 맡고 있는 이성철 장로도 영천 출신이다.

이외에 1973년, 대한민국에서 여성 최초로 행정고시에 합격하고, 문화공보부(현 문화체육관광부), 노동부(현 고용노동부) 등에서 공무원으로 근무하였고, 1994년에는 광명시장에 임명되어 최초의 여성 관선 시장이 된 전재희도 영천 출신이다. 그는 17, 18대 국회의원을 역임하기도 하였다.

이처럼 선교사의 도움으로 1903년에 세워진 교회는 암울해진 희망없는 일제 강점기에 신앙을 통하여 희망을 주고, 민족의식을 갖고 독

립운동에 앞장섰고, 나아가 종교활동에만 머물지 않고 서구의 근대
화교육을 일찍 받아들여 수많은 인재를 양성했고 지식인들을 깨웠다.
보편사 속에 들어온 구속사는 물이 변하여 포도주가 되듯이 영천의
보편사를 포도주로 변화시키는 질적인 능력을 갖고 있었다.

영주

영주는 소수서원이 있고 조선 유학의 창도자 정도전이 태어난 곳이다. 이 지역은 유교 세가 상당히 강한 곳이다. 이러한 곳에 복음이 들어와 새로운 그리스도의 역사가 시작되니 우리나라 최초로 반도체 전문인 강진구 박사와 새문안교회 강신명 목사 같은 인물이 출생한다. 그래서 영주는 복음의 상륙으로 한국경제와 교회사에 큰 영향을 미친 곳이다.

특히 도마 바위가 있어 도마가 들어와 복음을 전한 곳이라는 일설도 있을 정도로 영주는 기독교 세가 강한 곳이다.

지리적 여건

경상북도의 최북단에 위치한 영주시는 해발 약 200m로 소백산 산록 고원 부지에 형성되어 있으며 동쪽으로는 봉화군, 서쪽으로는 충청북도 단양군, 남쪽으로는 안동시와 예천군, 북쪽으로는 강원도 영월군과 접경을 이루고 있으며, 소·태백권 교통의 중심도시이다.

인구는 2021년 3월 기준으
로 10만 2천여 명으로 계속 인
구가 줄고 있다. 시의 동부에
는 봉화군, 남부에는 안동시,
서부에는 예천군이 있으며 북
부는 죽령을 경계로 충청북도
단양군, 마구령을 경계로 강원도 영월군과 맞닿아 있다.

문화와 역사

영주는 정신문화의 서원 도시이기도
하다. 한국의 서원은 400여 년을 지속해
온 우리 민족의 전통문화 자산이자, 정신
문화의 산실이자 예학의 산실이다. 한국
의 서원은 현재 600여 개가 전국에 분포
하고 있다.

서원은 학식과 인품이 있고 재물을 탐하지 않으며 원칙을 지키는
삶을 살아온 선비들의 배움터로서 "불의에 굴하지 않고 학문과 덕을 쌓
아 자신에게 부끄럽지 않은 올바른 길만을 걸어가겠노라"라는 정신문화
가 고스란히 덮여있다. 우리나라 선비는 서원문화를 만들어 낸 지성
인들로서 학식과 인품이 있고 재물을 탐하지 않으며 원칙을 지키는
삶을 살아온 사람들이다.

서원을 통한 '선비정신'이야 말로 우리나라 지성인들의 문화이다.

그런 선비를 길러내는 역할을 하던 곳이 바로 '서원'이었다. 서원의 기능은 크게 두 가지로 나눌 수 있는데 그 하나는 선현에 대한 제사이고, 또 다른 하나는 교육의 기능이었다.

소수서원

소수서원은 한국 최초의 서원이며, 최초의 사액서원이다. 1963년 1월 21일 사적 제55호에 지정되고, 2019년 7월 10일 유네스코 세계문화유산에 등재되었다.

'소수(紹修)'는 "이미 무너져 버린 교학을 다시 이어 닦게 했다(旣廢之學 紹而修之)"는 데서 온 말이었다. 소수서원은 조선 최초의 사액서원으로, 영주를 대표하는 문화재이자 랜드 마크 중 하나다.

1542년(중종 37) 풍기군수 주세붕이 풍기 지방의 교화를 위해 이곳 출신으로 성리학을 우리나라에 처음 도입한 유학자 안향을 제사하기 위해 사우(祠宇)를 세웠다. 이듬해 1543년(중종 38) 사우(祠宇) 앞에 향교 건물을 옮겨 재실을 마련하여 선비들의 배움터로 삼음으로써, 서원의 대체적인 골격이 이루어졌다.

안향(安珦 1243-1306)은 고려 충렬왕 때 원나라를 왕래하며 최초로 성리학(주자학)을 도입하여 실천적 유학을 전파한 우리나라 성리학과 선비정신의 시조이다. 그의 사상은 제자인 육군자(권보·우탁·이진·이조년·백이정·신천)를 거쳐 이색·정몽주·이황으로 이어지는 우리나라 도학의 학맥을 형성시키면서 한국의 정신사의 토대를 마련하였다. 구한말에 가서는 실용유학으로 탈바꿈한다.

실용유학은 서학과 자연스럽게 연대하였고, 서학은 개신교가 들어오기 전에 서구종교의 사상적 기초를 형성했다. 실제로 이퇴계의 14대 손인 이원영은 훗날 목사가 되고, 이원영의 영향을 받은 많은 사람들이 한국의 주류 목회자가 되었다.

안향은 고려 후기 무신 집권에 의한 정치적 불안정, 불교의 부패와 무속의 성행, 몽고의 침탈 등으로 국내외적으로 위기가 가중되고 있던 때에 민족주의 및 춘추대의에 의한 명분주의, 주지적인 수양론 등의 특성을 지닌 성리학을 적극적으로 보급하였고 이러한 이상을 학교 재건과 인재양성을 통하여 이룩하려고 하였다.

부석사

유교문화 이외에도 영주는 불교문화가 일찌감치 발전했던 곳이기

도 하다. 경북 영주의 부석사
는 유네스코 세계 유산에 등재
되어있다.

부석은 무량수전 서쪽에 있
는 바위다. 아래 위가 붙지 않
고 떠 있다고 해서 뜬 돌, 즉 부
석(浮石)이란 이름이 붙여졌
고, 사찰 이름으로 따와서 사용하게 됐다.

부석사에는 국내에서 최고
오래된 목조건물이 있다. 일반
적으로 우리나라 불교 문화재
중 석조건축물은 대부분 통일
신라시대인 8세기를 전후해
서 축조됐으며, 목조 문화재는
고려 말기인 14세기를 전후로
축조됐다.

무량수전도 목조건축으로
되어 있다.

부석사 무량수전에 모시고
있는 소조 여래좌상은 국보 제
45호다. 형태상으로는 고려
초기에 제작된 불상이다.

이처럼 영주는 천년의 고찰을 사

▲ 무량수전

랑하며 유교 운동이 펼쳐져 한국의 정신문화가 담긴 곳이다.

인물

정도전

영주 출신 중의 인물은 정도전이 있다. 그는 전남 나주에서 유배 생활을 하였지만 조선 왕조의 개국공신으로서 영주 출신이다.

정도전(鄭道傳 1342~1398)은 고려 충혜 왕부터 조선 태조 시대를 거쳐 간 사람으로서 조선왕조의 이론적 체계를 마련했다. 호는 삼봉(三峰)이고 형부상서를 지낸 정운경의 아들로 영주의 구성에서 태어났다. 이색(또는 진중길)의 문하에서 수학하여 정몽주·이숭인 등과 교류하였다.

그는 1370년 성균관 박사로 있으면서 정몽주 등 교관과 매일 같이 명륜당에서 성리학을 수업·강론했으나, 권신, 이인임의 세력에 맞서다가 나주로 유배되었다.

정도전의 나주 유배가 그의 삶을 송두리째 바꾸어 버렸다.

정도전은 이곳 유배지에서 고려의 가장 천대받는 백성의 삶을 직접 목격하게 된다. 특히 우연히 밭가는 농부와 대화를 나누던 중 "요즘 관리들이 국가의 안위와 민생의 안락과 근심, 시정의 득실, 풍속의 좋고 나쁨을 살피지 않으면서 헛되이 녹봉만 축내고 있다"는 농부의 질책을 들은 정도전은 망치로 머리를 얻어맞은 느낌을 받았다.

정도전의 유교적 민본사상은 단지 책 속에서만 존재하는 것이 아니라 유배지의 경험을 통해서 형성된 것이다. 이 점에서 정도전은 개경의 귀족들과 사대부들 사이의 권력 게임의 장소에서 벗어나 전혀 다른 세상을 꿈꾸기 시작하게 된다. 그는 혁명을 생각하였다.

정도전은 왕의 나라가 아니라 백성과 신하가 중심이 되는 나라를 만들고자 했다. '고려'라는 낡은 틀에서 벗어나 새로운 세상에 대한 꿈을 키우고 있었다. 이것이 바로 역성혁명이다.

역성혁명은 「성씨(姓氏)를 바꿔 천명(天命)을 혁신(革新)한다」는 뜻으로, 덕 있는 사람은 천명(天命)에 의해 왕위에 오르고, 하늘의 뜻에 반하는 사람은 왕위를 잃는다는 고대 중국의 정치사상이다.

1383년(우왕 9년) 정도전은 여진족 호발도의 침입을 막기 위해 함경도에 있던 동북면 도지휘사 이성계를 찾아간다. 이미 역성혁명이라는 목표를 세운 정도전에게는 혁명을 완수할 군사력이 필요했다. 정몽주로부터 이성계의 이름을 전해들은 정도전은 이성계를 직접 살펴

보고 싶었다. 정도전은 이름 그대로 새로운 정치에 도전한 것이다.

　정도전은 이성계 휘하의 정예 군대에 감탄했고, 이성계 또한 정도전의 원대한 포부에 감탄했다. 정도전은 이성계에게 "이 정도 군대라면 무슨 일이든 성공시키지 못하겠습니까?"라고 넌지시 떠본다. 이성계가 놀라서 "무슨 뜻이냐?"며 반문하자 정도전은 남쪽의 왜구를 소탕하는 얘기라고 둘러댄다. 이성계와 헤어지고 난 후 정도전은 이성계의 군영 앞에 서 있던 소나무에 다음과 같은 시를 새겨 놓는다.

　"아득한 세월 속에 한 그루 소나무여
　푸른 산 몇만 겹 속에 자랐구나
　잘 있다가 다른 해에 만나볼 수 있을까
　인간을 굽어보며 묵은 자취를 남겼구나"

　여기서 소나무는 이성계를 의미한다. 앞으로 때가 되면 자신과 손잡고 큰일을 하자는 자신의 속마음을 은근히 드러낸 것이다.

　이 날은 바로 고려 역사에 종지부를 찍은 두 경계인이 만나 선문답 같은 대화를 주고받으며 서로의 의지를 확인한 날이다. 이성계와 정도전이 손을 잡

앗다. 그래서 역성혁명을 실행하기 위해 위화도 회군을 하였다. 박정희와 김종필이 손을 잡고 5·16 혁명을 한 것과 같았다. 역성혁명은 고려시대의 쿠데타였다.

이처럼 역성혁명은 영주 사람에 의해서 이루어지고, 훗날 제2 역성혁명은 구미 출신 박정희에 의해서 이루어진다. 그러나 훗날 영주 출신 강신명은 그리스도가 중심이 되는 역성혁명을 하고자 했다. 그것은 군사혁명이 아니라 비폭력적인 혁명을 추구하는 영적 역성혁명이었다. 실제로 영주에서 강 씨들은 영적 역성혁명을 하였다.

그들은 500년의 유교와 1,000년의 불교문화를 떨쳐버리고 예수를 통한 역성혁명을 이루고자 했다. 예수를 통한 역성혁명이 영남을 바꾸어 버렸다. 경안신학교 출신 중에 총회장이 9명이나 출현했다.

정도전은 이성계를 도와 조선왕조 건국의 기틀을 다지고 한양도성과 경복궁 건설의 초석을 놓았다. 왕의 나라가 아닌 선비와 백성의 나라를 꿈꾸며 불교를 배척히고 재상 중심의 정치개혁을 단행하였으나 이방원과의 대립으로 1차 왕자의 난 때 희생되었다. 그는 『경제문감』, 『불씨잡변』, 『심문천답』, 『심리기편』, 『조선경국전』 등을 남겼다.

정도전이외에 영주의 인물로는 강신명(전 새문안교회 목사), 강경식(전 부총리), 강진구(삼성), 홍사덕(전 국회의원), 황영시(전 육군참모총장) 등이 있다.

예수를 통한 역성혁명

영주는 혁명의 도시이다. 영주는 일찍부터 복음이 전파되었던 복음을 통한 역성혁명의 자취가 있는 곳이기도 하다. 기독교의 복음의 전래는 천명에 의한 것이었다. 영주땅의 진정한 왕은 예수 그리스도였다.

경북 영주 강동리에 도마석상이 있는 것을 보았을 때 일찍부터 한반도에 복음을 통한 천명이 실현되었다는 주장이 제기되었다. 복음이 일찍부터 전해졌다

는 증거이기도 했다. 바위에 히브리어로 도마(자음)라고 쓰여 있기 때문이다.

돌비석의 머리는 잘렸지만, 고대 히브리어로 '도마'라고 쓰여 있는 것을 보았을 때 도마가 왕래했을 가능성이 있다는 것이다. 바위에는 기도하고 있는 손이 보인다.

도마 바위 하단에는 도마의 슬리퍼
도 보인다.

많은 사람이 경북 영주에 있는 도마
의 바위를 방문하고 있다.

바위에는 "땅끝까지 간다"는 뜻으로
'지전행'이 새겨져 있기도 하다. 성령이
임하면 땅끝까지 이르러 그리스도의
증인이 되라는 사도행전의 말씀이다.

▲ 도마바위

이러한 말씀이 바위에 새겨져 있다는 것은 우연이 아니다.

조국현 대구 엑스포 이사
장은 허황후가 인도에서 가
야로 시집을 왔을 때 당시 인
도에 갔었던 도마를 데리고
와서 한국에 복음을 전했을
가능성을 주장하고 있다.

이러한 연고로 인해 조국현 목사는 한국 대구에서 도마박물관을 운영하고 있다. 조국현 목사는 경북 영주시 평은면 강동 2리 왕유동(속칭 왕머리) 분처 바위에는 분처상(分處像)과 그 좌측에 암각된 '도마'라는 히브리어 글자가 새겨져 있는 것을 보았을 때 도마가 한국에 왔다고 주장한다. 그는 "26년 동안 500여 명의 전문가들의 검증을 거쳐 이제는 사도 도마가 한반도에 온 것이 확실하게 입증되고 있다"고 주장했다

이처럼 영주 평은면에 위치한 바위에 도마와 관련한 문귀가 새겨져 도마의 한국왕래설이 있긴 하지만, 현재로서 고고학적으로 증거하기는 어려운 실정이다.

도마가 왔었더라면 힌두의 나라 인도처럼 기독교 마을이 형성되거나 교회 한 채라도 세워져야 했을 것이다. 도마는 인도에서 순교하였고, 인도에는 도마의 발자국도 있으며 기독교 마을이 형성돼 있다.

외경 '도마행전'에도 예수님의 12제자 중 한 명인 도마가 인도에서 선교한다고 기록되어 있다. 도마가 인도에 도착한 것은 주 후 52~53년쯤으로 추정된다. 72년까지 인도에서 살다가 순교하였다고 전하여진다. 인도 남부 첸나이에 사도 도마의 성지 세 개가 있다.

▲ 도마 기도 동굴

▲ 도마 기념 교회

　도마가 피신했던 기도처와 순교한 언덕, 그리고 무덤이 있는 도마 기념교회이다. 1504년경 포르투갈 사람들이 도마의 것으로 추정되는 무덤을 발견하고 도마 기념교회를 지었다.

　영주에 '도마'라는 히브리어 문자가 새겨져 있는 것은 영주가 통일 신라시대의 땅이기 때문에 실크로드를 타고 당나라까지 온 기독교도나 유대인이 영주까지 왔거나 아니면 해양실크로드를 타고 들어와 바위에 히브리어를 새겼을 가능성도 무시하지 못한다.

　최근에 해상 실크로드 연구가 활발해지고 있다. 중국의 유물들이 바로 고대 해상 실크로드의 물증이라는 점이다.

　고대 동서양을 잇는 실크로드는 러시아를 관통하는 '초원길'과 타클라마칸 사막을 관통하는 중국의 육상 비단길, '해상 비단길' 등 3곳으로 알려졌지만, 해상 비단길은 그동안 역사책에만 기록이 있었을 뿐 물증이 없어 입증이 쉽지 않았다.

　현재로서 한국에 유대인들이 들어왔다는 결정적인 근거가 없는 상태이다. 그러나 유리세공이나 유리잔들을 볼 때 지중해 지역과 서남아시아에서 육·해상 실크로드를 통하여 서역인들과 유대인들이 한국에 들어왔을 가능성은 충분히 있다.

그러나 도마가 한국까지 왔다는 결정적인 증거가 없다. 4세기 시리아 교회의 위대한 신학자 에프렘(Ephrem Syrus)은 그의 『니시비스 찬가』(42.1-2)에서 도마가 인도에서 순교를 당했으며 그의 시신의 일부는 우르하이(에데사)에, 또 다른 일부는 인도에 안치되어 있다고 말하고 있다. 에데사에 사는 백성들의 대다수는 시리아 정교회 교도거나 아르메니아인이었다. 에데사는 시리아에 속한 도시이다.

13세기의 유명한 여행가 마르코 폴로(Marco Polo)도 그의 『동방견문록』에서 도마의 시신이 안치되어 있는 도마 유해에 대해서 말하고 있다.

"사도 성 토마스의 유해는 말라바르 지방에 있는 조그만 읍에 안치되어 있다. 그곳은 매우 외지고 가져갈 만한 상품도 전혀 없기 때문에 상인들조차 찾아오지 않는다. 그러나 많은 기독교도와 사라센들이 순례를 위해 그곳에 온다"(마르코 폴로, 동방견문론, 460p)

마르코 폴로에 따르면 1288년과 1292년에 두 차례에 걸쳐 남인도를 방문하는데 도마의 유적지를 보았다고 기록한다. 그는 이름을 밝히지 않은 한 작은 마을에 도착했고 거기서 사도 도마의 것으로 여겨지는 무덤 하나를 발견했으며 그 무덤은 인도의 그리스도인들과 이슬람교도들 모두의 성지였다고 한다.

우리가 첫 번째 추정할 수 있는 것은 주후 431년 네스토리우스가 에베소 종교회의에서 이단으로 추방당하자, 주후 635년 네스토리우스 교도들이 당나라에까지 오게 된다.

▲ 예수 12사도 중 한분인 도마의 무덤이 있는 산 토메 성당(남인도 첸나이)

경주 불국사에서 돌 십자가가 발견된 것을 보았을 때 경교의 문화가 한반도에까지 왔고, 당시 돌 십자가를 건네준 사람들이 기독교 박해를 피해 한국에 오면서 도마 바위를 조각했을 가능성이 크다. 그러므로 도마 바위는 통일신라시대 7~8세기에 새겨졌을 가능성이 있다.

두 번째는, 경교는 845년까지 중국에서 번성하다가 도교가 세력을 얻으면서 20만 명에 이르던 경교를 따르던 신자들은 변방으로 흩어지거나 소멸되어 버린다. 당시 이들 중의 일부가 한국에 와서 도마 바위에 '도마'라는 히브리어 문자를 새겼을 가능성도 무시하지 못한다. 그렇다면 9~10세기 일 것이다. 도마보다는 도마 제자들이 바위에 글자를 새겼을 가능성이 크다.

도마가 한국에 왔는지는 알지 못하지만, 선교사들이 온 것은 확실하다. 율법을 통하여 복음을 알았던 영적인 유대인들이 들어온 것이다. 영주에 복음이 들어와 강씨 집안은 일찍부터 기독교 문화를 접하였다.

내매교회(1906)

영주에서 가장 오래된 내매
교회의 설립자는 강재원이라는
사람이다. 그는 교회를 세우기
전 대구에 살았는데, 그곳 약령
에서 미국 선교사 베어드(배위
량)의 전도를 받고 신앙생활을
시작했다. 그 후 대구지역 최초
의 교회인 대구 제일교회를 다
니다가 1906년(고종 43년) 내
매 마을로 돌아왔다.

이처럼 영주는 강씨 집안이 선교사들을 통하여 예수를 받아들여 예
수를 통한 역성혁명이 발생한 곳이기도 하다. 영주에 가면 116년 된 내
매교회가 있다. 내매리는 영주시에 속해 있지만 봉화에서 20km 정도
밖에 떨어지지 않은 진주 강씨 집성촌이다.

강재원 씨는 고향에 오자마자 유병두라는 사람의 사랑방을 빌려 예
배를 드리기 시작했다. 이듬해 자기 집에 십자가를 달고 예배 처소를
만들어 주일예배를 드린 것이
내매교회의 시작이었다. 경북
북부에서 설립된 최초의 교회
였다. 내매교회는 초기에 부흥
사 길선주, 김익두 목사 등을 초

청하여 부흥회를 여는 것은 물론, 개화운동과
신농법 교육에도 앞장섰다고 한다.

내매교회의 설립자 강재원의 친척인 강병주
목사가 내매교회를 목회하였다.

강병주 목사의 아들인 강신명 목사도 내매교
회에서 활동했다.

▲ 강병주 목사

강신명 목사

강신명은 대구의 계성중학교를
거쳐 1934년 평양의 숭실전문학교
영문과를 졸업하였다.

1938년에 평양의 장로회신학교
본과를 마치고 1940년에 일본의 동
경신학교에서 수학한 제2의 한경직
이었다.

8·15광복 후 강신명 목사는 1953
년에 미국의 프린스턴신학교에서 교회사 분야
의 신학 석사학위를 받았으며, 1964년에는 목회
와 교육사업의 공로가 인정되어 미국의 스털링
대학(Sterling university)으로부터 명예신학박
사학위를 취득하였다.

▲ 강신명 목사

그는 당대 한경직 목사와 함께 최고의 영적 지도자였다. 그를 통한

영적 혁명은 대단했다. 박정희 독재정권 시절, 민주주의를 탈환하기 위해 반독재투쟁을 하기도 하였다. 그에게는 조상부터 정의의 피가 흐르고 있었다.

지금 새문안교회에는 강신명 목사의 정신이 사라진 지 이미 오래가 되었다. 언더우드와 강신명 목사의 정신은 사라지고 예수의 속죄 기독론보다 한의 기독론을 주장한 이상학 목사가 담임목사가 되었다. 교회와 사회를 향한 새문안교회의 정체성은 사라졌다.

내매교회가 배출한 인물들

내매교회가 가장 자랑스러워하는 것은 인물이다. 목회자로는 영락교회를 공동 설립하고 새문안교회에서 24년간 목회 활동을 한 강신명 목사, 계명대학교를 설립한 강인구 목사, 창신대학교 강병도 학장 등이 이 교회 출신이다. 또 강진구 삼성반도체 회장, 강신주 삼성전자 사장 등 기업인 10여 명도 배출했다. 내매교회의 강 씨들이 삼성전자의 주축을 이루었다.

특히 삼성 반도체 신화의 초석을 깔았다고 평가받는 강진구 전 삼성전자 회장은 1927년 경북 영주(내매)에서 출생했다. 강 전 회장은 대구사범학교와 서울대 전자과를 졸업하고, KBS와 미 8군 방송국에 근무했다. 이후 중앙일보와 동양 방송 이사를 거쳐 1973년 삼성전자 상무를 시작으로 '삼성맨'이 됐다.

▲ 강진구 회장

삼성 창업주인 이병철 전 회장의 신뢰를 받았던 강 전 회장은 이후 삼성전자 전무, 삼성반도체 통신 사장, 삼성전자 회장 등을 거치며 '전자업계 산증인'으로 불렸다. 박성배 씨는 "강 회장은 1970년대에 벌써 휴대폰을 구상한 전자업계 선구자이셨다"며 "되돌아보면 스티브잡스의 스승이라 할 수 있다"라고 했다.

오늘의 삼성전자가 있기까지 내매교회 출신의 강진구 회장이 있었다. 이처럼 오늘날 한국 사회를 선진국으로 진입시키는데 일익을 담당했던 삼성 반도체도 내매교회의 교인에 의하여 시작이 되었다.

내명학교

내매교회는 최초의 사립학교 내명학교를 세우기도 했다. 사립 내명학교는 강신명 목사의 아버지인 강병주, 강석진 목사가 주축이 되어 한일합방이 되던 1910년에 설립한 학교다. 경북 북부지방에서는 최초의 기독 사립학교였고 순흥학교와 풍기학교에 이어 영

주에서 세 번 째 초등학교였다. 기독 내명학교는 100년 세월 복음의 꽃 피운 내매교회(영주시 평은면 천본리) 부설 학교로서 대한예수교 장로회 총회 사적 제11호로 지정되었다.

지곡교회(1906)

강두수는 안의와 선교사의 지도를 받고 지곡교회 설립에 앞장섰다. 지곡교회 임재봉 장로는 사랑처를 예배처소로 제공하기도 했다.

이 교회는 경신학교를 세워 신학문과 성경을 가르치기도 했다. 지곡교회는 1949년 공비들이 방화를 하자 6.25전쟁이 끝난 후 새롭게 건축하였다.

임재봉 장로는 무종의 핍박을 많이 받았으나

지곡교회는 1949년 8월 3일 공비의 방화로

영주제일교회(1907)

   영주제일교회는 1907. 3월 오월번 선교사가 강재원 장로의 전도로 정석주 씨 외 수인이 예수를 믿기 시작하다가 1909년 초가 3칸을 예배당으로 매입하였다. 1920년에 270여 평을 매입하고, 교인이 80명으로 성장하였다. 강신명 목사의 아버지인 강병주 전도사가 사역을 하기도 하였다.

   1940. 8. 일제의 탄압으로 강석진, 김진호, 강병철, 오승연, 김금선, 박충락, 강석지, 김사렵, 강경봉, 김용필, 신진균, 제 씨가 검거되기도 하였을 정도로 교회는 항일운동의 본산지였다. 6·25 직후 1954년에 석조 예배당을 신축하기도 했다.

   영주제일교회는 2018년 8월 6일 국가등록문화재 720-6호로 지정되기도 했다. 영주제일교회는 유일한 서양 고딕식 건축양식을 차용한 덜충양식의 예배당 근대 건축물이다.

성내교회(1907)

   성내교회는 1907 미국 북 장로교 선교회의 파송 받은 선교사 안대선, 권영창, 권서 전도인 장치순, 심취명 장로(당시 새문안교회)의 전도로 풍기읍에 복음이 전파되어 동부동 자인촌 김기풍, 김창립, 이시동, 장사문, 이상호 씨 등이 믿고 가정에서 예배 드림으로 교회가 시작되고 이것이 풍기 지역 복음전파의 시작이 되었다.

1920년 9월에는 기독교여자 야학회를 개설하기도 했다.

1922년에 강병주 목사가 담임목사로 부임하여 1933년까지 사역을 했다. 1952년까지 이원익 목사가 사역을 하였다. 예장통합 교단의 이승렬 목사의 아버지 이성찬 목사는 1952년 부임하여 1962년까지 사역하면서 성내교회 7대 목사로서 예배당과 목사관을 신축하기도 했다.

6·25 전쟁이 일어날 때 당시 이원익 목사는 당회록을 독안에 넣어서 땅속에 보관하기도 하였으며 이 교회의 자랑은 1920년도부터 당회록이 지금까지 잘 보존되고 있는 것이다.

연당교회(1908)

연당교회는 영주시
평은면 예봉로 47번길
41에 위치한 교회이다.
합 동 교 단 소 속 으 로
1908년 영주군 연당교

회가 설립되었다. 1923년에는 지곡교회와 연합당회를 조직하기도 했
다.

강두수라는 사람이 설립을 하였고 현재는 4대 후손인 강경희 전도
사가 할아버지와 아버지의 뒤를 이어 계속 섬기고 있다. 이 교회도 강
씨가 섬기고 있다.

연당교회는 1923년 지곡교회와 연합당회를 조직하고

강현원 장로의 맏딸로 4대째 연당교회를 섬기며

3.1만세운동 참여교회로 지정받았습니다

이 교회는 3·1운동 참여교회로 지정받았다.

결론

　내매교회는 신앙과 교육을 통하여 사회를 바꿀만한 역성혁명을 이루었던 교회이다. 삼성반도체는 한국을 G20 국가로 성장시키는 데 동력의 역할을 한 역성혁명의 모티브가 되었다. 내매교회는 영주시골의 작은 교회이지만 이 교회를 통하여 한국 교계와 사회를 변혁시킬 만한 인물이 많이 탄생하였다.

　그 이외에 다른 교회들도 역사의 한 페이지를 작성하였다. 신학문과 한문, 성경을 가르치고 항일운동을 하면서 근대화를 앞당기기도 했다.

　예수 그리스도의 역사가 영주라는 작은 마을에 들어올 때 한국의 경제사, 기독교사는 새로운 도약을 하게 되었다. 그리스도의 역사가 보편사안에 들어올 때, 일반 역사는 변혁이 되었다. 도마 혹은 도마의 후손들이 영주에 들어왔기 때문은 아닐까?

세 번째 이야기

경주
고령
구미
칠곡
영덕
포항

세 번째 이야기

경주

경주는 신라시대의 유적이 여전히 살아있는 고도이다. 삼국시대를 온 듯한 느낌을 받는 곳이다. 삼국시대의 종교문화는 불교문화이다. 그런데 여기에 돌 십자가가 발견되었다는 것은 앞으로 오게 될 새로운 종교문화의 출현을 예고한 것이기도 하다.

유물을 통하여 영적 혁명의 징조가 보인 곳이다. 특히 유리그릇과 황금보검 그리고 서역인으로 추정되는 석인상은 이미 지중해 지역의 사람들이 경주까지 왕래하였음을 보여주고 있다. 중앙 유라시아 지역의 사람들이 신라까지 온 것이다. 따라서 유대인들도 경주까지 방문하였을 가능성이 있다.

경주의 지역적 여건

경주는 경상북도 동남부에 있는 시로서 동쪽으로 동해, 서쪽으로 영천시 및 청도군, 남쪽으로 울산광역시, 북쪽으로 포항시와 접하고 있다.

유적

경주는 찬란한 고대 신라문화가 고스란히 담긴 1,000년 이상의 고대도시로서 신라의 살아있는 역사가 있는 곳이다. 최고의 불교와 관련한 건축과 예술이 발전했던 지역이다. 어려서 한 번쯤은 모두 수학여행을 가보았던 장소이다.

《삼국사기》및《삼국유사》의 기록에 따르면 기원전 57년 6월 8일에 첫 성읍국가인 사로국이 경주 계림 일대에 세워졌는데, 비슷한 시기에 고조선의 왕검성이 함락되었으니, 경주시는 도시 전체가 역사적 무대라 할 수 있다. 이러한 점에서 경주시는 매년 6월 8일을 '경주 시민의 날'로 정해 기념하고 있다.

불국사

불국사는 지난 1995년 석굴암, 서울의 종묘, 합천 해인사의 팔만대장경과 함께 우리나라에서 가장 먼저 유네스코 세계문화유산에 등재되었다.

그만큼 불국사는 우리나라를 대표하는 걸출한 문화유산이다. 불교를 국교로 믿었던 신라인들은 그들이 해낼 수 있는 최고의 건축 기법, 최고의 노력, 최고의 정성으로 '부처님의 나라' 불국사를 건설했다. 아이러니하게도 불국사에서 돌 십자가가 발견되어 훗날 경주에 예수의 나라를 세우게 될 예표이기도 하다.

석굴암

송창식의 "토함산에 올랐어라"에 나오듯이 토함산에 가면 돌로 조각한 거대한 석굴암이 있다. 석굴암은 경상북도 경주시 토함산 동쪽에 있는 남북국시대 통일신라의 김대성이 창건

한 사찰 암자이다. 창건 당시의 이름은 석불사였다.

석굴암은 국보 제24호이며 1995년 유네스코 세계문화유산으로 등재되었다. 김대성 개인의 발원에서 시작되었지만, 경덕왕의 원찰로서, 또 나라를 수호하려는 국찰로써 경영되었다.

자연석을 다듬어 만든 인공석굴 구조에 본존불상을 중심으로 정교한 계산속에 배치된 아름다운 불상들은 완벽한 불국토를 연출한다. 종교성과 예술성에서 우리 조상이 남긴 가장 탁월한 작품이자 전 세계의 종교예술사 중에서도 빛나는 유산이다.

첨성대

이외에 경주에는 동방박사들이 사용하였다고 짐작되는 첨성대도 있다. 신라가 천문학에도 관심을 두었다는 것을 알 수 있다.

신라의 혈통

신라의 문화를 볼 때 단일민족만은 아니다. 신라의 문화는 다민족의 문화라는 것을 알 수 있다. 일부는 진시황의 노역을 피하여 마한 땅으로 들어와 마한 왕에게 거주지를 분양받아 경주지역에 마을을 형성한 사로 6촌(6부의 기원) 세력이 있고, 다른 부분은 부여에서 이주해 온 박혁거세 세력, 그리고 신나라가 망한 이후 멸족을 피하여 해로를 따라 유입된 몽골의 김일제 세력이 있다.

박혁거세

기원전 69년경, 조선의 유민들이 산골짜기 사이에 나뉘어 살아 6촌을 이루었다. 《삼국유사》에 따르면 진한 중에서 경주 지방에는 모두 여섯 개의 마을이 있었다고 한다. 알천의 양산촌, 돌산의 고허촌, 무산의 대수촌, 취산의 진지촌, 금산의 가리촌, 명활산의 고야촌 등이었다.

어느 날 고야촌장 소벌공(혹은 소벌도리)이 양산 기슭을 바라보니 나정 곁의 숲 사이에 말 한 마리가 무릎을 꿇고 울고 있었다. 그래서 가보니 갑자기 말은 보이지 않고, 큰 알이 한 개 있어 깨뜨려 보니 한 아이가 나왔다.

소벌공은 그 아이를 데리고 와서 잘 길렀는데, 10세가 되자 유달리 숙성하였다. 6부 사람들은 그 아이의 출생이 신기했으므로 모두 우러러 받들어 왕으로 모셨다. 진한 사람들은 표주박을 박(朴)이라고 하였는데, 혁거세가 난 커다란 알의 모양이 표주박같이 생겨서 성을 박으로 하였다. 그는 나정 우물가에서 태어났다.

촌장들이 조심스럽게 알을 건드리자, 껍질이 갈라지면서 한 사내아이가 나왔다. 촌장들은 하늘에서 임금을 보내주었다고 생각하고 사내아이의 이름을 '혁거세'라고 지었다. 혁거세란 '세상을 밝게 한다'는 뜻이다. 박처럼 생긴 알에서 나왔으니, 성은 박 씨가 되었다. 단군신화에 나오는 홍익인간은 '널리 인간세상을 이롭게 한다'라는 의미다.

박혁거세는 촌장들의 손에서 무럭무럭 자라 기원전 57년에 나라를 세우고 임금이 되었다. 나라 이름은 '서라벌'이라고 지었는데, 서라벌은 신라의 옛 이름이다. 박혁거세는 약 61년간 나라를 다스리다 하늘로 올라갔다고 한다. 하늘로부터 와서 하늘로 사라졌다.

예수처럼 하늘로부터 왔다가 하늘로 사라진 것이다. 신라만이 갖고 있는 승천 신화였다. 히브리어의 하키세 (ㅈㅇㄷㄷ 왕좌, 보좌, 자리)는 '혁거세'라는 발음과 유사하여 유대인의 왕래 가능성을 추측하게 했다.

김일제 세력

지난 2008년 11월 방영된 KBS 1TV '역사 추적'에서 신라 문무왕릉비 비편에 새겨진 9자(字)를 근거로 신라 김 씨 왕의 조상이 흉노족인 김일제(金日磾)이며, 더 나아가 가락국 시조 김수로왕 역시 망명한 김일제의 후손이 세운 것이라는 취지의 내용이 방송되면서 학계의 쟁점으로 대두되고 있다.

그러므로 신라까지 흉노의 후손들이 왔을 가능성을 무시하지 못한다. 대왕암에 있는 문무 왕비에는 "우리 조상 김일제는 흉노의 조정(용청)에서 왔다"고 적혀 있다.

우리 조상 김일제는 흉노의 조정(용청)에서 왔다

신라 김씨의 조상 김일제는 흉노인이다

몽골의 비석에도 신라 김 씨의 조상 김일제는 흉노인이라고 새겨져 있다.

문무왕은 삼국통일의 대업을 완성하였고, 아버지는 무열왕인 김춘추이며, 어머니 문명왕후는 김유신의 여동생이다. 그러므로 문무왕은 순수한 신라 김 씨가 아니라 수로왕의 혈통이 섞인 왕이다. 신라 김 씨 왕족이 자기 조상을 중국 한나라 때 투후를 지낸 김일제라고 생각했다는 것을 알 수 있다.

그리고 마지막으로 고구려와 전연과의 전쟁 과정에서 고구려군에게 쫓겨 동해안을 따라 유입된 흉노계 선비족이 있다. 이처럼 흉노족은 알게 모르게 신라에 정착하였다.

신라의 외교관계

신라는 당나라와 관계를 하면서 서남아시아, 동남아시아, 지중해 지역과 많은 교류를 하게 된다. 고대 한국의 교류 상대는 동북아시아에만 국한되어 있지 않고, 북아시아, 중앙아시아, 서아시아, 동남아시아 등 넓은 범위에 퍼져 있었다.

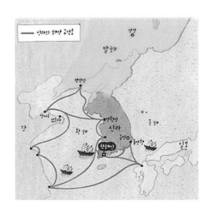

신라인들은 유라시아까지 진출한다. 고구려와 신라는 주로 초원길과 비단길을 통해 외부세계와 소통하였고, 백제와 가야는 바닷길로

소통하였다. 따라서 고구려와 신라를 연구하기 위해서는 북아시아(몽골과 러시아 남부), 중앙아시아(카자흐스탄, 키르기스스탄, 우즈베키스탄), 서아시아(이란, 아제르바이잔)에 대한 이해가 필요하고, 백제와 가야를 연구하기 위해서는 인도와 동남아시아에 대한 이해가 필요하다.

당과의 교류

신라방

신라는 삼국을 통일하면서부터 점차 해상 활동을 활발히 벌려 당·일본과 무역할 뿐만 아니라 해상 무역 활동이 편리한 곳에 이민하여 집단적으로 거주하였다. 당나라의 해안 지방에 있는 집단 거주지를 신라방이라고 하는데, 그 중 신라인을 다

스리기 위한 총관까지 배치한 산둥성 등주(登州)의 것이 유명하며, 산둥성에서 장쑤성에 걸쳐 존재했다.

고려가 조선왕조로 교체되기 직전인 14세기 중후반, 중국 해안에 침몰한 고려 선박 2척이 최근 중국 산둥성 등주고항(登州古港)에서 침몰되었던 것이 발굴되었다.

이곳은 근대 이전만 해도 중국 북쪽 해양을 대표하는 항구로서 많은 사람들과 물자들이 몰려든 요충지였다. 이번 발굴로 인하여 역사적으로 한반도와의 해상 교통

▲ 등주고항

로에 위치한 항구로 기능해온 등주고 항에는 한국인과 한국 선박의 출입이 잦았다는 것을 알 수 있다.

당나라로 건너간 신라 사람들은 남쪽으로는 대운하, 회수유역의 내륙지역과 북으로는 산둥반도의 등주 문등현 적산촌이나 모평현의 유산포에 이르는 중국 연해안을 따라 마을을 이루며 살고 있었다. 이들이 모여 사는 마을을 '신라인들이 살고 있다'하여 '신라방'이라 하였다. 신라방을 관리하는 장은 '총관'이라 하였으며, 신라방을 관리하는 관청이 '신라소'였다.

복음의 징조

신라인들이 당나라에 왕래하면서 외국의 문물들이 많이 들어오게

된다. 당과 교류하면서 당시 실크로드를 통해 중국에 들어왔던 서역의 물건들도 신라에 들어오기 시작했다. 지중해 연안의 로마나 아라비아에서 만들어진 유리병이나 유리잔, 녹색의 터키산 보석을 박아 만든 금팔찌, 서역 사람이 새겨져 있는 은잔 등이 바로 그러한 물건이었다.

이외에도 경교를 통한 돌 십자가가 경주까지 들어오게 된다. 경교는 중국에서 845년까지 번성했다. 돌 십자가는 복음의 신호탄이었다. 적어도 돌 십자가는 신라와 당과의 교류가 활발할 때 8~9세기 정도에 들어왔을 것으로 추정된다.

▲ 1956년 경주 불국사에서 발견된 것으로 알려진 '경교 돌십자가'

돌 십자가뿐만 아니라 어린아이를 안고 있는 관음보살상에서는 마리아가 아기 예수를 안고 있는 모습을 느낄 수 있는데 신라불교와 중국 경교의 혼합체라고 볼 수 있다.

이외에도 신라에서 십자가 장식품들이 발견되었다. 모두 1,200여 년 이후에 들어오게 될 복음의 상징물이었다.

▲ 신라시대의 유물로 발견된 십자가 장식품들

서역 물품의 출현

황금보검

경주의 신라 적석목관분에서 발견되는 각
종 유리그릇과 황금보검, 그리고 서역인으로
추정되는 석인상은 이미 삼국시대부터 한반
도의 고대국가들이 중앙 유라시아 지역의 여
러 정치체와 활발한 문화 교류를 하고 있었
음을 잘 보여주고 있다. 한국의 관련 학계에
서도 고대 실크로드를 통한 동서교류와 관련

▲ 황금보검(신라)
우측은 스키타이 보검

한 여러 주제에 대해 다양한 연구를 진행하고 있다.
로마에서 시작된 실크로드는 경주를 통하여 일본까지 이어진다.

유리잔의 출현

신라의 고분에서 출토된 유리잔들
은 대부분이 로마나 서남아시아에서
만들어진 것으로 신라에까지 들어왔
다. 특히 "천마총 유리잔은 이집트 지역
에서 제작됐다"는 분석 결과가 있다.
민병찬 국립경주박물관장은 "당시 신

라인들은 유리를 황금보다 더 귀한 보석으로 여겼다"고 했다.

이스라엘은 유리세공업이 일찍부터 발달한 곳이다.

경주에 있는 비석은 서역인들이 경주까지 와서 무역하였음을 암시한다. 서역 상인들은 유리, 진주, 호박, 향료, 카펫 등 귀한 물건을 싣고 중국 당나라를 거쳐 신라에 왔다. 서역인들이 들어왔을 때 유대인이 경주까지 왔을 가능성도 있다.

서역인들의 왕래와 서역 문화의 도래

물건을 팔러 온 서역인들에게 땅이 기름지고 물이 많은 신라가 사막으로 가득 찬 자신들의 나라보다 더 살기 좋은 곳으로 생각되어 일부 서역인은 신라에 남았다. 경주 원성 왕릉(괘릉)이나 구정동

▲ 경주 괘능

방형 무덤의 무인상은 이때 남은 서역인의 모습을 보여주고 있다.

이들은 신라의 금과 은, 비단, 인삼 등을 사서 돌아갔다. 신라가 당과 연합해 삼국을 통일한 이후(주후 776년) 신라와 당의 교역은 더 늘어났다고 볼 수 있다. 한때 신라인 장보고는 청해진을 중심으로 당-신라-일본 사이의 중계 무역을 장악하기도 했다. 장보고의 청해진 시기 이후에도 더 많은 서역 상인이 신라를 찾아왔다. 당시 서역의 한 학자는 신라에 대해 다음과 같은 기록을 남겼다.

"중국의 맨 끝에 신라라는 나라가 있는데 금이 풍부하다. 이슬람교도가 이 나라에 상륙하면 그곳의 아름다움에 끌려서 영구히 정착하고 떠나려 하지 않는다."

적석목곽분

천마총에서 발견된 금관이나 적석목관분도 스키타이나 중앙아시아의 적석고분과 유사한 면이 많이 있다. 가야와 신라, 일본의 적석목곽분에서 출토된 유물들은 유럽지역의 스키타이, 아시아 흉노문화와 동일함으로 이들은 본래 아시아 시베리아 지역에서 발원한 유목민들임을 알 수 있다. 그리스에서 이들을 스키타이라 불렀고, 한국은 흉노족이라고 불렀다. 몽골족이 유럽과 한반도까지 진출한 것이다.

신라의 문물을 볼 때 북방의 영향이 있었기 때문에 스키타이는 전쟁을 잘하는 민족이었고, 토기와 문물, 유리잔, 금동잔, 금관, 돌비석, 적석분 등을 보았을 때 당나라를 통하여 서역과 스키타인의 의 영향을 받았다고 볼 수 있다.

스키타이족

'스키타이인'은 흑해 북쪽의 유목민들을 가리키며, 카스피해의 북쪽에 거주했다. 스키티아(고대 그리스어: Σκυθία)는 기원전 8세기부터 기원후 2세기까지 남부러시아 등 유라시아에 거주한 호전적인 유목민이다. 중국에 흉노가 있었다면 유럽에는 스키타이가 있었다.

스키타이족(히브리어: סקיתים 스퀴팀, 고대 그리스어: Σκύθαι, Σκύθης 영어: Scythia)은 사카(Saka), 사카이(Sakae), 사이(Sai), 이스쿠자이(Iskuzai), 아스쿠자이(Askuzai)라고도 불리는 주로 동부 이란어군을 사용한 이란계 민족에 속하는 유라시아 유목민들이다.

오늘날로 보면 이란과 우크라이나 민족이다. 이들은 호전적이다. 이란은 미국에 대항하여 싸우고, 우크라이나는 러시아에 대항하여 싸울 정도로 대단히 호전적인 민족이다. 체첸도 스키타인이다.

▲ 흙이나 돌로 덮은 거대한 무덤인 쿠르간은 동유럽에서 중앙아시아까지 폭넓게 분포돼 있다. 신라의 왕릉들도 쿠르간과 맥이 닿아 있다. 사진은 스키타이족이 알타이산맥 동쪽인 러시아 투바공화국 지역에 남긴 칭게테이 쿠르간의 모습이다. 지난해부터 한국팀도 러시아와 함께 칭게테이 쿠르간을 발굴하고 있다.
러시아 추구노프 박사 제공

이들은 약 기원전 9세기에서 4세기까지 중부 유라시아 스텝의 넓은 지역들에서 거주했다. 우리나라에는 스키타이 적석묘의 고분문화가 들어왔다. 스키타이족에 속하는 투바공화국의 쿠르간은 신라의 왕묘처럼 적석분이다. 돌과 나무로 이루어진 적석분이다.

이 적석분에도 이스탄불이나 키프로스, 그리고 서유럽 등지에서 발견된 것과 똑같은 형태의 유리그릇이 발견된 바 있다.

▲ 한국식 고분조사 방법으로 발굴 중인 아제 르바이잔 디자흘리 쿠르간. 권오영 교수 제공

▲ 쿠바공화국 아르잔에 있는 쿠르간 2호분에 묻힌 부부. 추구노프 박사 제공

신라의 천마총

신라 천마총에도 스키타이족의 영향을 받은 적석목곽분이 있다. 쉽게 말하면 나무로 된 관을 돌무더기로 쌓아 올린 무덤이다.

▲ 천마총

▲ 천마총 적석목곽분

금관의 문화

금관과 금장식은 중앙아시아나 몽골의 문화에서 온 것이다.

왕관 문화는 유대인과 유사하기도 하다. 왕관은 나뭇가지에 새들이 놀고 있는 모습이다.

이스라엘의 왕
관에도 새의 모
습이 나타난다.
우리가 잘 아는
다윗과 솔로몬이
썼던 왕관이다.

경주주 교동 고분 금관   이스라엘 왕관

▲ 출처, 염동옥, 새로운 이스라엘 왕국, 신라와 가야

한국의 왕관에도
이스라엘 왕관처럼

새의 모습이 나온다. 그러므로 유리잔도 그
렇듯이 서남아시아 지역에 거주하는 유대인
들이 한반도에 왔을 가능성은 얼마든지 있
다. 토기를 보았을 때 유대의 토기와 신라의
토기가 유사한 면이 많이 있다.

▲ 서봉촌 왕관의 새모양 장식

토기의 출현

이스라엘 박물관에 있는 고
대의 토기도 가야 박물관에 있
는 토기와 유사하다. 가야의 토
기는 이스라엘의 영향을 받았
다. 이스라엘의 토기는 다음과
같다.

신라와 가야 시대의 토기는 굽다리 토기이다.

이처럼 신라에는 스키타이, 흉노, 몽골, 로마, 지중해, 중국, 유대의 문화적 요소들이 다양한 유적들을 통하여 드러나고 있다. 신라에 스키타이의 적석 고분, 흉노와 몽골의 혈통, 지중해와 로마의 유리잔, 유대의 왕관과 토기, 경교의 십자가 등이 나타난 것을 보았을 때, 국제적 교류가 활발하게 이루어졌음을 알 수 있다.

▲ 신라와 가야의 토기

우랄산맥의 스키타이와 알타이산맥의 흉노족 문화도 그대로 이전되었다. 지중해의 유리 공예가 들어온 것만을 보더라도 유대인이 왕래했을 가능성은 충분히 있다.

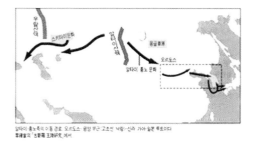

신라의 이두

이두란 한문을 신라어(조선어)에 맞게 개작한 한문 어휘+조선어 순+조선어 토(또는 어미)이다. 신라는 자체적인 한자음에 신라어를 포함해 원활한 읽기를 시도하기도 하였다. 신라의 언어는 일본에까지 영향을 미쳤다. 그것이 설총이 만든 이두였다.

亡妣官肖理夫人 年六十六 古人成之 東海欣支邊 散之 [2)]
돌아가신 어머님 官肖理夫人은 66세에 고인이 이루어졌다(돌아가셨다).
東海 欣支(지명)의 바닷가에 (뼈를) 뿌렸다.

貞元二十年甲申 三月二十三日 富寺鍾成內之 古戸山郡仁近大
內末紫草里 施賜乎古鍾金二百八十廷 富寺古鍾金二百二十廷
此以本爲內 十方旦越勤爲 成內在之 願旨是者 法界有情皆弗
道中 到內去 誓內 時寺聞賜主信寅大軍 [3)]

이두는 당시 신라 사람들이 창조한 새로운 서사 방식이기는 하나 한 자어를 많이 개작한 것은 아니다. 노란색으로 칠한 부분이 새로이 한 자를 삽입하여 당대로서는 읽거나 이해하기 편리하게 만든 문장이다.

그러므로 이두에 쓰인 한자어는 세 가지로 볼 수 있다. 1) 한자 차용 어이고, 2) 한국인이 만든 한자어 신어이고, 3) 고유어를 한자의 음이 나 훈을 이용해 표기해서 만든 한자이다. 중국어 순은 동빈구조(동목 구조)로서 동사가 목적어보다 앞선다. 동빈구조는 동사와 빈어(목적 어)가 결합된 구조의 형태를 말한다.

신라의 이두는 일본 가타카나의 기원이 되었다.

일본의 히라카나도 모두 한자에서 비롯되었다. 중국도 원래의 한자 대신 약어로 표현하고 있고, 일본도 원래의 한자를 간자로 표현하고

	아행	카행	시행	타행	나행	하행	마행	야행	라행	와행	N
아단	あ 安安 아	か 加가 카	さ 左좌 사	た 太태 타	な 奈나 나	は 波파 하	ま 末말 마	や 也야 아	ら 良양 라	わ 和화 와	ん 无무 n
이단	い 似사 이	き 幾기 키	し 之지 시	に 知지 치	に 仁인 니	ひ 比비 히	み 美이 미		り 利리 리	ゐ 為위 이	
우단	う 宇우 우	く 久구 쿠	す 寸촌 스	つ 州주 츠	ぬ 奴노 누	ふ 不부 후	む 武무 무	ゆ 由유 유	る 留류 루		
에단	え 衣의 에	け 計계 케	せ 世세 세	て 天천 테	ね 袮녀 네	へ 部부 헤	め 女녀 메		れ 礼례 레	ゑ 恵혜 에	
오단	お 於어 어	こ 己기 코	そ 曽증 소	と 止지 토	の 乃내 노	ほ 保보 호	も 毛모 모	よ 与여 요	ろ 呂려 로	を 逺원 오	

일본어 히라가나 어원
日本語 / 平假名 / ひらがな / 語源

있다.

한국만이 한자에서 새로운 글자인 한글을 창조적으로 만들었다.

일각에서는 일본 언어의 가타카나가 히브리어와 유사하다는 주장을 하는 사람도 있다. 문자를 통하여 유대인의 한국, 일본의 왕래 가능성도 엿볼 수 있다.

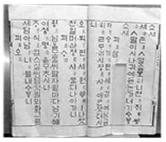

일본에는 유대인들이 일찍 들어왔기 때문에 그들이 한자어를 차용하면서 히브리어와 유사하게 만들었을 가능성도 무시하지 못한다. 유대 대백과 사전에는 McLead의 글을 보고 유대인이 일본에 들어와 잃어버린 지파로서 일본과 유대인은 공동 조

상을 갖고 있다고 언급되어
있다. 일유동조설이다. 이
이에도 그는 한국과 유대인
들의 조상이 공통적이라는
한유동조설을 주장하기도
했다. 일본에서는 이스라엘
사람들의 행렬이 있었다는
벽화가 발견되기도 했다.

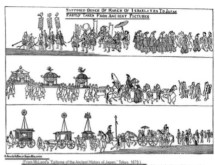

그러한 결과 유대 대백과
사전에 유대인의 일본에 대
한 행렬 내용이 실리기도 했다.

경주의 동학

이제 서학이나 유대교보다는 한국의 자립종교인 동학으로 가볼 필
요성이 있다. 이스라엘에는 유대교, 서구에는 서학이 있었지만 한국
에는 동학이 있었다. 동학에는 서구의 인격신의 요소가 있었다. 그러
다 보니 동학교도가 개신교로 많이 옮겨왔고, 개신교와 동학은 싸운
적이 없었고 오히려 서로 호의적이었다.

최제우는 동학의 교조로서 경주 용담정에서 1860년 동학을 창도하
였다. 경주는 동학난이 발생한 곳이라기보다는 동학의 교조 최제우가
도를 처음으로 세상에 전파한 곳이다. 최제우가 살던 시절의 농촌경
제는 관리들의 수탈로 인해 파산상태였고, 국가는 열강의 침입으로

민심이 흉흉한 때였다.

최제우는 '사람은 곧 하늘'이라는 인내천의 도를 설파하자, 많은 민중이 그를 따랐다.

1856년 여름 최제우는 천성산에 들이가 하느님께 정성을 들이면서 시작된 그의 구도 노력은 그 이듬해 적멸굴에서의 49일 정성, 그리고 울산 집에서의 계속된 공덕 닦기로 이어졌고, 1859년 10월 처자를 거느리고 경주로 돌아온 뒤 구미산 용담정에서 계속 수련하였다.

▲ 용담정

그러다가 1860년 4월 5일 결정적인 종교체험을 하게 되었다. 하느님에게 정성을 들이던 중 갑자기 몸이 떨리고 정신이 아득하여지면서 천지가 진동하는 듯한 소리가 공중에서 들려왔다.

이러한 체험을 통하여 그의 종교적 신념은 결정적으로 확립되기 시작하여 1년 동안 그 가르침에 마땅한 이치를 체득, 도를 닦는 순서와 방법을 만들 수 있게 되었다. 1861년 포교를 시작하였고, 곧 놀라울 정도로 많은 사람이 동학의 가르침을 따르게 되었다.

이러한 동학운동은 쿠바까지 이어진다. 임천택 씨는 천도교(동학)도이다.

그는 1903년 경기도 광주시에서 태어나 두 살 때인 1905년 3월 어머니와 함께 멕시코 유카탄으로 이민했다. 이곳에서 16년을 보낸 뒤 1921년 쿠바에 들어가 마탄사스에 정착했다. 1922년 대한인국민회 서기로 활동하며 1923년에 마탄사스 지역에 민성 국어학교를 세웠다.

▲ 임천택

그는 이 학교의 교장으로 쿠바 한인들에게 조국의 언어와 풍습을 잊지 않도록 노력했다. 1930년에 카르데나스 지역에 천도교 쿠바 종리원을 열고 교리사업과 민족혼 심기에 노력을 기울였다. 1932년에는 청년학원을 설립했다.

임천택 선생의 아들이자 임대한 씨의 종조부인 임은조(1926~2006·헤로니모 임) 선생은 체 게바라 등과 함께 쿠바 혁명의 전면에 섰고 쿠바 산업차관을 지냈다. 동학혁명의 정신이 쿠바까지 이어졌다. 헤로니모 임은 쿠바 한인들의 정체성 확립을 위해서도 힘썼다.

▲ 임은조(헤로니모 임)

임대한 씨는 "내 한국 뿌리와 조상들의 애국적인 행동이 정말 자랑스럽다. 선조들은 비록 몸은 멀리 떨어져 있으면서도 조국을 위해 희생했다"며 한국이 자신의 모국이나 마찬가지라고 강조했다.

임천택(1903~1985) 선생의 3녀인 마르타 임(임은희)은 아바나대학을 나와 마탄사스종합대학에서 33년간 철학 교수를 지냈으며 쿠바

독립운동의 근거지였던 마탄사스 시에 아직
살고 있다.

▲ 마르타 임

　요약하면 경주는 박혁거세의 승천 신화, 불
국사의 돌 십자가 등은 실제로 예수의 승천
사건으로 이어졌다. 예수의 승천 사건과 일치
하는 박혁거세의 신화는 2,000여 년이 지나
서야 역사적 사건을 접할 수 있게 되었다. 특히 신라 불국사의 경내까
지 침입했던 돌 십자가는 1,200여 년이 지나서 선교사들을 통하여 보
편사 속에 그리스도의 역사가 침투한 것을 보여준 상징적 사건이다.

　경주에는 신화의 구체적 사건을 위하여 100여 년 된 교회가 여럿이
있다. 이 교회를 통하여 경주의 역사는 변했다.

100년 이상 된 교회

경주제일교회(1902)

　경주제일교회
는 1902년 고종
36년 5월 10일에
아담스(안의와)
선교사의 전도로
예수를 믿게 된 10
여 명이 성건동

197번지 초가에서 첫 예배를 드림으로 시작된 교회이다.

아담스(안의와) 선교사는 미국 북장로교 파송 선교사로 대구, 경북 지역 전역을 다니며 순회 전도와 교회 개척, 대구 지역 기독교 학교를 세워 현대교육에 앞장섰으며, 대구를 중심으로 경상북도 각 지역의 장날을 택해 노방 전도를 해왔다.

아담스 선교사의 노방전도로 예수님을 믿게 된 사람은 이남상 외에도 이봉기, 박금철, 손월성, 최태연, 윤두희, 윤마리아, 김치안, 김영교, 김순명, 박수은, 박영우 등 많은 이들이 있었다. 이들이 중심이 돼 당시 경주 읍 성건동 187번지의 초가를 마련해 임시 집회 장소(노동리교회, 현 경주제일교회)로 정하고 안의와 선교사의 인도로 첫 예배를 드린 것이 1902년 5월 10일이다. 그날을 기점으로 교회 역사가 시작된 것이다.

1919년 당시 경주제일교회 박영조 목사는 전국적으로 확산돼가고 있는 3·1만세운동에 대해 경주에서도 동조해 줄 것을 제의받았다. 당시 교회의 중진들과 젊은 청년들의 뜻을 모아 3·1운동에 참가할 것을 결의하고, 3월 11, 12일 밤 교회가 운영하는 계남학교 사무실에 모여 13일 경주 읍 큰 장날 거사할 것을 계획했지만, 당일 13일 새벽 일본 경찰의 습격을 받고 발각되었다.

그러나 일제의 억압에 굴하지 않은 이들은 15일 작은 장이 열리던 노동리 봉황대에서 청년 박봉록, 서봉룡, 박무홍, 최성렬 등이 선봉에 서고 수많은 애국 청년들이 태극기를 양손에 들고, 시민들과 합세해 거리를 누비며 '대한독립만세'를 목이 쉬도록 큰소리로 부르짖으며 3·1만세운동을 감행했다.

이 사건으로 박영조 목사를 비롯해 박문홍, 김학봉, 손석봉, 최성렬, 김성길, 박봉록, 김성필, 김철 등이 체포돼 대구형무소에서 상당기간 옥고를 치러야했다. 경주 제일교회는 항일운동에 큰 기여를 하였다. 교회는 민족의 아픔과 함께 했다.

장산교회(1902)

장산교회는 영수 장병호에 의 하여 1902년에 세워졌다. 장산 교회(손영춘 목사)는 일제 강점 기에 탄압의 산고를 겪는 한편 농 촌에 자리 잡고 있음에도 동내 신 문명의 선도적인 기화 운동에 앞 장섰다.

안강제일교회(1906)

안강제일교회는 1906년에 세 워졌다.

1906년 4월 8일 우리나라에 복 음이 들어온 시 21년 만인 1906 년 4월 부활절 아침 창 마을 신석 호 씨 사랑방에서 첫 예배를 드린

것이 본교회의 시작이다.

경주의 인물로는 영화감독 강우석, 전 국방부 장관이었던 권영해, 시인 박목월은 경남 고성출신이지만 어린 생활을 경주에서 보냈으며, 황수관 교수도 경주시 안강읍에서 성장했다.

소설가 김동리, 탁구 국가대표 서효원, 정치가 유시민, 이한구와 예장통합 총회장 출신으로 손달익, 이규호, 박위근 목사도 경주 출신이다.

조양교회(1903)

조양교회는 1903년 경주시 배반동에서 배현숙 집사 외 10명이 개척한 교회로 맹의화 선교사가 예배를 인도했다. 그 후 1922년과 23년, 1986년에는 총회장을 배출한 경주 구정교회와 동방교회 및 사리교회를 각각 분립 개척했다.

건천제일교회(1915)

건천제일교회는 1915년 방내에서 맹의화 선교사의 인도로 세워진 교회이다. 맹 선교사는 여신도 여러 명과 함께 교회를 시작하였다. 1920년에는 김봉달, 석천대 등 20여 명이 초가삼간을 구입해서 예배를 드렸고, 그 후 1932년에는 36평의 성전 건축, 1939년에는 48평의 성전 증축을 했으며, 1966년에는 72평의 성전을 봉헌하고, 81년에는 총 건평 406평의 새 예배당을 기공해서 82년에 준공, 2007년 본당 리모델링함으로써 오늘에 이르게 된다.

경주 구정교회(1922)

경주 구정교회는 1922. 12. 3. 조양교회에서 분리하여 경북 경주시 구정리에서 교회가 설립되었다. 설립위원은 선교사 맹의와, 영수 정영관, 집사 이종기, 박화준, 교인 15명이다. 처음에는 조사 양찬언이 시무하였다. 84회 총회장을 지낸 원로 이규호 목사는 1975년에 부임하여 2023년 4월에 소천했다.

결론

경주는 2,000년 이상 된 고도이며, 찬란한 신라의 문화가 여전히 살아있는 곳이다. 경주는 다른 도시와 달리 한국의 학생들이 가장 많이 수학여행을 가는 유적지로도 유명하다. 다른 지역은 유학의 정신이 있다면 경주는 화랑도의 정신이 살아있는 곳으로 이 정신을 갖고서 삼국통일을 한 지역이다.

신라의 삼국통일로 신라는 국제화되었다. 당나라에 신라방을 세우고, 서역에 있는 사람들이 경주에까지 들어와 머물면서 돌 십자가까지 들어오게 되었다. 서역인들의 왕래, 몽골인들의 왕래, 당나라의 왕래 등으로 자연적으로 서구와 지중해 지역의 물품들이 들어오게 되면서 간접적인 복음을 접하게 되었다. 더군다나 토기나 왕관, 유리잔을 보았을 때 유대인들의 왕래 가능성도 무시하지 못한다.

특히 하늘에 대한 승천 신화는 하늘에 대한 역사적 사실로 바뀌는 데 어렵지 않았고, 돌 십자가는 1,300년 이후 기독교의 복음이 들어오기 위한 하나의 징조였다. 이처럼 승천 신화와 돌 십자가는 복음을 예표하고 있었다. 구약의 모형이 그리스도를 예표하듯이 박혁거세의 승천 신화와 돌 십자가가 그리스도의 교회를 예표하고 있었다.

예장통합 교단에서는 경주 출신 중 4명의 총회장이 나왔다. 그만큼 경주는 복음을 통한 그리스도의 역사가 머물면서 하늘을 추구하는 복음의 도시가 되었다.

고령

고령은 가야문화
가 서려 있는 곳이
다. 가야의 신화는
땅과 하늘을 잇는
난생설화가 있는 곳
이다. 이러한 땅과
하늘을 연결하는 신

화는 선교사들에 의하여 교회가 세워짐으로 인해 예수그리스도를 통해 진정
으로 땅과 하늘의 연결을 가져오게 했다.

신화는 그리스도의 역사 이야기로 전환되었다. 알의 탄생에서 성령의 탄
생을 믿는 믿음으로 변화되었기 때문이다. 가야 역시 유물을 통하여 고대
히브리어 문자가 발견됨으로 인해 유대인의 왕래를 추측해 볼 수 있는 지역
이기도 하다. 그리스도 역사의 침투는 신화를 현실로 만들었다.

지리적 여건과 역사

고령군은 대가야의 중심지로
서 경상북도의 최남서단에 있
다. 인구는 2020년 2월 기준으
로 32,220명이고, 지리적 위치
는 동쪽으로는 대구광역시 달
성군, 달서구와 접하고 서쪽으
로는 경상남도 합천군, 남쪽으

로는 경상남도 합천군, 창녕군과 접하며 북쪽으로 성주군과 접한다.

문화

고령군을 가면 온통 가야문화로 뒤덮여 있다. 가야의 고분들이 산
을 덮고 있다. 이러한 가야는 난생신화로 시작한다. 난생신화는 땅과
하늘을 연결하는 신화이다. 하늘에서 계란이 내려와 다른 사람들과
달리 족장은 신비성을 더한다.

이러한 시조탄생에 대해 고대 시대는 앞서 본 바와 같이 난생신화
가 많았다. 고구려를 건국한 고주몽이나 신라를 건국한 박혁거세는
모두 난생신화를 갖고 있다. 삼국유사는 각 부족국가의 시조들에게
신비성을 추구하기 위해 난생의 의미를 부여했다.

가야의 난생설화

가야도 신라처럼 난생설화가 있다. 난생신화는 사람이 알에서 태어났다는 신화로서 고대는 어떤 민족의 시조 또는 왕후나 수장의 시조에 관한 난생설화가 많이 있다. 삼국유사에 혁거세가 알에서 탄생했다는 내용이 나온다.

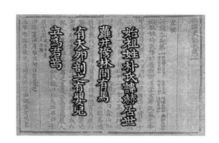

이처럼 신화로 시작하는 신비의 가야문화도 난생설화로 시작이 된다. 김해의 금관가야, 고령의 대가야, 함안의 아라가야, 고성의 소가야, 성주의 성산가야, 진주의 고령가야 등 모두 난생설화에 의하여 태동된 부족 국가이다.

삼국유사의 저자 일연 스님은 고려 11대 문종(1075~1084) 때 쓰여진 가락국기(駕洛國記)를 소개했다.

"서기 42년 3월 계욕일(禊浴日)에 북쪽 구지(龜旨)(10마리의 거북이 엎드린 모양과 같다고 해서 이름 지은 산봉우리)에서 누군가를 부르는 것 같은 이상한 소리가 났다. 200~300명 정도가 이곳에 모이자, 사람 말소리가 들렸는데 그 형체를 보이지 않고 소리만 났다.

하느님께서 나에게 명하시길, 이곳에 와서 나라를 세우고 임금이 되라고 하셨다. 그래서 내려온 것이다. 너희들은 모름지기 산봉우리 위에서 흙을 파면서 노래하기를, '거북아 거북아 머리를 내어라. 만일 내밀지 않으면 구워서 먹겠다.' 라고 하면서 춤을 추어라. 그렇게 하면 곧 대왕을 맞이하게 되어 기뻐 춤을 추게 될 것이다.

구간들이 그 말처럼 모두 기뻐하면서 노래를 불렀다. 얼마 되지 않아 하늘을 우러러 보았더니 자색 줄이 하늘로부터 내려와 땅에 닿았다. 줄의 끝을 찾아보니 붉은 보자기 속에 금상자가 있었고, 상자를 열어 보니 황금알 여섯 개가 있었다."

사람들은 모두 놀라고 기뻐하면서 그 알을 향해 수없이 절을 하였다. 그리고 다시 보자기에 싸서 안고 아도가의 집으로 가서 탁자 위에 두고는 모두 흩어졌다.

▲ 구지봉 기념 조형물

12일이 지난 그 이튿날 아침, 사람들이 다시 모여서 상자를 열어보니 여섯 개의 알이 어린아이로 변해 있었는데 그 모습이 매우 뛰어났다.

수로왕 난생신화의 내용을 담은 유물이 가야 무덤에서 발견되었다. 지름 5cm가량의 토제 방울에는 ① 남성 성기(구지봉), ② 거북(구지가), ③ 관을 쓴 남자(구간), ④ 춤을 추는 여자, ⑤ 하늘을 우러러보는 사람,

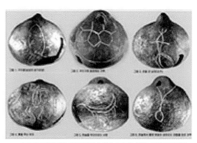
▲ 토제 방울에 새겨진 선각 그림 6종/문화재청

⑥ 하늘에서 줄을 타고 내려오는 금합을 담은 자루 등 6종류의 그림이 독립적으로 새겨져 있다. 그동안 문헌에서만 나오던 건국 신화의 모습이 유물에 투영되어 발견된 최초의 사례다.

철의 나라

난생설화를 갖고 있는 가야는 신화와 현실에 뒤엉켜 있는 부족국가였다. 현실에서는 삼국시대에서 가장 철기문화가 발달한 곳이다. 그들은 신라보다 앞섰던 철기문화를 갖고 있었다.

가야는 한반도에서 가장 품질 좋은 철을 생산하는 나라였다. 솜씨 좋은 장인도 많아서 가야의 철기는 중요한 수출품이 되었다. 철을 제련해 한때 가야는 신라를 위협할 정도로 군사력이 강했지만, 통일 국가로 성장하지 못해 점점 약해졌다.

일본으로 간 가야문화

이러한 가야의 문화는 일본으로 건너가기도 했다. 그러나 가야국이 없어지고 난 뒤 가야인의 흔적은 곳곳에서 나타난다. 통합된 신라나 백제로 간 기록과 함께 가야인들이 일본 열도로 대거 이주한 기록이 발견된다. 고구려의 남하와 신라의 침입 등 한반도의 정세로 인해 가야인들이 일본으로 옮겨 갔다는 주장이 힘을 얻고 있다.

가야는 고구려, 백제 신라처럼 통일된 국가 체계를 갖추지는 못한 채 '간'이라는 부족장들이 각각 자신의 영역을 다스리고 있었다. 그러나 가야는 통일국가로 발전되지 못하고 부족 상태로 남아 있다가 562년에 신라에 흡수되었다. 김유신도 원래는 가야출신이었다.

김유신(595~673)은 아버지 김서현과 어머니 만명 부인 사이에 태어났다. 그는 멸망한 가야 후손으로 증조할아버지는 금관가야의 마지막 왕인 구해이며, 할아버지는 관산성 전투를 승리로 이끈 김무력이다. 가야가 신라에 병합되었지만, 가야의 문화는 신라의 문화에 큰 영향을 주었다.

▲ 김유신

고령의 대가야는 16대 520년간을 계승했지만, 신라 진흥왕 때 신라에 병합되어 대가야군(大伽倻郡)이 되었다. 757년(경덕왕 16) 때 고령군으로 바꿨다.

▲ 고령 지산동 32호분 출토 금동관(왼쪽)과 국보87호인
신라 금관[문화재청, 국립중앙박물관]

가야의 쇠퇴

가야는 철기문화를 발전시켰을 정도로 문화적으로는 앞섰지만, 정치문화가 일찍 발달하지 못하여 신라에 병합된 것이다. 가야는 여전히 작은 나라로 남아 있었기 때문에 힘이 약했다.

6세기 전반부터 가야는 신라와 백제의 침입에 휘말리게 된다. 혼자 힘으로 신라, 백제를 감당하기 힘든 가야는 왜에 지원을 요청하곤 했는데 야마토 정권이 백제를 동맹군으로 삼으면서 관계가 소원해진 가야에 지원이 어렵게 됐다.

가야는 400년에 고구려의 공격을 받고 554년 관산성 싸움에서 백제, 왜 연합군과 함께 신라에 대항했지만 크게 패하고 만다. 이후 점점 힘을 잃은 가야는 쇠락의 길을 걷게 된다.

가야는 결국 562년에 신라에 흡수되어 가야국은 한반도에서 사라졌다. 찬란했던 문화의 흔적만 남아있다. 가야 출신 중에 김유신 장군 이외에 지금까지 구슬픈 소리로 많은 사람들의 가슴을 감동시키는 가야금의 우륵도 있다. 우륵은 둥기둥 하면서 멸망한 가야의 구슬픔을 가야금으로 드러내고 있다.

인물

어사 박문수

암행어사 박문수는 가야의 문화가 서려있는 고령 출신이다. 전설과 같은 가야는 사라졌지만 또 하나의 전설, 박문수를 잉태시켰다. 박문수는 전설이 아니라 실화였다.

고령 출신인 박문수(朴文秀, 1691.10.28~1756.5.22)는 조선 후기의 영조 시대의 문신이자 정치가이다. 그는 암행어사와 조선국 호조판서 등을 지냈다. 전국을 돌아다니면서 백성 편에 서서 지방 향리들의 수탈과 탐욕에 대해 철퇴를 가하기도 했다. 그는 백성들의 영웅이자 전설이었다. 암행어사들은 도량형을 들고 다녀 관리들의 수탈을 자로 재어 꾸짖었다.

이 도량형을 갖고서 지방 관리들의 부정 축재를 재기도 했고, 규격을 무시한 형구로 지나친 형벌을 가하지 않았는지 판단했다.

어사 박문수는 1727년에는 정미환국으로 소론에 기용되자 어사로서 부정한 관리들을 적발했고, 1728년 이인좌의 난이 일어나자, 종사관으로 출전하여 전공을 세워 경상도 관찰사로 발탁되었다.

한국구비문학대계에 보면 어사 박문수에 대한 일화가 많이 있다. 그는 박혁거세나 김수로왕처럼 신화가 있는 사람이 아니라 실제 역사가 있는 인물이었다. 어사 박문수는 암행어사로서 무주 구천동에 나타나기도 했다. 그는 전국을 돌아다니면서 억울한 사람들의 누명을벗겨주었다.

박문수의 일화

박문수는 의리도 있고 여인에 대해서는 정도 있는 사람이었다. 그는 암행어사라는 신분을 바탕으로 억울한 사람들의 사정을 헤아리고, 불법한 관리나 악인을 처벌하기도 한다.

또한 전국을 순행하면서 나이 많은 처녀와 총각을 중매해 혼인할수 있도록 도와주기도 했다. 이처럼 상당수 설화 속에서 박문수는 절대적인 능력과 지혜를 가지고, 정의를 위해 몸을 던지는 관리의 표상으로 등장한다.

박문수가 잠행하다가 시내에서 빨래하는 여자를 보았다. 그 여자의 미모에 반해 무조건 따라 들어가서 야심한 밤에 다시 만나기로 언약을 받아냈다. 밤에 여자를 만나 즐겁게 관계를 맺었는데, 다음날 알고 보니 여자는 곱사등이었다.

시내에서 만난 여자의 시누이가 짝을 만나지 못해 밤에 들어와 관계를 맺은 것이다. 박문수는 사태를 해결하려고 마패를 보여 주며 치마폭에 자신의 어인(御印)을 찍어 주었다.

세월이 흐른 뒤에 그 여자가 박문수의 아들을 낳아서 어인을 주며 아버지를 찾으라고 했다. 마침 박문수는 본가에 아들이 없어서 그 아들을 받아들여 살았다고 한다. 이처럼 고령은 신비의 고장이면서 정의의 지역이기도 하다.

100년 전부터 고령에는 마구간에서 성령으로 잉태한 예수 그리스도를 전하는 신의 이야기를 말하는 신화의 교회가 있었다.

고령의 교회들은 난생설화가 아니라 성령으로 잉태한 그리스도의 살아있는 역사 이야기에 충실했다. 유대인 왕래의 흔적은 진정한 유대인 예수 그리스도의 오심으로 더욱 구체화되었다.

100년 이상 된 교회

안림교회(1902년)

고령 지역에서 최초로 교회가 세워진 곳은 안화리이다. 안림교회가 처음 세워진 안화리는 고령 기독교의
산실이요 발상지라 할 수 있다.

안림교회는 1902년 3월, 대구제일교
회 소속 부해리 미국 선교사의 지원과
김호준 조사의 동참 하에 강재성, 최래
익, 배치운, 임재하, 백경준, 조쌍례, 최
주현 등의 신도와 함께 49.59㎡ 규모의
초가집을 구입해 쌍림면 안화리에서 예배를 본 것으로 교회를 시작
했다.

1913년이 되어서야 66.12㎡ 규모의 예배당을 건축했다. 1931년 가
옥을 신축해 예배당으로 사용했으며, 1957년 5월 예배당을 증축할 때
까지 계속 사용했다.

안림교회가 세워진 안림리는 조선시대 역촌으로 역원들이 상주하
였으며, 말을 먹이는 마구간과 대장간과 객점이 늘어서 있던 상민의
촌락이었다. 당시만 해도 합가, 신촌, 하거리 등에는 권문 세도가들의
집성촌이 있었고, 이에 비해 안림의 주민들은 천대받고 멸시받는 처
지의 천민들이 대부분이었다. 그러나 오히려 이들이 먼저 복음을 받
아들여, 사랑과 평등의 새 나라를 열망하며 희망의 보금자리를 마련
하게 된 것이다.

원송교회(1902년)

1902년 안림교회를 시작으로, 같은 해 덕곡면에는 원송교회가 세

워졌다.

고령읍교회(1906년)

1906년에 고령읍교회가 성립되어 고
령 지역의 교회가 활성화되었다. 현재 고
령에는 기독교연합회에 가입한 교회 47
개가 있으며 성도 수는 2,000여 명에 이
르고 있다.

산당교회(1907년)

1907년 2월 13일, 조구승, 조목승, 강준병과 교인들이 본동 295번지
에 초가 1칸[대지 79.34㎡]을 구입하여 예배당으로 사용하면서 산당
교회가 창립되었다.

1919년에 대지 158.68㎡를 추가 구입하여 초가 4칸으로 예배당을
꾸몄다. 1924년에 예배당 2칸을 증축하였고, 1933년에는 기와집 12칸

을 신축하였다. 구한말 당시 많은 교회가 선교사들의 노력으로 창립되었으나, 산당교회는 외부의 원조 없이 지역 교인들의 건실한 인내력과 신앙심에 의하여 자립적으로 세워진 교회이다.

결론

신비의 지역 고령은 가야의 살아있는 전설이었다. 가야의 이야기는 하늘로부터 시작이 되었다. 고령 곳곳에는 여전히 가야의 문화가 흐르고 있었다. 산에는 가야의 고분이 많이 있고, 들에는 가야의 철기문화, 토기문화가 발굴되곤 하였다. 신비의 나라 가야는 삼국시대 중에서도 가장 문물이 발달한 곳이며, 일본에까지 가장 많은 영향을 주었던 부족이다. 그러나 철기문화는 강한데 정치력이 약하다 보니 결속이 안 되어 신라에게 멸망당하고 만다.

그러나 가야의 신비성은 예수 그리스도의 신비로 이어졌다. 가야의 많은 교회가 세워져 난생신화가 아닌 성령잉태의 신비가 자리 잡게 되었기 때문이다.

구미

　구미는 농촌지역이었지만 왕위 같은 의병장과 경제혁명을 이룩한 박정희 대통령의 고향이기도 했다. 아울러 동학혁명군도 강하게 운동하였던 곳이다. 구미도 가난과 혁명의 지역이었다.

　그러나 100년 전부터 교회가 세워져 구미는 새로운 역사가 잉태되었다. 구미에 전자산업단지가 건설되면서 최고의 산업단지로 바뀌었다. 또한 박정희 대통령의 정치적 과도 있지만 그를 통하여 대한민국이 경제적으로 탈바꿈하는 역사가 나타났다. 일반역사에 그리스도의 역사가 침투하였을 때 구미의 인물을 통해 대한민국은 경제적으로 자립되어 나갔다.

구미의 지리적 여건

구미시는 대한민국 경상북도 서남부에 위치한 기초자치단체로서 대한민국 최대의 내륙 산업단지를 보유하고, 서울로부터 277km, 부산으로부터 167km 거리에 있으며, 면적은 615㎢로 경상북도 전체 면적의  3.2%에 달한다. 인구는 42만 명이고 선산읍, 고아읍, 산동읍을 비롯한 3읍, 5면, 17개 동으로 구성되어 있다.

역사

구미는 유구한 역사와 전통을 가진 정신문화의 산실로 낙동강 지역에 가야 시대 고분군과 유적이 발굴되고 있어 역사적으로 고대문화가 발달했던 지역이다. 신라 땅이었던 구미는 신라 초기에 일선군으로 불렸으나 진평왕 36년(서기 614) 일선주로 승격되었고, 경덕왕 16년(서기 757) 숭선군으로, 고려시대에 선주라 하였다.

조선 태종 13년(서기 1413)부터 선산군으로 지속하여 왔으며 1978년 2월 15일 선산군 구미읍이 구미시로 승격 분리되었고, 1995년 1월 1일 국내 최대 내륙 첨단 공업 도시 구미시와 선진농업 지역인 선산군이 통합되어 도농복합형 구미시가 되었다.

박정희 대통령의 고향과 전자공단으로 유명한 구미시는 경상북도의 서남부에 있으며 동남쪽에는 칠곡군, 서쪽에는 김천시, 북쪽에는 상주시, 동북쪽으로는 군위군과 의성군을 접하고 있다.

구미공단

구미공단은 1969년부터 구미국가산업단지(이하 구미산단)가 조성돼 산단이 5개나 된다. 울산, 창원에 이어 3번째로 큰 공단이다.

과거 구미는 선산군 중심의 농업이 산업의 주축이었으나, 1970년대 초 정부의 수출 드라이브 정책에 힘입어 구미국가산업단지가 조성되면서 내륙 최대의 첨단 수출 산업단지를 보유한 도시로 발돋움하게 되었다.

현재 구미에는 1~5공단까지 38㎢의 국가산업단지가 있고, 고아·해평·산동농공단지와 각지의 소규모 공장 등 총 3천2백여 개 기업체에 9만여 명의 근로자가 일하고 있다.

주요 생산품으로는 반도체, 휴대폰, LCD, 디스플레이 등을 비롯하여 미래 먹거리로 주목받고 있는 탄소 소재, 광학 의료기기, 이차전지 등 첨단산업까지 분야를 확장하고 있다.

첨단 전자산업·정보통신산업을 위주로 1999년에는 전국 단일공단 최초로 수출 100억 불을 돌파했고, 2005년에는 수출 300억 불을 달성하며 현재는 전국 수출의 4.5%, 경북 수출의 63%를 차지하고 있다. 구미는 어느덧 가난의 땅이 아니라 젖과 꿀이 흐르는 가나안 땅이 되었다.

2020년 5 산단(283만 평)이 완공되어 전국 최대규모 산단이 되었다. 1973년에 조성이 완료된 1 산단은 코오롱, 금강화섬, 동국합섬 등 대규모 섬유업체가 들어왔다. 그 후 금성(지금의 LG), 삼성, 대우 등 전자업종 대기업이 잇따라 들어왔다. 1982년 2 산단이 완공되고 주요 수출품이 컬러TV로 바뀌면서 반도체와 통신기기 등 첨단산업이 자리 잡았다.

농촌 재생에도 박차

구미시는 코로나 이후, 농촌 경제와 사회 활력을 높이기 위해 디지털 뉴딜-농정 틀 전환을 선언하고, '농촌 재생' 추진에 박차를 가하고 있다.

도농 복합도시인 구미시의 특성을 살려 빅데이터, ICT 기반 3세대 AI 농축산업으로의 변화를 꾀하고 있으며, 식량 산업 5개년 종합계획을 토대로 식량작물의 적정 자급률을 제고하고 식량 생산 다각화로 구미 농업 경쟁력을 높여 나가기 위해 사업을 추진하고 있다.

씨 없는 수박을 대량 재배하는 데도 성공을 했다.

유적

도리사

또한 신라시대에 한반도에서는 처음으로 불교가 전해진 곳이고, 신라 최초의 절인 도리사가 있는 곳이기도 하다.

여기는 야은 길재가 공부한 곳이다. 도리사는 아도(阿道)가 신라에 불교를 전파하기 위하여 서라벌에 갔다가 돌아오는 길에, 겨울인데도 복숭아꽃과 자두꽃이 만발하여 있음을 보고 그곳에 절을 짓고 도리사라고 하였다.

▲ 도리사

인물

야은 길재

조선시대에 와서는 성리학을 꽃피운 지역으로서 구미는 야은 길재, 강호 김숙자, 점필재, 김종직 등 학자와 사육신 하위지, 생육신 이맹전, 구한말 의병대장 허위 등 숱한 우국지사를 배출하였다. 선산은 사림파가 시작된 곳이기도 하다. 이중환의 택리지에 의하면 조선 인재의 반이 영남에 있고, 영남 인재의 반은 선산에 있다고 할 정도로 구미는 유학의 정신문화의 산실이다.

특히 야은 길재는 구미 사람으로서 이색·정몽주와 함께 고려의 삼은(三隱)으로 불린다. 그는 신라 최초의 절, 도리사에서 글을 배웠다.

길재는 세상의 영달에 뜻을 두지 않고 성리학을 연구하였기 때문에 그를 본받고 가르침을 얻으려는 학자가 줄을 이었다. 김숙자를 비롯하여 김종직, 김굉필, 정여창, 조광조 등이 그의 학맥을 이었다.

▲ 야은 길재

그는 고려 말, 조선 초의 두 나라를 거친 성리학자로서 1387년 성균학정(成均學正)이 되었다가, 1388년에 순유박사(諄諭博士)를 거쳐 성균박사(成均博士)를 지냈다. 조선이 건국된 뒤 1400년(정종 2)에 이방원이 태상박사(太常博士)에 임명하였으나 두 임금을 섬기지 않겠다는 뜻을 말하며 거절하였다. 정몽주처럼 끝까지 절개를 지킨 인물이다.

정몽주는 영천, 길재는 구미, 이색은 영덕 출신이다. 영남에는 이러한 충신들의 절개 정신이 흐르고 있다.

그래서 영남 출신 중에 손양원, 주기철, 한상동 목사와 안이숙 여사처럼 신앙의 절개를 지키는 기독교의 충신과 이상근, 이종성, 이상현, 정성구, 전성천 같은 학자들, 이원영, 김광현, 이성헌, 김기수, 김진홍, 김삼환, 이광선, 김태명, 이순창 목사 같은 훌륭한 목회자를 많이 배출했다. 이들은 모두 유교의의 영향을 받은 사람들이다. 유교가 기독교와 결합할 때 놀라운 역사가 나타났다.

왕산 허위

길재 성리학의 영향
은 왕산 허위에까지
이어진다. 구미에 가
면 왕산 허위 선생의
기념관이 있을 정도이
다.

허위(許蔿)의 본관은 김해(金海), 호는 왕산(旺山)이다. 그는 왕산 허
위라고 불렸다. 허위는 1855년(철종 6) 4월 2일 경상북도 구미시 임은
동의 선비 가문에서 태어나 일찍부터 맏형 허훈에게 학문을 배웠다.

허훈은 실학자 성호 이익으로부터 학문을 배웠다. 허위 형제는
1895년 민비의 시해와 단발령 소식을 듣고 각각 의병에 가담했다. 가
족이 모두 의병 활동을 하였다.

허위는 이름 높은 학자 집안에서 태어나 중앙의 관제로 진출하여
평리원 서리 재판장(대법원장)까지 가지만 그는 자신의 안일보다 국
가의 안일을 생각해서 벼슬을 버리고 의병투쟁에 나선다.

그는 전국에 공문을 띄워 4만 5천 명 이상 가담한 13도 창의군을 조
직하여 빼앗긴 국권을 탈환하고자 서울 진공 작전을 진두지휘하였다.

"앉아서 망하기를 기다리느니보다 온갖 힘을 다하고 마음을 합하여 빨리
계획을 세우고자 하였다. 진군하여 이기면 원수를 보복하고 국토를 지키며
불행히 죽으면 같이 죽자. 저들의 강제와 오만은 꺾일 것이다."

허위는 13도 창의군 의병대장으로 일본의 조선총독부를 공격하기 위해 의병을 이끌고 청량리를 거쳐 동대문으로 진격하였으나 화력이 우세한 일본군에게 패퇴, 재공격을 하기 위해 경기도 연천에서 훈련 중 1908년 5월에 체포되어 1908년 9월 27일 서대문 형무소에서 교수형을 당하였다.

구미 사람이지만 경기도 일대에서 의병 활동을 하던 중 일제 경찰에 붙잡혀 서대문 감옥에서 55세로 순국한다.

그는 죽어가면서도 "아버지의 장사를 지내지 못하고 나라의 국권을 찾지 못하고 내가 지금 이렇게 죽는 것이 불충하고 불효하다"고 했다.

허위의 가족들은 일본을 피해 러시아로 갔다. 거기서 그들은 다시 블라디보스독에서 6,000㎞나 떨어진 중앙아시아 키르기스스탄까지 가서 농사를 지으며 생명을 부지했다. 뿌리를 내리면서 소작농으로 살아야 했다.

허위의 후손들이 사는 집은 너무 허술했다. 가난 그 자체였다. 형제들이 한국으로 귀국해서 살았지만 결국 막노동을 하는 한국사회에 적응하지 못하고 다시 농사를 짓기 위해 키르기스스탄으로 돌아갔다.

독립군이나 의병장의 후손들은 어디서나 비참하게 살아갔다. 다행히 한국 정부에서는 대한민국장이라는 서훈을 했다.

구미, 선산의 동학혁명

구미와 선산읍은 경상도 북서부지역으로서 동학운동이 활발하게 펼쳐진 곳이다. 경북지역에서의 동학 농민 운동은 주로 6월 이후 호남지역 동학의 2차 봉기 때 발생했다. 호남지역에서는 1월부터 시작해서 3월에 활발하게 동학농민운동이 전개되었다.

일본 공사관도 1894년 5월에 보고한 내용에 의하면 "경상도에서는 충청도와 전라도에 접경한 지방에 동학이 가장 많고 특히 선산, 상주, 유곡은 동학 농민의 소굴"이라고 했다.

상주는 지금까지 동

동학농민혁명의 전개	
1893. 11. 15.	고부 농민, 군수 조병갑에게 수세 감면 호소
1894. 01. 10.	전봉준이 고부 농민군 1천여명으로 고부 관아 점령
1894. 03. 20.	동학농민군, 무장에서 전면 기포 (1차 봉기)
1894.03.26.~29.	백산에 호남창의대장소 설치(남접 농민군 8천여 명)· 총대장 전봉준, 총관령 손화중·김개남 추대· 격문(檄文)과 4대 명의(名義), 12개 조 기율 선포
1894. 04. 07.	황토현에서 전라감영군 격파후 정읍 관아 점령· 양호초토사 홍계훈의 경군(京軍) 전주성 입성
1894.04.08.~16.	전라도 서남해안(흥덕·무장·영광·함평) 점령
1894. 04. 23.	장성 황룡촌에서 경군과 1차 접전 격파
1894. 04. 27.	호남의 수부(首府) 전주성 입성
1894.05.01.~03.	전주성에서 경군과 2차·3차 접전, 격파
1894. 05. 04.	청국군(淸國軍) 아산만 상륙
1894. 05. 06.	일본군 인천항 상륙
1894. 05. 07.	남접 농민군, 경군과 전주 화약(和約) 체결· 전라도 53군현 집강소 설치 및 농민군 해산 합의
1894. 06. 21.	일본군 조선 경복궁 침입
1894. 06. 27.	청국군과 일본군, 성환에서 교전
1894. 07. 01.	일본군, 청·일전쟁 선전 포고
1894. 07. 06.	전봉준과 전라감사 김학진 간에 전주회담 개최· 전라도 군현 집강소 전면적 설치· 전주성내 전라우도소 대도소 설치
1894. 07. 26.	조일공수동맹조약(朝日攻守同盟條約) 체결
1894.6월말~8월말	전라·경상·충청도 각지 봉기

학교당이 세워졌을 정도이고, 구미 선산에도 동학 기념비가 많이 세워졌다.

선산 지역 동학 유적지는 창도주 최제우가 과천까지 압송되었다가 대구 감영으로 돌아가는 도중 마지막으로 묵었다는 상림역원터, 선산 읍성 공격을 위해 동학농민군이 모였던 곳, 선산읍성 전투지를 들 수 있다.

쌍암 고택 안에는 선산읍 공격을 위해 동학군이 집결하기도 하였다. 고택은 일본군이 병참부로 사용하던 최열 씨의 대표적인 사적지이다. 사랑채는 당시 일본 주둔병이 기거하고, 곡식 창고는 무기고로 사용되었다.

여기에 동학농민군의 전쟁터였음을 알려주는 표지석이 세워져 있다.

동학농민군은 당시 선산읍성을 교두보로 삼아 일본군 병참부를 공격할 계획에 있었으나 일본군들이 신무기를 앞세워 사흘 만에 일본군의 공격을 받은 동학농민군은 성에서 후퇴하면서 많은 희생자를 냈다.

일본군과 관군에게 패한 동학군은 뿔뿔이 흩어지고 만다. 그러나 선산의 동학군은 당시 충경포의 편보언, 선산포의 신두문, 그리고 많은 양반 출신들의 지도자들에 의해 조직적으로 움직였다. 그러나 대부분이 체포되거나 사살되었다. 그러나 구미에 교회가 설립됨으로 인해 구미의 역사는 변하기 시작했다. 일반역사 속에 그리스도의 역사가 들어왔을 때 역사가 발전하는 것은 필연적이었다.

100년 이상 된 교회

상모교회(1901)

구미 상모교회는 1901년 3월 13일에 상모동 211번지에 언더우드 선교사로부터 복음을 들은 정인백의 사랑방에서 정인기, 정인명, 한규석, 한몽교, 김현례, 한신석, 한화석, 여성희, 신양월 등이 모여 첫 예배를 드리면서 태동하였다. 자생적인 교회이다.

특히 박정희 대통령은 어려서 주일학교 때 상모 교회를 다녔고, 어려서부터 웅변을 잘하여 칠곡 선산지구교회연합회 주최 웅변대회에서 1등을 독차지하였다. 그는 주일학교와 중고등부를 열심히 다녔고, 대구사범학교를 다니면서 거리상으로 떨어져 교회를 잘 나오지 못하였다.

대통령이 된 후에는 신앙심을 져버리지 않고 자신이 출석했던 고향 마을 교회인 구미 상모교회의 건축을 위해 건축 헌금으로 100만 원의 거액을 헌금하기도 했다.

훗날 박정희 대통령은 독재정권으로 인해 아내와 자신의 목숨까지도 잃고 마는 불운을 당하게 된다. 그러나 5·16 군사혁명으로 인해 경제적으로 빈국이었던 대한민국을 경제적으로 끌어올리는데 괄목할만한 업적을 발휘하였다.

특히 5·16 정변 이후 군사정권이라고 존 케네디 대통령이 원조를 해주지 않자, 영락교회 한경직 목사의 도움을 얻어 원조를 받는다. 이러한 것은 그가 어렸을 때 교회를 다녔기 때문에 한경직 목사와 친숙하게 지내 국가의 경제력 확보에 큰 도움을 얻었다. 한경직 목사 없이는 한국교회를 말할 수 없다.

괴평교회(1902)

괴평교회는 1902년에 구미지역에 세워진 상모교회와 역사가 맞먹는 전통이 있는 교회이다. 괴평 교회는 부해리 선교사와 이재욱 조사로부터 복음을 받은 김영채,
김영규, 박치화 씨가 함께 김영채 집에서 모여 예배를 드림으로 시작됐다.

괴평교회는 일제 강점기 동안에도 생명을 걸고 한 번도 교회 문을 닫지 않고 복음을 전했다. 교회 원로장로로 있는 양재열 장로(99세)

가 3·1운동에 가담했던 이임용 씨를 은밀히 도운 죄목으로 일제에 의해 처형대상자로 선정됐다가 해방으로 극적으로 생명을 건지기도 한 유서 있는 교회이다.

선산읍교회(1904)

▲ 1921~1936년 노상동 111-6 　　　　　▲ 1921년 신축교회

선산읍교회는 원래는 노상동교회였다. 1904년 5월 15일 선산면 이문동 706번지의 대지 288평 초가 5칸을 노재한을 비롯한 4명의 공동명의로 매입하여 부해리 선교사가 노상동교회를 설립하였다.

1914년 선교사 부해리가 본 교회를 사임하고 방혜법 선교사가 겸임하였다. 1919년 5월 노상동 111-6번지의 대지 89평 초 가옥을 홍재두, 김명언, 노재한 3인의 명의로 한응규로부터 매입하여 1921년 초가 6칸의 예배당을 건축하였다. 훗날 선산읍교회로 명칭을 바꾼다.

1904년 5월 15일	5월 15일 노상동 교회를 설립하다.
	☆노석원 윤원옥 홍재두 천기수 한응규 노재한등 제씨가 부혜리 선교사와 송천교회로부터 전도를 받아 믿어오다가
	☆1904년에 선산면 이문동 706번지의 대지 288평 초가 5칸을 노재한외 4명의 공동명의로 매입하여 부해리 선교사가 설립자로 노상동교회를 설립하였으며
	☆노석원이 영수로 윤원옥이 집사로 시무하고
	☆조사는 이회봉이 본교회에 시무하다.
	☆ (추기:설립일 5월15일은 후일 1919년 5월 15일 노상동교회 매입일을 기준하여 설립 일로 정함)

부해리 선교사
(1904~1914)

방혜법 선교사
(1914)

소병영 목사
(1927~1943)

이종성 목사
(1943~1945)

이덕성 목사
(1945~1950)

박정희의 역성혁명

이처럼 100년 이상 되는 교회가 있는 곳에는 반드시 인물이 나거나 그 지역이 복을 받게 된다. 그리스도의 역사는 지역 속에 침투하여 지역의 보편 역사를 변화시켰다. 한국사에 있어서 박정희 대통령은 경제의 밝은 면과 정치의 어두운 면이 있지만 한국의 경제를 한층 끌어 올린 것은 자타가 공인할 만하다.

윤보선 체제에서 박정희의 혁명이 있을 때 한국 사회는 변혁되었다. 윤 씨의 왕조에서 박 씨의 왕조로 이름이 바뀌었다. 박정권은 정치와 인권에는 어두운 면을 보였지만, 경제에는 밝은 면을 보여주었다. 박정희를 통해서 민주주의성을 잃은 것도 많이 있지만 빵을 얻었다. 빵만이 아니라 빵을 만드는 방법과 빵을 만드는 제철 기계까지 얻게 되었다.

빵의 혁명

경제 5개년 계획과 새마을운동, 경부고속도로, 포항제철을 만든 것은 당시 한국을 빈국에서 현재 G20 안에 들어오게끔 하는 빵의 혁명이었다. 우리에게 역성혁명은 빵의 혁명이었다.

그는 초가집에서 태어났지만, 국민들에게는 경제개발 5개년 계획을 통하여 초가집에 살지 않도록 혁명을 하였다.

그는 서독의 아우토반을 시찰하고 세계 유례없이 2년 5개월 만에 428㎞의 경부고속도로를 착공하였다. 새마을운동은 덴마크의 그룬트비, 이스라엘의 키부츠 이상의 혁명이었다.

여성들은 공장에서 희망을 갖고 열심히 일을 하였고, 남성들도 열심히 노동하였다.

새마을운동은 부엌부터 개량시켰다. 한국이 처음으로 포니 자동차를 생산하게 되었고, 빈국 한국이 항공모함을 만드는 기염을 토하게 했다. 새마을운동은 유네스코에 등재되었다.

1961년 당시 한국의 세계 1인당 GDP는 92 불이었다. 북한은 125 불이었다. 그러나 새마을운동 후 한국은 점점 바뀌어 갔다.

한국의 새마을운동은 모범 사례로 국제기구들이 선택하였다. 세계에까지 한국의 역량을 드러냈다. 사회 각층에서 문화혁명, 체육혁명,

경제혁명이 발생했다. 새마을운동이 아니라 선진국운동이었다.

　김대중 대통령은 그의 정적이었던 박정희 대통령의 공적을 높이 사, 박정희 대통령 동상과 기념관을 만들기도 했다. 그는 군사혁명을 통한 정치 대통령의 부정적인도 있지만 경제 대통령으로서의 긍정적인 면도 있다.

　구미의 인물로는 이승만 정권시 수도경찰총장을 지내고 국무총리를 지낸 장택상, 서울올림픽 조직위원장을 지낸 박세직 등이 있다.

결론

　교회는 구미의 일반역사 속에 들어와 유교에서 기독교로 가는 종교의 혁명을 발생시켰다. 영적으로는 인간이 아닌 예수 그리스도를 새로운 왕으로 모시는 종교의 역성혁명이 발생한다. 교회가 역성혁명의 주체가 될 때 국가나 사회는 변혁되는 것이다. 구미에 복음이 들어오자 구미는 괄목할 만한 도시로 성장했다. 야곱이 이스라엘로 되는 것처럼 새로운 도시가 탄생되었다.

　이성계는 역성혁명을 통해 부패한 불교나라를 유교나라로 세웠고, 박정희는 역성혁명을 통해 가난에 찌든 나라를 부자나라로 만드는 일등공신이었다. 한국의 역사는 왕조가 바뀔 때 새로운 세상이 찾아왔다. 한국의 종교도 유교나 불교에서 기독교로 명칭이 변경될 때, 사회는 변화되고 있었다. 병원이 설립되고, 학교가 세워졌다. 정신이 개조되었다.

특히 한국 사회 자체가 예수 그리스도로 새로운 왕이 등극할 때 한국은 점점 선진국으로 변해갔다. 구미는 농업 지역이었는데 전자제품까지 수출하는 세계 최대의 공업지역이 되었다. 이것이 구미의 역성혁명이었다.

칠곡

칠곡은 6·25전쟁
시 대한민국의 마지막
남은 보루였다. 대한민
국은 대구와 부산만 남
은 절체절명의 풍전등
화 상태에 있었다. 칠곡
이 북한 공산당에 자리
를 내주었다면 한반도

는 이미 적화통일이 되었을 것이다. 전쟁을 통한 악의 역사를 극복하기란
쉬운 일이 아니었다. 그러나 100여 년 전에 들어온 칠곡의 교회들은 악의
역사를 이기고자 몸부림쳤다.

　결국 그리스도를 통한 구속의 역사가 칠곡과 한반도를 구원하는데 일익
을 담당했다. 보편사 속에 들어온 교회를 통한 그리스도의 역사는 한반도를
구원했다. 칠곡이 없었다면 대한민국은 없었다.

지리적 여건

칠곡은 다부동 전투가 유명했
던 곳으로 경상북도 서남부에 위
치한 군이다. 동쪽은 군위군·대구
광역시, 서쪽은 성주군·김천시,
남쪽은 대구광역시, 북쪽은 구미
시와 접하고 있다.

면적은 450.93㎢이고, 인구는
12만 2,826명(2015년 현재)이다. 행정구역으로는 3개 읍, 5개 면, 203
개 행정리(73개 법정리)가 있다. 군청은 경상북도 칠곡군 왜관읍 왜관
리에 있다.

신라시대 팔거리 현이 고려시대 팔거라 했고 달리 칠곡(七谷)으로
부르기도 했다. 조선 인조 18년(1640), 가산산성이 축성되면서 팔거
현이 칠곡도호부로 승격되면서 명칭이 변경되었다.

명칭

칠곡(七谷)이란 이름은 팔거현의 명산 가산이 일명 칠봉산(七峰山)
으로도 불리는데, 산정에는 나직한 7개의 봉으로 둘러싸인 평정을 이
루고 골짜기도 사방 7개로 형성하고 있다.

여기서 명칭을 따서 「七谷」이라고 했는데 그 후 일곱 칠(七) 자를 칠
(柒) 자로 바꾸어 「柒谷」으로 사용하다가 칠(柒)과 같은 자인 칠(漆)로

고쳐 「漆谷」으로 다시 바뀌어 오늘에 이르고 있다. 한편 옻나무가 많아서 옻칠(漆) 자로 바뀌었다는 설이 있으나 확실한 기록은 찾아볼 수 없다.

역사

칠곡은 일찍부터 백제와 신라의 영토 확장으로 인해 양국의 각축장이 되었으며, 결국 신라의 영역으로 편입되었다. 조선말 지방제도 개정으로 1895년 대구부 칠곡군, 1896년 경상북도 칠곡군이 되었다. 1914년 군면 폐합에 의해 인동군이 폐지되고 인동군 북삼면은 그대로, 나머지 지역은 인동면·석적면·약목면으로 통폐합되어 편입됨으로써 면적이 크게 넓어졌다. 이때 칠곡군은 왜관면·가산면·칠곡면·동명면·지천면으로 통합되었다. 지금은 읍으로 승격되었다.

1949년 왜관면이, 1980년 칠곡면이 읍으로 승격되었다. 1978년 인동면 일대가 구미시로 분리 독립하고, 1981년 칠곡읍이 대구직할시로 편입됨으로써 영역이 대폭 축소되었다. 2003년 북삼면이, 2006년에는 석적면이 각각 읍으로 승격되었다.

교육

칠곡에는 조선시대의 교육기관으로는 1651년(효종 2)에 설립된 사양서원과 1588년(선조 21)에 설립된 소암서원 외에도 봉양서원 등이 있다.

▲ 봉양서원

　신교육기관으로는 칠곡군의 사립 거양학교와 구미 인동군의 사립 동락학교, 인흥학교 그리고 왜관의 진평교회가 중심이 되어 설립한 기독교계통의 사립 극명학교 등이 있었다.

　사립 거양학교는 1908년경 칠곡군에 설립된 신교육기관이다. 당시 칠곡 군수 박해령이 인재의 교육을 표방하며 설립한 사립학교로 교장은 김인흠이었다. 칠곡초등학교로 바뀌었다. 사립 동락학교는 1908년 9월경 인동 군에 설립된 신교육기관이다.

　2015년 현재 교육기관으로는 초등학교 21개교, 중학교 10개교, 고등학교 7개교, 경북과학대학교와 대구예술대학교가 있다.

3 · 1운동

　칠곡은 다른 지역과 달리 영남의 3·1운동 효시 역할을 하고, 6.25전쟁 시 유학산에서 영남의 교두보로서 북한군이 더 이상 침투하지 못하도록 낙동강 전선을 사수하여 대한민국을 수호한 지역이기도 하다.

　칠곡군의 3·1운동은 1919년 3월 12일 인동면 진평동(1978년 구미시로 편입)을 시작으로 4월 10일 석적면 성곡동까지 한 달 동안 네 곳에서 여덟 차례 일어났다.

경북지역의 3·1운동의 중심지인 칠곡 섬내 공원은 이곳 장곡지역에서도 주민들의 자발적, 민주적 비무장 만세 의거가 전개되어 유학자 장영조 선생 등 39명 중 10여 명이 일제 경찰에 피랍, 구금되어 혹독한 옥고를 치렀다.

칠곡은 2019년 3·1운동 백 주년 행사를 열기도 했다. 칠곡군 석적읍 사회복지사협회(회장 구정회)는 2019년 3월 1일 제99주년 3·1절을 맞이해 석적읍 중리 섬내공원 일대에서 '장곡 3·1만세운동 재현 행사'를 개최했다.

장곡 3·1독립만세운동은 석적읍 중리에서 장지희, 장영창, 장도식 등이 주민 22명을 규합해 1919년 4월 8일 21시 뒷산에 올라가 '대한독립만세'를 외쳤다. 그중 21명이 일본 경찰에 검거되었고 8명은 기소됐다.

성곡리의 장병규, 장춘식, 장영조, 장재식 등도 4월 9일 20시, 4월 10일 20시 등 양일간에 걸쳐 주민 박팔문 등 36명과 만세 시위를 펼치다가 이 중 21명이 체포됐다.

박은식의 <한국독립운동지
혈사>에 의하면 3·1 운동에
참여한 시위 인원은 약 200여
만 명이며 7,509명이 사망,
15,850명이 부상, 45,306명이
체포되었으며, 헐리고 불탄
민가가 715호, 교회가 47개소, 학교가 2개소였다고 말하고 있다. 해외
언론도 3·1운동을 다루었다.

3·1운동은 민간과 지식인들이 스스로 일본의 식민 통치에 반감을
느끼고 가담했다. 또한 초기 운동의 시작에만 비폭력 투쟁을 넘어 적
극적 저항으로 나아가는 것도 민간이 중심이 된 운동이었다.

3·1운동은 정치적으로나 법적으로 매우 중요한 의미를 지닌다. 비
록 일본이 승전국이므로 실패로 끝났으나, 이 사건은 일본 제국주의
통치에 대해 반발한다는 민족의 합의가 이루어진 사건으로, 민족의
합의에 의한 정부 수립의 근거로 작용할 수 있기 때문이다.

실제로 대한민국 헌법 전문에서 '3·1운동 정신을 계승하였다'는 문
구가 빠진 적은 단 한 번도 없다. 특히 영남의 3·1운동을 주도했던 칠
곡의 3·1운동은 그만큼 의미
있는 운동이었다.

칠곡지역 3·1운동은 기독
교 측 인사들과 유림이 주도
했다.

이들은 인근 지역인 대구

나 성주·선산은 물론 3월 1일 이후 전국에서 3·1운동이 일어나고 있다는 소식을 접하게 되면서 독립만세운동(이하 독립만세)을 계획했다. 칠곡은 의병활동과 3·1운동, 항일 운동, 6·25전쟁 시에도 나라를 지키는 큰 역할을 하였다.

의병운동

장석영의 파리 장서 사건

파리장서 사건에 칠곡 사람 유림 장석영이 가담했다.

파리 장서 독립운동은 1919년 1월부터 프랑스 파리 베르사이유 궁전에서 제1차 세계대전을 결산하는 만국평화회의가 열린다는 것을 알고 유림이 독립의 대의와 정당성을 설파한 독립청원서를 만들어 파리평화회의 대표단과 중국에 나와 있던 각국 외교사절, 국내 향교 등 각 기관에 대거 배포한 사건을 말한다.

파리 장서 사건은 유림들의 독립운동 표시이다. 1919년 3·1운동 이후 유림 세력들은 독립 선언서에 서명한 인물들에 유림이 빠져 있다는 것을 수치로 여겼다. 33인은 대부분 기독교도이거나 천도교도였다. 기독교인은 16명이나 되었고 천도교(동학)는 15명이었다. 불교는 2명이었다. 유림들은 없었다.

유림은 이를 만회하기 위해 곽종석을 대표로 내세워 파리 강화 회의에 한국의 독립 요구를 밝히고 독립을 청원하기로 합의하였다. 파리 강화 회의에 보내는 서한에는 김천 지역을 비롯해 명망 있는 영남 유림이 서명에 참여하였다.

장서의 본문은 2,674자에 이르는 한문체로, 곽종석이 기초를 잡았으며, 김창숙이 해외로 이송하는 책임을 맡았다. 장석영이 파리 장서 작성에 관여했다.

장석영은 1905년 일제가 을사늑약을 강제 체결하고 국권을 박탈하자 이를 강력히 규탄하며 '청참오적소(請斬五賊疏)'를 올렸으며, 1907년 칠곡 지역 국채보상회의 회장을 맡기도 했다. 1912년에는 만주 지역 일대를 기행하며 독립운동 기지를 물색했으며, 1915년에는 대구의 조선 국권 회복단 단원으로 활동하기도 했다.

장진홍의 대구은행 폭파 사건

구미에 가면 칠곡 사람 장진홍의 동상이 있다.

장진홍(1895~1930)은 한국의 독립운동가로, 1927년 조선은행 대구지점 폭파 사건을 주도했다.

그는 일제가 대한제국의 군대를 해산하면서 황실 경호 명목으로 남겨놓은 조선보병대에서 복무했고, 1916년 조선보

병대에서 제대한 뒤 동향 선배인 이내성의 소개로 비밀 결사인 광복단에 가입하여 독립운동에 뛰어들어 1927년 10월 18일에 조선은행 대구지점에 폭탄을 던져 은행 건물을 파괴하였다. 경찰 4명을 포함한 6명이 상처를 입었다.

그 후 1928년 2월 일본 오사카의 동생 집에 도피해 있다가 1929년 2월 13일에 체포되어 사형 언도를 받고 옥고를 치르던 중, 1930년 6월 5일 자결·순국하였다. 정부는 1962년 건국훈장 독립장을 추서하였으며, 기념비는 이와 같은 장진홍의 업적을 기념하기 위해 세운 기념비이다.

왜관 학생 사건

왜관 학생 사건은 1939년 7월, 경부선 복선화 공사에 동원된 대구사범학교 학생들이 민족 차별에 반발, 일본인 오까모도 교사와 마쓰우애 준이찌 일본 학생의 무례한 횡포에 저항한 사건이다. 당시 일제는 대구

사범학교 전교생을 전기와 후기로 나누어 10일 동안 근로보국대라는 이름으로 노동력을 착취했다.

이때 작업 중 일본인 학생이 조선인 학생에게 시비를 걸어오다가 오히려 두들겨 맞고 말았는데, 이를 두고 일본인 교사들이 조선인 학

생의 행동만 문제로 삼았다. 이에 학생들이 교사에게 보복하려다 실패하고 말았고, 이 사건을 계기로 7명이 퇴학당하고 11명이 정학을 당했다. 청년들의 불굴의 항일정신을 드러낸 왜관 학생 사건에 대한 기념비는 현재 왜관 초등학교 내에 남아있다.

다부동 전투

다부동 전투는 유학산에서 이루어졌다. 유학산에서 북한군들의 길목을 차단했다. 유학산 전투가 실패하였다면 인천상륙작전은 불가능했다.

석적읍 유학산(해발 839)은 한국전쟁 당시 마지막 방어선 최후의 격전지였다.

이 일대는 69년이 지난 오늘날까지도 유골과 유품이 수습되어 당시 얼마나 치열한 전투  가 벌어졌는지 그 참상의 흔적들이 생생하다. 최대의 방어선 고지로 10일 간의 전투에, 무려 9번의 고지탈환전 끝에 승리함으로써, 북진의 교두보를 마련한 최대 격전지였다. 이 길을 막지 못하였다면 북한은 대구, 부산을 금방 점령하였을 것이다.

이처럼 유학산이 있는 칠곡은 대한민국과 자유민주주의를 수호한 곳이다.

호국평화의 성지 칠곡

칠곡은 북한의 한반도 공산화 시도와 소련의 세계 공산주의의 확산 야욕을 막아낸 역사적인 장소이다.

1950. 6. 25 북한군의 기습남침으로 대한민국이 패망하여 해외에 망명정부를 세워야 할 풍전등화의 위기에서 칠곡을 중심으로 구축한 낙동강 방어선은 6.25 전쟁 최대의 격전지이자 총반격의 계기를 마련한 최후의 보루였다.

국군과 유엔군은 참혹한 전장에서 55일간(1950.8.1~9.24)의 대혈전 끝에 승리를 쟁취하였고 대한민국과 자유민주주의를 수호하였다.

칠곡의 다부동이 없었다면 대한민국은 공산주의로 물들었고 오늘날의 북한처럼 되었을 것이다. 다부동 전투는 국군 제1사단이 미군과 함께 낙동강 다부동 일대에서 3개 사단을 가진 북한군의 공세를 성공적으로 방어한 전투이다. 수적 열세임에도 불구하고 북한군을 기적적으로 무찔렀다.

다부동에서 밀렸으면, 미군은 철수했을 것이고 지금의 대한민국은 없었을 것이다. 다부동 전투는 명량해전, 살수대첩, 귀주대첩에 비견되는 국운을 뒤바꾼 위대한 전투였다.

북한군 전선사령부는 수안보에, 제1군단과 제2군단은 김천과 안동에 각각 사령부를 두고 있었고, 당시는 7월 20일 김일성이 수안보까지 내려와 "8월 15일까지는 반드시 부산을 점령하라"고 독촉했던 직후였다.

1950년 7월 말 북한은 국군과 유엔군의 낙동강 방어선을 공격하여

대구와 부산을 점령하고 적화
통일을 하겠다는 입장이었다.
이 길목을 북한군에게 내준다
면 마지막 남은 부산과 대구가
함락될 수밖에 없는 일촉즉발
의 상황이었다. 칠곡만 뚫리면
대한민국은 적화통일될 수밖
에 없었다.

　북한은 한 부대는 경부도로를 따라 대구를 공격하고, 다른 부대는
동해안 도로를 따라 포항-경주 방향으로 공격하고, 또 다른 부대도 창
녕 서쪽의 낙동강 돌출부를 공격해 유엔군의 병참선을 차단하고, 그
리고 남해안을 따라 마산-부산 방
향으로의 공격하는 전력이었다. 4
개의 공격축선에서의 동시 공격으
로 낙동강 방어선을 돌파하고 부
산을 점령한다는 것이 작전이었
다.

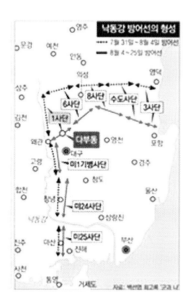

　1950년 8월 초 낙동강 방어선을
공격하는 북한군은 5개 사단을 대
구 북방에 배치했다. 따라서 8월
공방전의 승패는 대구 북방의 전
투 결과에 따라 결정될 정도였다
고 해도 과언이 아니었다.

그러나 백선엽이 주도한 국군 제1사단은 유학산, 다부동, 가산성에서 북한군 3개 사단의 집요한 공격을 끝까지 저지 격퇴함으로써 전투를 승리로 이끌었다. 그러나 전투는 쉽지 않았다. 1950. 8. 21일 길목을 지키는 미 27연대의 좌측 능선을 엄호하던 11연대 1대대가 기선을 제압당해 고지를 빼앗기고 다부동 쪽으로 후퇴하고 있다는 급한 보고가 들어왔다.

백선엽 장군이 다부동 지역에 도착할 때 천평동 계곡의 서쪽 11연대 1개 대대인 500~600명의 병사들이 피로에 지친 모습으로 후퇴하며 산을 내려오고 있었다. 반면에 고지를 점령한 적은 산발적으로 미군을 향해 사격을 가하고 있었다.

백선엽 장군이 김재명 대대장을 불러 "어떻게 된 거냐?"고 물으니 "장병들이 계속된 격전에 지친 데다 고립된 고지에 식량까지 끊겨 이틀째 물 한 모금 먹지 못했다"고 하소연했다. 후퇴하는 병사들 앞으로 달려 나갔다. 그리고 이렇게 소리를 질렀다.

"모두 앉아 내 말을 들어라. 그동안 잘 싸워주어 고맙다. 그러나 우리는 여기서 더 후퇴할 장소가 없다. 더 밀리면 곧 망국이다. 우리가 더 갈 곳은 바다밖에 없다. 대한 남아로서 다시 싸우자. 내가 선두에 서서 돌격하겠다. 내가 후퇴하면 너희들이 나를 쏴라."

이처럼 백선엽은 "내가 물러서면 나를 쏴라"고 하는 자세로 전투에 임하여 승리를 이끌어 내었다.

그러나 다부동과 낙동강에 걸쳐 있는 전선에서 한 달 내내 백병전을 펼친 백선엽은 같은 중대원(80명)은 물론 대대원(320명) 대다수가 전사하는 아픔을 겪었다.

백선엽은 당시 30세의 사단장이었다. 그는 "살아남은 자의 훈장은 전사자의 희생 앞에서 빛을 잃는다"며 전투에서 희생되었던 용사들의 공적을 잊지 않을 것임을 밝히기도 했다.

백 장군은 낙동강 최후 방어선에서 병력 8,000명으로 북한군 2만여 명의 총공격을 막아냈으며 '농민군' 수준이었던 국군을 이끌고 만든 다부동의 기적을 연출해 낸 민족의 영웅이었다. 1개 사단병력으로 3개 사단 병력을 막아낸 것이다.

백선엽 장군은 다부동 전투 때 하나님께 기도하는 신앙으로 적군을 막아냈다.

"하나님, 이번 위기에서 벗어나게 해 주십시오. 이번의 위기에서 우리를 구해주신다면 앞으로 하나님을 열심히 믿고 따르겠습니다."

절체절명의 상황에서 백선엽 장군은 하나님께 그렇게 기도를 드렸던 것이다. 그는 훗날 영락교회 집사가 되었다.

전쟁 후 백 장군은 미 대통령에게 한·미 방위조약 체결의 필요성을 설득해서 한·미 동맹 체결에도 공을 세웠으며 대한민국 발전과 현재의 막강한 군을 건설할 수 있도록 초석을 놓은 사람이기도 했다.

백선엽 장군은 6·25 참전 16개국을 포함하여 전 세계의 자유 진영 국가에서는 한국전뿐만 아니고 서방세계의 자유를 지키기 위한 표본적인 장수로, 6·25전쟁 참전국에서 모두 영웅으로 대접하고 있다.

국립 대전현충원에서 엄수된 고 (故) 백선엽 장군 안장식에는 해리 해리스 주한 미국 대사, 로버트 에이브럼스 주한 미군 사령관 겸 한미연합사령관 등 미정부·군 고위 관계자들도 참석했다. 해리스 대사는 백 장군이 살았을 때 그 앞에 무릎을 꿇기도 했다.

별세한 백 장군의 빈소를 조문한 데 이어 백 장군이 영면하는 마지막 순간도 함께 한 것이다.

백선엽은 한국군의 아버지

2013년 8월, 미 8군은 백선엽 장군을 미8군 명예 사령관으로 임명하기도 하였다. 백선엽 장군이 100세로 타계하자 전·현직 주한 미군 사령관들은 미국독립전쟁을 승리로 이끈 조지 워싱턴이 미군의 아버지라면 백선엽 장군은 한국군의 아버지라고 애석해 하고, 백악관도 애도 성명을 발표했다.

백선엽은 신영복이나 김원봉보다도 못한 존재

서울시는 시민들이 자발적으로 만든 분향소에 330만 원의 변상금을 부과하겠다고 밝히는 등 故 백 장군에 대해 국가가 홀대하였다. 문재인 대통령에게 백선엽은 신영복이나 김원봉보다도 못한 존재였다. 그러나 문 대통령은 광주항쟁 5.18 기념식에는 참석하였다.

다부동이 없었다면 문재인 대통령도 없었을 것이다. 마침내 1950년 8월 20일 적은 더 이상 다부동 전선을 돌파할 수 없다고 판단하고 유학산 정면을 공격했던 제15사단을 영천 방면으로 전환했고, 이로써 8월의 다부동 위기는 해소되었다.

칠곡이 대한민국을 수호할 수밖에 없는 데는 이미 오래전부터 칠곡에 100여 년 전부터 여러 개의 교회가 세워져 하나님이 함께했기 때문이다. 칠곡은 교계지도자로서는 특정한 인물이 없었지만, 백선엽이라는 난세의 전쟁영웅이 나타나 칠곡이 대한민국을 수호하는 지역이 되었다.

칠곡의 많은 교회가 전쟁에 승리하도록 기도했다. 다부동의 영웅 백선엽도 기독교인이었다. 기도의 힘으로 1개 사단 병력 갖고 3개 사단의 북한 병력을 물리친 것은 기적 자체였다. 하나님이 백선엽과 함께했다. 다부동의 승리로 인천상륙작전도 무사히 승리할 수 있었다.

100년 이상 된 교회들

숭오교회(1904)

숭오교회는 합동교단 소속으로 1901년에 선산 상모교회 정인명 전도사의 전도로 장운환이 최초로 신자가 되었고, 같은 해 이해기, 조수근 등 숭오동 지역 사람들이 선산 상모교회에서 예배를 드리다가 1903년 가까운 김천 월명교회에 출석하며 신앙생활을 했다. 이듬해인 1904년 4월 27일 50명의 교인이 개인 집에서 예배를 드리면서 숭오교회의 역사적인 첫발이 시작됐다.

숭오교회는 근대교육을 위하여 1909년 교회 부속 교육기관으로 기독보흥소학교를 건립해 인재 양성에 주력했으며, 1919년 약목의 복성동교회와 연합해 3·1 만세운동을 계획하기도 했으나 정보누설로 뜻을 이루지 못한 채 많은 박해를 받기도 하였다. 그러나 교회를 주축으로 하여 지역민들의 계몽과 민족운동에 앞장서 왔다.

대구 칠곡교회(1905)

대구 칠곡교회는 통합교단 소속이다. 당시 브루엔(부해리)선교사는 김기원, 김영채, 이희봉 조사와 함께 선산, 군위, 김천, 칠곡군을 담당하였다. 칠곡교회는 1904년 브루엔 선교사의 순회전도 시 1904년 3월 17일 여러 사람들이 조분이라는 사람의 집에서 교회를 창립하기로 하여, 1905년 김택하의 초가삼간을 예배당으로 기증받아, 1910년에 예배당을 신축하였다.

칠곡지역에 브루엔 선교사가 1903년 3월에 당나귀를 타고 길을 가다가 빨래하는 아낙네들에게 "야소(예수)를 믿으십시오"라고 전도하는 가운데, 혈우병으로 고생하던 조분이라는 여인이 "야소를 믿으면 제 병도 고칠 수 있습니까"라고 하자, 브루엔 선교사는 "예, 야소를 믿으면 무슨 병이든지 고칠 수 있지요"라고 하여 그녀는 예수를 믿게 되었다. 조분이 후손들도 예수를 잘 믿게 되었다.

이후 조분이 신도와 김태하 신도는 남성정교회를 출석하게 되어 30리 길을 걸어 다녔다. 조문이, 김태하 신도는 1904년 3월 교회가 너무 멀어서 교회를 세우기로 결의하고 1905년 김태하 신도

의 밭 500평을 기증받아 남녀좌석을 구별하여 예배를 드렸다. 1905

년 어도만 선교사가 설립자로 김
성삼 조사와 김태하 신도, 이종태
집사가 시무하게 되었다. 1910년
에 신자의 수가 50여 명으로 불
어나 10간의 교회를 신축하게 되
었다.

왜관교회(1905)

왜관교회는 합동 교단 소속으
로 1904년 브루엔이 설립하여
1905년에 예배처소를 마련하게
된다.

황학교회(1905)

황학교회는 예장통합 경북노회
소속으로 1905년 11월 15일에 창
립되었다. 현재는 약 30여 명의
신도들이 참석하고 있다. 산골짜
기에까지 복음이 들어가서 100년
이 넘은 지금까지 교회가 유지되
고 있다.

북삼교회(1912)

북삼교회는 합동 교단 소속이다. 1906년 2월에 선교사의 전도로 이덕, 이의덕, 김희관, 송희경이 복음을 받고, 숭오교회와 상모교회에 출석하다가 1912년 4월 20일에 교회를 설립하였다.

1912년에 교회가 설립된 이후 교회가 부흥하는 가운데 지역사회 문명인들을 깨우치기 위하여 1927년에 사립학교를 설립하여 많은 인재를 양성했다.

일제강점기에 1개 면에 1 교회 정책으로 교회를 강제·폐쇄당하여 숭오교회로 출석하다가 해방과 동시에 복귀하여 다시 예배를 드리는 가운데 21평짜리 목조건물로 예배당을 신축하다가 6·25전쟁으로 공사가 중단되는 아픔도 겪었다. 1993년에 제4차 성전 건축(473평)을 완공하여 예배를 드리고 있다.

신동교회(1917)

신동교회는 현재 합동 교단 소속이다. 1917년에 경상북도 서북부 지역을 맡아서 선교활동을 하던 부해리 선교사의 뒤를 이어 파견된 블레어(방혜법 선교사)가 주도하여 설립한 교회이다.

당시 달성군 수성면 지산동에 사건 이재만, 이재구, 이재완, 이재기 등 4형제가 칠곡으로 이주해 와서 신동교회설립에 동참하였다. 교인이 증가하자, 1918년에 이문주 조사를 초빙하였다.

교회 내에 여학교를 설립하여 여성들을 위한 근대교육에 힘쓰기도 하였다. 일제 말 신사참배 등으로 일제의 탄압으로 어려움을 당하였으니 1969년 칠곡군 지천면 신리 290-1번지에 교회를 설립하여 이전하였다.

결론

칠곡의 인물로는 경제인 구본흥, 기아그룹의 창업주 김철호, 축구선수 곽태휘, 정치인 김의겸이 있다. 이외에 국민대학교 총장과 국회의원을 지낸 현승일 등이 있다. 기아그룹은 자동차를 생산하여 한국 경제발전에 엄청난 결과를 가져왔다. 10대 교단과 예장통합 사이비 이단대책위원장을 지낸 유무환 목사가 칠곡 출신이다.

칠곡에 일찌감치 교회가 세워졌기에 경제인, 교육자, 정치인 등 많은 인물이 탄생했다. 일찍이 교회를 통한 근대교육의 영향으로 인물들이 탄생하였고, 칠곡에 세워진 교회의 기도와 영향으로 다부동 전투에서 극적으로 승리하여 칠곡은 대한민국을 지켰다.

칠곡의 다부동이 무너졌다면 오늘날 북조선 인민공화국은 존재하였을지 모르지만 민주공화국 대한민국은 존재하지 않았을 것이다. 시골과 지역마다 100년 이상 된 교회가 우뚝 서 있는 한 하나님은 교회를 통하여 대한민국을 지켰다.

영덕

영덕은 목은 이색의 정신이 흐르고, 의병장 신돌석의 애국정신이 흐르는 곳이다. 그리고 동학의 교조인 최제우의 원혼을 풀어주기 위해 영해 교주 신원운동이 발생한 곳이다. 영덕도 저항정신과 혁명정신이 서려 있는 곳이다.

이러한 지역에 복음이 들어와 영덕의 역사는 바뀌기 시작했다. 장사리의 학도병들이 없었다면 인천상륙작전이 성공하지 못하였을 것이다. 학도병들의 피가 있었기 때문에 양동작전으로 인해 맥아더의 인천상륙작전이 성공하여 한반도를 구원하는 디딤돌이 된 지역이다. 100여 년 전에 영덕에 그리스도의 역사가 들어오게 되자, 하나님은 학도병들을 통하여서라도 기드

온의 300 용사처럼 한반도를 구할 수 있었던 것이다. 그런 의미에서 영덕은 그리스도의 역사가 침투하여 한반도를 지킨 의미 있는 곳이기도 하다.

지리적 여건

영덕은 경상북도 동북부에 위치하여 영남지방에 속하고 포항시와 울진군, 영양군, 청송군과 경계를 이루고 있다. 청송은 김진홍 목사, 영양은 김삼환 목사, 영덕은 이광선 목사의 고향이다. 종교 천재들이 서로 인근지역에 살고 있었다. 영덕군은 741.10㎢의 면적에 1읍 8면 204개 행정리가 있다.

지도를 보면 북쪽은 울진군, 서쪽은 영양군·청송군, 남쪽은 포항시와 접경하고 동쪽은 동해가 있다. 군의 모든 지역이 태백산맥의 동사면을 차지하여 서쪽이 높고 동쪽으로 점차 낮아지는 지형을 이룬다. 서쪽의 군 경계는 태백산맥의 분수령이며 칠보산·등운산·독경산·형제봉·명동산(812m)·삿갓봉·마고산·바데산 등 높은 산이 연봉을 이룬다.

현재 영덕군은 원래 영덕(盈德), 영해(寧海) 양군이었던 것을 서기 1914년에 합병(合倂)하여 오늘에 이르고 있다.

역사

영덕, 강구, 남정, 달산, 지품의 5개 읍면으로 삼국시대에는 야시홀(也尸忽)이라 하였다가 신라통일 후 야성 군이라 하였고 고려 초엽에 영덕으로 개칭하고 1914년에 영해를 합병하여 영덕군이라 칭하여 오늘에까지 이르고 있다.

주산물

영덕으로 가장 잘 알려진 것은 이필제의 교조 신원 운동이나 의병 운동을 했던 신돌석이 아니라 영덕대게다. 영덕대게는 주로 영덕군 앞바다에서 서식하고 있으며 게 껍질이 얇고 게살이 많은 것이 특징이어서 지역주민을 비롯해 외지에서도 영덕대게를 먹으러 원정 방문을 하기도 한다.

게 철은 11월~5월 사이이고, 겨울에서 봄으로 넘어가는 시기가 가장 맛있다. 이 시기를 맞춰 3월 초에 영덕에서는 대게축제를 개최한다. 강구항이 가장 유명하고, 대게축제도 이곳을 중심으로 개최한다.

인물

목은 이색

포은 정몽주는 영천 사람이고, 야은 길재는 구미 사람이라면 목은 이색은 영덕 사람이었다.

이색(李穡, 1328~1396)은 고려말 삼은(포은, 야은, 목은) 중의 한 사람으로서 고려 말기의 문신이자 정치가이며 유학자, 시인이다. 그는 성리학을 고려에 소개, 확산시키는 역할을 하였으며 성리학을 새로

운 사회의 개혁, 지향점으로 지목하
였다.

그는 권문세족의 전횡을 비판하여
공민왕의 개혁 정책에 적극 협력하
였으며 또한 부패한 불교의 대안으
로 성리학을 새로운 개혁의 비전으
로 제시하기도 했다. 그로부터 배운
정도전은 이색의 학문성을 갖고 조선의 건국을 성리학에 토대를 두
었다.

이색은 기일원론을 주장한다. 천지 만물은 다 같이 일체이고 사람
의 한 몸에는 천지만물이 다 갖추어져 있다고 본다. 따라서 그 몸을
닦음에 먼저 그 뜻을 잡고, 그 뜻을 잡음에 기를 길러서 쉬지 않고, 멈
추지 않은 경지에 이르면 나의 몸은 천지와 더불어 위아래로 같이 흐
르게 된다고 하여 기일원론의 입장을 견지했다. 나의 몸과 하늘은 하
나이다. 동학의 인내천 사상과 유사하다.

그러면서 그는 성리학자인 만큼 본연지성을 강조하여 인간 본래의
성품을 강조했고, '사람은 곧 하늘'이라고 하여 인간의 존중 사상도
나타나고 있다. 이색은 어려서부터 총기가 뛰어났고 원나라에 가서도
국자감 생원이 될 정도로 천재적인 사람이었다.

이색은 7세 때(1335, 충숙왕 복위4)부터 독서하기 시작했으며 아버
지 이곡의 친구이자 안향, 백이정의 학문을 계승한 익제 이제현을 찾
아가 정주학을 배웠다. 그는 학문에만 정진하여 많은 저서를 출판하
기도 하였다.

그는 성리학을 통하여 우주 만물과 인간의 성품을 해석하여 이성계의 역성혁명은 거부하였지만, 조선의 이론적 토대를 마련하기도 하였다. 이색의 사전에는 역성혁명은 존재하지 않았다.

정몽주, 정도전, 권근, 이숭인, 하륜 등 고려 말의 대표적 성리학자들은 대부분 이색의 문하에서 배출된 인물들이다. 그러나 그는 역성혁명의 주역인 이성계와 정도전에게 협력하지 않고 끝까지 절의를 지켰다.

조선 개국 후 태조는 그의 재능을 아껴 1395년(조선 태조 4) 한산백(韓山伯)으로 봉하여 예를 다하여 출사를 종용하였으나 끝내 고사하고 "망국의 사대부는 오로지 해골을 고산(故山)에 파묻을 뿐"이라 하여 고사하였다.

영해 교조 신원 운동과 이필제

영해 교조 신원 운동은 영덕군 영해에서 1864년(고종 1) 동학 교조 최제우가 혹세무민(惑世誣民)의 죄명으로 처형당한 뒤, 동학교도들이 그의 죄명을 벗기고 교조의 원을 풀어 줌으로써 종교상의 자유를 얻기 위해 벌인 운동을 말한다. 이필제가 앞장섰다. 즉 이 운동은 동학 교주 최제우의 누명을 벗기기 위한 운동

▲ 최제우(좌)와 최시형(우)

이다.

그러므로 영덕군은 동학의 뿌리가 묻혀있는 땅이기도 하다. 우리가 동학혁명에 대해서는 호남의 전봉준을 위시한 황토현 전투, 충청도의 보은 집회, 우금치 전투에 대해서만 알고 있는데 영남은 최제우가 도를 설파한 지역이기 때문에 1860년대 초부터 동학운동이 일찍 발달한 지역이기도 하다.

최제우가 사형당한 뒤 동학은 소멸하는 것이 아니라 2대 교주 최시형을 통하여 발전해 나갔다. 1864년 교조가 처형당한 뒤 정부의 탄압으로 동학은 괴멸 상태가 되었다.

이러한 가운데 동학은 제2대 교주 최시형의 구교(救敎) 노력과 농민들의 절대적 지지로 1860년 후반에 이르러 복구·재건되었다.

이필제의 난

1871년 3월 10일(음력), 이필제(李弼濟)가 제2대 교주 최시형과 손을 잡고, 동학의 조직망을 통해서 동학도 2백여 명을 동원해 야간 기습 작전으로 영해(寧海)에서 봉기해 부사를 죽이고 군기를 탈취하였다. 이것은 이필제의 난이라고도 일컫는다. 영해 교조운동은 일월산 병풍바위 앞에서 시작되었다.

동학의 역사에서 교조 신원 운동과 물리력을 통해 처음으로 관가에 저항한 인물은 이필제(李弼齊)다. 그는 1825년 충청도 홍주에서 태어나 진천으로 옮겨 살면서 무과에 급제하고 한때 영천으로 유배를 갔다. 풀려난 후 영해에서 최시형을 만나고 주변 지방을 돌면서 동지들을 끌어 모았다.

그가 동학에 입도한 시기는 1863년 10월, 최제우가 체포되어 서울로 압송될 때 수천의 동학도들이 그를 맞이하기 위해 도로 연변에 모인 것을 보고 감화를 받아서였다.

▲ 영해부의 흔적. 영해 면사무소에 있는 영해부의 송덕비. 1871년 이필제는 수운의 신원을 명분으로 교조 신원 운동을 일으켰다. 이후 영해부는 격하되어 영덕현에 귀속되었다.

1870년 7월 경상도 영해로 거처를 옮긴 이필제는 이 지역 동학도들과 어울리면서 기회를 노렸다. 그러던 중 최시형을 만나 교조 순교 일인 신미년(1871) 3월 10일 봉기할 것을 제안했다.

최시형은 반대하였지만 이필제는 그를 설득하여 억지로 승낙을 얻어냈다. 이필제의 난이 시작된 것이다.

이필제는 "내가 스승님의 원한을 씻어내고자 한 뜻이 이미 오래되었습니다. 옛글에 이르기를 하늘이 주는 것을 받지 않으면 오히려 재앙을 받게 된다고 하였으니, 나 역시 천명을 받았습니다."고 하면서 "한 가지는 스승님의 욕을 씻어내자는 것이고, 또 한 가지는 뭇 백성들의 재앙을 구하는 것입니다. 다만 내가 뜻하는 바는 중국에서 창업하는 것입니다. 그러나 이 땅에서 일을 일으키는 것은 다름이 아니라, 스승께서 말씀하시기를 동쪽에서 받았으므로 그 도를 동학이라고 하였으니, 동(東)은 동에서 일어나는 것이므로 영해는 우리나라의 동해입니다"며 난을 주도했다.

이필제의 죽음

이필제는 혹독한 추국에도 조금도 굽히지 않고 조정의 부패와 최제우의 억울한 죽임을 토변하다가 1871년 12월 24일 모반대역부도죄로 능지처사되었다. 부인도 붙잡혀 교수형에 처했으며 가족, 일가친척이 연좌에 얽혀 멸문의 화를 당하였다. 영해 지방은 비록 봉기 이후 대대적인 관의 탄압을 받지만, 그들의 저항정신만은 꺾을 수 없었다.

이 난은 영해에서 끝나지 않았다. 2차 교조 신원 운동은 1892년 서병옥, 서장옥을 통하여 충청 감사 조병직에게 '신원(伸寃)과 금폭(禁暴)'의 소장(訴狀)을 제출하여 충청도에서 발생하였다.

1892년 10월과 11월에 동학교단 지도 세력들이 충청도 공주와 전라도 삼례에서 각각 집회를 개최해서 교조 신원과 탐관오리의 수탈 금지를 요청하는 청원서를 충청 감사 조병식과 전라 감사 이경직에게 제출한 사건이다.

조병식과 이경직은 탐관오리의 수탈 금지와 교조 신원은 조정의 일이라는 답변서를 보냈으며, 동학 교단은 이를 계기로 조정을 상대로 교조 신원 운동을 추진하게 되었다.

제3차 교조 신원 운동은 서울에서 이루어졌다.

1893년 2월 11~14일 동학 교단에서 파견한 박광호를 비롯한 40여 명의 교도들이 교조 신원을 요청하는 상소문을 정부에 제출하고 광화문 앞에 엎드려 밤낮으로 호소한 사건으로, 서울 복합 상소운동으로 일컫기도 한다.

조선 정부는 상소 주동자 박광호 체포를 명령하고 동학 교도의 상경을 막지 못한 전라 감사 이경직과 한성부윤 신정희를 파면하는 등 동학을 강경하게 탄압하였다. 제4차 교조 신원 운동은 1893년 3월에 충북 보은에서 집회를 개최하면서 발생했다. 전국에서 2만여 명의 교도가 모인 보은 집회에서 동학 교단은 교조 신원을 주장하는 한편 '척왜양창의(斥倭洋倡義)'라는 정치적 기치를 전면에 내세웠다.

정부는 어윤중을 양호선무사(兩湖宣撫使)로 임명하고 보은으로 급파해서 동학지도부에 대한 회유와 설득을 진행했다. 그 결과 보은 집회는 4월 3일에 해산되었다.

동학의 교조 신원 운동은 단지 최제우의 누명만 벗기는데 목표를 두지 않고, 서학과 외세를 배격하는 1894년 동학 농민운동으로 발전하게 되었다. 즉 종교적 운동이 정치적 운동으로 발전하게 되었다. 당시의 객관적 정세는, 동학교도들의 운동을 교조 신원 운동 차원에만 머무르게 하지 않았다.

1860년대부터 광범하게 진행되어 온 민란의 경험을 통해, 농민들은 사태의 근본적 해결은 전국적인 봉기를 통한 민 씨 정권의 타도와 외국 세력의 축출을 통해서만 이루어질 수 있다고 생각하게 되어 정치적 운동으로 승화하였다. 그러므로 교조 신원 운동은 민란이 동학 혁명으로 이어지게끔 하는 기폭제의 역할을 하였다. 이러한 운동이 제일 먼저 일어난 것이 영덕군 영해였다.

평민 의병장 신돌석

신돌석(申乭石, 본명(本名)은 신태호(申泰浩), 일명은 신돌석(申乭

錫), 1878년 11월 3일~1908년 11월 18일)으로 구한말의 평민 의병장이다. 신돌석은 경상북도 영덕군 축산면 도곡리의 평범한 농가에서 출생했다. 그의 가계는 평민 출신이었다.

초기 의병 운동이 주로 유학자들을 중심으로 일어났기 때문에, 평민 출신이었던 그는 대한제국 최초의 평민 의병장으로 유명하다. 그는 주로 강원도와 경상북도의 태백산, 소백산 주변에서 활약하였다.

이때부터 그는 '태백산 호랑이'로 불릴 만큼 신출귀몰한 전공으로 이름을 날렸다.

그는 의병장으로 2년 8개월간 경상북도 영양, 봉화, 진보, 청송 등의 산골과 울진, 평해, 영해, 영덕 등의 동해안, 삼척 등 강원도 동해안을 넘나들며 일본의 각종 건물과 근거지를 공격하며 숱한 전투를 치른 평민 장군이다.

그는 일본군의 대규모 토벌 작전과 신돌석 생포 작전에도 끝끝내 잡히지 않고 산악을 근거지로 유격전을 벌였던 인물이었지만 현상금을 노린 친척에 의해 살해되었다.

국가보훈처의 포상자 공적조서에 따르면, 신돌석의 고종 형제 김자성(金自聖)이 자기 집으로 유인하여 삼 형제가 도끼로 쳐 죽였다고 하며 신돌석의 유해를 들어 옮기고 일본 헌병대에 고발하였으나 생포하지 않고 살해 후 고발하였다는 까닭으로 일본 헌병대로부터 퇴짜를 맞고 현상금을 받는 데 실패하였다고 기록되어 있다.

대한민국 정부는 그의 공훈을 기려 1962년 건국훈장 대통령장을 추서하였다. 영덕에 가면 신돌석의 생가가 있다.

장사리 전투

영덕 장사리는 장사상
륙작전을 감행한 곳이
다. 장사상륙작전 또는
장사동상륙작전은 1950
년 9월 15일부터 9월 28
일까지 경상북도 영덕

군 남정면 장사리에서 벌어진 상륙작전이다. 다른 이름으로는 작전명
174호, 174호 고지라고도 한다. 인천상륙작전의 양동작전이었다.

9월 14일 부산항을 출발한 이후, 9월 15일 06:00에 상륙작전이 개
시되었다. 학도병 772명으로 구성된 제1 독립유격대대가 LST 문산호
를 타고 장사리 해안에 상륙하여 국도 제7호선을 봉쇄하고 조선인민
군의 보급로를 차단하는 데 성공하고 철수한 작전이다.

이 상륙작전은 인천상륙작전의 양동작전으로 실시되어 양동작전
으로서는 성공하였다.

학도병의 총알받이로 인해 장
사리에 관심을 두게 하여 인천상
륙작전을 성공적으로 이끌게 하
였다. 그러기에는 학도병들의 많
은 희생이 뒤따랐다. 인천 상륙은

원래는 제8군의 임무였으나, 유엔군의 상륙지점 교란을 위해 인민군 복장을 하고 특수 작전을 해야 하는 사정상 북한군과 외모가 비슷한 남한 출신 학생들인 학도병에게 작전명 174를 맡긴 것이다.

부대는 3일간의 물자만 보급받아 9월 14일 2시에 장사리 해안에 상륙하여 교란할 때 다 쓰고 철수할 예정이었다. 그러나 때마침 불어온 태풍 케지아로 인해 LST 문산호가 좌초되는 바람에 작전 계획은 뒤틀려 버렸다. 발이 묶은 제1 독립유격대대는 물자가 부족한 상황에서도 7번 국도 차단 임무를 계속 수행하였다.

인천상륙작전이 성공한 뒤, 9월 19일에 유엔군 정찰기에 포착되었고, 해안선을 따라 항행하던 미국 제7함대 태스크 포스 77 소속 USS 헬레나 (CA-75)가 이끄는 포격임무대(bombardment Task Force)의 엄호를 받으며, LST 조치원을 타고 철수하였는데, 일부는 남겨졌는데 그들의 생사는 알 수 없다.

작전의 결과로 제1 독립유격대대의 183명이 전사하고, 92명이 부상을 입었고, 실종자는 52명이었다. 부대는 휴식을 취하고 인원을 보충받은 정비한 뒤, 전선에 복귀하였다. LST 문산은 좌초된 채로 버려졌고, 시간이 지나서 1991년 3월 6일에 난파선으로 발견되었다.

이처럼 영덕의 장사리상륙작전이 있었기 때문에 인천상륙작전이 성공한 것이다. 그들은 잊혀졌지만, 이제는 기억해야 한다.

100년 이상 된 교회들

영덕읍교회(1908)

영덕읍교회는 미 장로교 권찬영 선교사가 영덕에 자주 와서 전도 활동을 하여, 주제면, 이현철 및 부인 등이 복음을 받아들이고 이어서 강우근, 노제식, 노태식, 주세용 등이 결신함으로 1908년 12월에 교회설립을 하게 되었다.

삼사교회(1907)

삼사교회는 1907년 3월 3일 설립되었다.

대한예수교교장로회 총회장을 지낸 이광선 목사는 삼사교회 출신이다. 이광선 목사는 2006년 12월 12일 삭발투쟁에 앞장서서 사학법 개정을 이끌어 내기도 하였다.

이날 교단장들을 대표해 성명서를 낭독한 예장통합 이광선 총회장은 예정에 없던 삭발을 전격 단행했다. 이 총회장은 "오늘 새벽기도 때 목숨을 걸고서라도 사학법을 막아야한다는 생각을 하게 됐다"며 "내가 삭발하는 것을 교단장 전체가 삭발하는 일로 받아들여 달라"고 말했다.

또한 영덕 출신인 이광수 목사는 일찍부터 아프리카 콩고에 대학을 세워 국위를 선양하기도 했다.

영덕은 목은 이색의 철학, 신돌석의 의병장 활동, 이필제의 교조 신원정신이 이어져 교회 안에서 3·1운동이 이어지고, 학도병들이 목숨을 걸고 대한민국을 위해 싸운 절개와 정신이 살아있는 곳이다.

양성교회(1909)

양성교회는 1909년에 세워졌고, 영수 허일을 대신하여 강희태가 시무하였다.

화천교회(1910)

화천교회는 1910년에 세워졌다. 김용근, 김용규와 그 형제 및 숙질이 문중사숙인 화수재에서 예배하여 교회가 설립되었다. 그

후 화재가 발생하여 어려웠으나 온 교회가 모든 힘을 다해 예배당을 신축하고 남녀 전도회를 조직하여 봄과 가을 두 번으로 나누어 전도 하였다.

강구교회(1910)

강구교회는 1910년에 삼사 교회의 여신도 남순근이 김수 건, 남명호, 김정봉 등에게 복음 을 전하므로 이들이 오포교회 를 세웠고, 1903년에 세워진 강 구 교회와 병합하여 실제로 오  포 교회의 역사를 가지기 때문에 강구교회는 1910년 4월 15일이 설립 일이다.

이 교회는 3·1운동 때 애국운동을 전개했고, 신사참배 운동에 반대 하여 주명우 장로는 옥고까지 치렀다.

결론

영덕의 인물로는 국가대표팀 감독을 지내고 현재 인도네시아 국가 대표 감독인 신태용, 문재인 정권의 대통령비서실 정책실장을 지낸 김수현, 전 삼성라이온즈 감독 유중일, 이랜드 축구선수 박태하, 삼보 컴퓨터 창업주인 이용태, 김병로 해양경찰청 차장, 예장통합 총회장이며 한기총 대표, 외항 선교이사장, 콩고대학 이사장을 지낸 이광선 목사 등이 있다.

영덕은 해변지역으로서 훈련을 2주밖에 배우지 못한 17세의 학도 병들을 통하여 적을 양동작전으로 교란하며 시간을 지체케 함으로 맥아더가 인천상륙작전을 성공적으로 할 수 있었던 역사적인 지역이다. 특히 이 지역의 오래된 교회들이 부산의 초량교회와 더불어 인천상륙작전이 성공적으로 실현될 수 있도록 기도를 하였다.

영덕은 칠곡이 낙동강 전선을 사수하여 한반도를 지켰듯이 장사리 학도병들의 희생을 통하여 대한민국을 지켰던 것이다.

100년 이상 된 교회가 있는 곳은 항시 축복의 땅으로 전쟁에서도 반드시 승리할 수 있었다. 전쟁은 여호와께 속한 것이니, 장사리상륙작전 역시 여호와께 속하였던 것이다.

포 항

포항은 경상도 동남부 위치
한 지역으로서 조선 시대는 유
배지에 불과했다. 일제 강점
기에는 3·1운동이 활발하게
진행되었던 항일운동지역이
기도 하였고, 6.25 동란 시에
는 학도병전투가 진행되어 이
들이 나라를 지키는 데 일조를
하기도 했다.

이러한 포항에 복음이 들어오면서 포항시는 변하기 시작했다. 대통령이
나오고, 세계 굴지의 철강회사인 포항제철이 탄생하였고, 교육기관으로서
포항공대와 한동대학교가 설립되기도 했다. 포항의 가난으로 치달은 포항
의 역사에 교회를 통한 예수 그리스도의 역사가 침입하여 포항시는 최대의
도시로 새로운 역사를 써나가고 있었다.

유배지로서의 포항

경상북도에서 가장 발달한 최대의 도시인 포항은 원래는 유배지였다. 장기면 일대는 조선시대 선비 200여 명이 유배를 다녀간 곳으로 유명하며 우암 송시열, 다산 정약용과 같은 석학과 거물 학자들이 회한의 눈물을 흘렸던 땅이다.

우암 송시열(1607~1689)은 1675년부터 4년여간 장기에서 유배 생활을 하면서 '주자대전차이'와 '이정서분류' 등의 명저를 저술했다.

다산 정약용(1762~1836)은 1801년 220여 일 동안 장기에 머물렀지만, 장기고을 백성들의 생활상과 고을 관리들의 목민행태를 글로 남겼다. 장기농가 10장과 기성잡시 27수, 타맥행 등 130여 수에 달하고 있다.

원래는 영일군 포항 읍이었고, 1949년에 시로 승격/분리될 만큼 어항으로써 꽤 규모가 있던 곳이었으나 지금과 같은 산업도시의 형태를 갖추기 시작한 것은 1970년대에 들어서이다. 연일군, 흥해군, 청하군, 장기군이 1914년 영일군으로 통폐합되었다가 1949년 포항시와 영일군으로 분리되었고, 1995년 포항시로 승격된다.

포항의 의병 활동

포항은 뚜렷한 인물은 없어도 항일정신이 투철한 지역이었다. 이러한 항일정신은 의병 활동과 3·1운동을 통하여 드러났다. 포항 출신 의병으로 유명한 사람이 장헌문과 최세윤이다.

장헌문

장헌문 의병장은 경북 영일군 지행면(현 장기면) 죽정리 출신으로 1895년 일제가 민비를 시해한 데 이어 친일내각이 황후폐위조치를 내린 것에 대항해 1896년 을미의병이 일어나자, 영일군에서 의병에 참가했다. 1905년 일제에 의해 강제로 을사늑약이 체결되자, 장헌문은 이듬해 5월 김재홍, 김복선 등과 함께 건의하여 의병장으로 추대되었다.

그는 영일을 중심으로 경주·죽장·흥해·청하 등지에서 일본군과 싸우며, 영덕에서 일어난 신돌석 의장과 연합하는 등 큰 활약을 하였다.

그는 의병을 일으킨 지 4년 만인 1909년 일본군과 교전 중 중상을 입고 체포되어 대구재판소에서 10년형을 선고받았다. 1918년 12월 출옥한 후로 후학을 양성하는 한편 옛 동지들을 찾아다니며 구국 활동을 하였다. 1990년에 건국훈장 애국장이 추서되었다.

최세윤

2대 정환직 대장의 순국 이후 산남의진의 700여 병력은 흥해 사람 정순기의 지휘 아래 청송군 보현 산악지대로 이동하였다. 정순기는 얼음이 풀리기를 기다렸다가 평소 정환직과 가까이 지내던 최세윤에게 사람을 보내 산남의진의 지휘를 간곡히 부탁하였다.

산남의진(산남(山南)이라 함은 경상북도 문경 새재 이남의 영남 지방을 이르고, 의진(義陳)이라 함은 오직 구국 일념의 충성된 의기로 뜨겁게 뭉쳐진 의병 진영을 줄여 일컫는 말이다. 정환직, 정용기, 최세윤으로 이어진 산남의진은 영덕의 신돌석부대와 함께 구한말 제2단계 의병 운동을 대표하는 의진으로, 주로 포항, 영일 일대를 중심으로 거센 항쟁의 횃불을 들었다.

▲ 한말의병 항왜열전 기념비

1908년 3월 5일, 산남의진은 제3대 대장으로 최세윤을 추대하여 새로이 출발하였으나, 일본군의 전력이 날로 증강되고 조직화되어 가는 반면, 의진은 무기와 군량이 바닥나 사기가 떨어질 대로 떨어진 상태였다.

이에 최세윤 대장은 전략을 바꾸어 전체 의병을 4개 대대로 편성하고 유격 게릴라 전술을 감행키로 하여 영양, 진보, 안동 등의 시, 읍을 산발적으로 공격하여 크고 작은 전적을 거두었다.

산남의진은 1906년 2월에 이 땅에서 일본의 세력을 몰아내고, 명실

공히 자주독립 국가를 이루
겠다는 성스러운 뜻을 품고
구국의 횃불을 든 지 4년 만
인 1909년 마침내 그 의로운
횃불을 민족의 가슴속에 영
원히 꺼지지 않게 밝혀 놓은
채 완전히 무너지고 말았다.

▲ 포항제일교회의 전신인 포항교회

포항의 3 · 1운동

영남에서 최초의 3·1운동
이 일어난 곳은 당시 3. 8 대
구 서문시장 운동이었다. 영
일군 포항 면의 최경성(36)
포항교회(현 포항제일교회)
장로, 송문수(37) 포항교회
장로 등이 참여했다.

최경성 장로는 현장에서 일제 군경에 체포, 구속됐고 송문수 장로
는 포항으로 피신했다. 송문수 장로는 포항교회가 설립한 영흥학교
교사인 장운환 교인 등에게 대구 3·1운동을 들려줬다.

이 소식을 듣고, 영흥학교 교사들이 주동이 돼 3월 11일 포항 장날
인 여천시장에서 포항 3·1운동을 전개하기로 했다. 경북의 3·1운동은
현재의 포항 중앙파출소 인근인 옛 여천장터에서 처음 시작됐다.

여천장터 만세운동 이후 포항은 경북지역 3·1운동의 중심지가 됐다. 3월 12일에는 영흥학교, 22일에는 청하장터, 27일 송라 대전리 두 곡숲, 4월 1일과 2일에는 연인을 비롯해 기계·죽장·신광·청하·송라·흥해 등 포항시의 전신인 영일군 전역에서 3·1운동이 일어났다.

'한국독립운동지혈사'에 따르면 당시 포항에서만 9차례의 3·1운동이 일어나 연인원 2,900명이 참여해 40명이 숨지고 380명이 부상을 입었으며, 320명이 검거됐다. 주로 기독교인들이 중심이 되었다.

당시 일제의 임시 호구조사 결과 영일군 포항 면 인구가 6천 588명이고 이 중 25% 가량이 일본인이었다는 점을 감안하면 포항지역 3·1운동의 열기가 어느 정도였는지 짐작할 수 있는 수치다. 포항에서 3·1운동의 열기가 높았던 이유는 여럿 있지만 가장 큰 동력은 기독교계의 헌신과 희생이 꼽힌다.

영일군 청하, 송라면에서 일어난 3·1일 운동도 교회가 중심이 됐다. 3·1운동과 관련해 옥고를 치른 청하면민 23명 중 14명이 대전리 주민이었고 그중 13명이 대전교회 교인이었다. 대전 3·1의거 기념관은 1919년 당시 3·1운동이 한창 일어났을 때 포항시의 북구 대

전리에서도 주민 주도로 일어난 의거를 기념하기 위한 공간이다.

이곳은 1919년 독립 만세운동을 전개하다가 체포되어 옥고를 치른 대전리 출신 독립운동가 14인을 기리기 위하여 2001년 건립되었다

건물 안에는 3·1운동 당시 의사들의 유품과 판결문, 훈장 및 영정 등 여러 유물이 전시되어 있다. 비록 작았지만 충분히 그 시대 사람들의 독립을 위한 열정을 엿볼 수 있다.

마을 전체가 80여 가구인 한 마을에서 14인의 의사가 난 곳은 전국에서도 그 유례를 찾아 볼 수 없다. 박은식의 한국독립운동지혈사를 보면 청하의 만세 시위는 2회, 참가인원 500명, 부상자 50명, 피검자(범죄혐의가 있어 수사기관에 일시적으로 잡혀 있는 사람) 40명으로 기록돼 있다.

포항제철소

포항을 발전시킨 이유 중의 하나는 1965년 포항 종합제철소가 건립된 것이다. 그해 5월 박정희 대통령은 미국 피츠버그 철강단지를 방문해 제철소 건립에 대한 의지를 더

욱더 다지게 되었고 미국의 제철소 건설 기술 용역회사인 코퍼스(Koppers Co. Inc)의 지원 약속에 따라 박태준을 종합제철소 건설 책임자로 임명했다.

한일기본조약

　기본조약을 위해 당시 중앙 정보부장인 김종필과 오히라 일본외상이 회담을 하였다.

　1965년 대한민국과 일본은 역사적인 한일기본조약을 맺고 정식으로 국교를 수립했다. 공식명칭은 '대한민국과 일본국 간의 기본관계에 관한 조약'이다. 한일기본조약은 이미 1965년 2월 가조인되었지만 청구권 협상은 난항을 거듭한 끝에 6월 22일 타결되면서 양국은 서명과 함께 정식으로 국교를 수립했다.

　한일기본조약에 수반되는 관련 협정으로는 ▲한일어업협정 ▲재일교포의 법적 지위 및 대우 협정 ▲경제 협력 협정 ▲문화재 협정 부속 협정 등 4가지다.

　이 협상으로 우리는 일본으로부터 무상 3억 달러, 유상 2억 달러와 상업차관 3억 달러 등 총 8억 달러를 1966년부터 1975년까지 10년간에 걸쳐 받았다. 1965년 당시 한국의 연간 수출액은 1억 7,000만 달러에 불과했다.

박태준

　박태준은 포철의 신화를 써나갔다. 일본에서 대일청구권으로 돈을 끌어 오자는 것은 박태준의 아
이디어였다. 그는 통행금지를
지킨다고 딸을 병원에 데려가
지 않아 골든타임을 놓쳐 딸을
잃는 아픔도 있을 정도로 원리
원칙주의자였다. 그는 딸을 잃
었지만 , 대한민국의 산업을 살
린 장본인이다.

부산에 가면 박태준 기념관도 있을 정도이다.

박태준은 철의 사람이었다. 포항제철을 신일본제철을 능가하는 세
계 최대의 제철소로 끌어 올렸다. 대일청구권이 없었더라면 포철의
신화는 불가능했다.

박정희 대통령 시절 3억 달러에 해당하는 대일(對日) 청구권 자금
중 일부를 이용하여 1960년대 후반부터 박태준 회장을 필두로 포항
제철소가 건설되기 시작하면서 경북에서 최대의 도시 규모로 급성장
할 수 있는 계기가 되었다.

포항제철

포항제철소의 제1 고로에서 1973년 6월 첫 쇳물을 토해냈다.

포항제철소는 1970년대 국가 경제가 비약적으로 발전하면서 폭발
적으로 증가하는 철강 수요에 대응하기 위해 제2 제철소의 실수요자
로 지정받아 전라남도 광양만을 매립하여 광양제철소를 세웠다. 광양

제철소는 우리나라에서 두 번째로 세워진 종합제철소이면서 단위제철소 기준으로 세계 최대 규모와 효율을 자랑한다

포항제철소는 가동을 시작한 지 1년 만에 매출액 1억 달러를 기록하며 흑자로 전환하였다.

1기를 시작으로 24시간 불이 꺼지지 않았던 포항제철소는 1976년 5월 조강 연산 260만 톤의 2기 제철소, 1978년 12월 조강 연산 550만 톤의 3기 제철소, 1981년 2월 조강 연산 850만 톤의 4기 포항제철소를 준공하였다.

현재 포항은 경상북도 동남부에 위치한 도시로서 인구는 2021년 12월 기준 50만 3,000여 명을 넘고 있으며 경상북도 내에서 인구, 소비 수준, 교육 수준 모두 1위로 경상북도 최대 도시다.

2000년 10월 민영화를 완료한 포항제철소는 해외 투자를 확대했으며, 그 결과 철강사업 부분에서 해외 80개 사를 거느리는 세계 철강 1위 회사가 되었다. 포항종합제철주식회사는 2002년 3월 현재의 상호인 포스코(POSCO)로 변경하였다.

포항의 교육기관

현재 포항은 고등교육기관으로는 4년제 이공계 대학으로 유명한 포항공과대학교와 한동대학교가 있으며, 2, 3년제 전문대학으로 선린대학교가 있다.

포항공대

한동대학교

포항의 학도병

포항여고 앞에 가면 포항여중 전
투 학도의용군 명비가 있다.

이 전몰학도 충혼탑은 1950년 한
국전쟁 당시 동해안 지역으로 공격
해 오는 북괴군 12사단의 공격을 방
어하던 3사단이 북괴군의 집중적인
공격으로 포항이 침몰하는 위기의
순간에 있었다.

그래서 포항여자중학교(현, 고등
학교)에 위치한 국군 3사단의 후방
지휘소를 경계하던 학도병 중대가
후방으로 침투하여 공격해 오는
북괴군 766 유격부대와 직접 전투
에 참가하여 결전을 치르고 이를
저지하였다.

▲ 포항여중

　　그들의 임무는 국군 3사단 및 해군, 공군의 일부 지원부대가 무사히
후방으로 철수하여 전투지원 임무를 계속 수행할 수 있도록 하는 것
이다. 전투에 참가한 학도병 71명 중 전사한 47명의 군번 없는 학도병
을 추모하기 위하여 격전의 현장인 이곳 포항여자고등학교의 정문 앞
과 용산동에 추모비를 1977년 12월 건립하였다.

　　1950년 8월 11일 포항여중에 학도
병들이 모여들었다. 동성중학교 3학
년 이우근도 여기에 참석하였다.

　　그러나 군 경험이 없어 많은 학도
병들이 사망했다. 중학교 뱃지가 남
아 있다.

합동 교단에서 기독신문을 운영하는 김만규 목사가 이곳 전투에 참가한 유일한 생존자로서 학도병 출신이다.

포항여고 근처에 학도의용군전승기념관이 있다.

전시관을 둘러보다 故 이우근 학도병이 쓴 '어머니께 보내는 편지'를 읽어보면 당시 전투가 얼마나 치열했는지를 짐작할 수 있다. 죽고 죽이는 전쟁터에 '내 조국, 내 가족'을 지키겠다는 신념 하나로 총탄이 빗발치는 전장에 나선 10대의 학도병들이 감당했어야 했던 심리적 고통이 얼마나 컸을지 조금이나마 알 수 있게 된다.

이곳에는 이우근 학생의 시가 돌비에 쓰여 있다.

이 글은 한국전쟁 시 학도병으로 참전하였던 당시 동성중학교 3학년(17세) 이우근 학생이 어머니에게 보낸 편지이다. 이우근을 비롯한 자원 학도병 71명은 1950년 8월 10일 포항여중 전투에 참전하여 그중 48명이 전사하였는데, 이 편지는 그때 전사한 이우근 학도병의 피로 물든 군복 주머니에서 발견된 것이다.

이 실화는 2010년 영화 '포화 속으로'의 소재가 되었으며, 포항시에

서는 2009년 '학도병 이우근 편지비'를 건립하여 당시 희생된 학도병들을 기리고 있다.

동성중학교 3학년 이우근의 시는 돌비에 새겨져 있다.

어머님! 나는 사람을 죽였습니다.

그것도 돌담 하나를 사이에 두고, 십여 명은 될 것입니다. 저는 두 명의 특공대원과 함께 수류탄이라는 무서운 폭발 무기를 던져 일순간에 죽이고 말았습니다. 수류탄의 폭음은 저의 고막을 찢어 놓고 말았습니다. 지금, 이 글을 쓰고 있는 순간에도 제 귓속은 무서운 굉음으로 가득 차 있습니다.

어머님! 괴뢰군의 다리가 떨어져 나가고, 팔이 떨어져 나갔습니다.

너무나 가혹한 죽음이었습니다. 아무리 적이지만 그들도 사람이라고 생각하니 더욱이 같은 언어와 같은 피를 나눈 동족이라고 생각하니 가슴이 답답하고 무겁습니다.

어머님! 전쟁은 왜 해야 하나요.

이 복잡하고 괴로운 심정을 어머님께 알려드려야 내 마음이 가라앉을 것 같습니다. 저는 무서운 생각이 듭니다. 지금 저 옆에는 수많은 학우들이 죽음을 기다리고 있는 듯, 적이 덤벼들 것을 기다리며 뜨거운 햇볕 아래 엎디어 있습니다. 저도 그렇게 엎디어 이글을 씁니다.

괴뢰군은 지금 침묵을 지키고 있습니다. 언제 다시 덤벼들지 모릅니다. 저희들 앞에 도사리고 있는 괴뢰군 수는 너무나 많습니다. 저희들은 겨우 71명뿐입니다. 이제 어떻게 될 것인가를 생각하면 무섭습니다. 어머님과 대화를 나누고 있으니까 조금은 마음이 진정되는 것 같습니다.

어머님! 어서 전쟁이 끝나고 "어머니이!" 하고 부르며 어머님 품에 덜썩 안기고 싶습니다.

어제 저는 내복을 제 손으로 빨아 입었습니다. 비눗내 나는 청결한 내복을 입으면서 저는 한 가지 생각을 했던 것입니다. 어머님이 빨아주시던 백옥 같은 내복과 제가 빨아 입은 그다지 청결하지 못한 내복의 의미를 말입니다.

그런데 어머님, 저는 그 내복을 갈아입으면서, 왜 수의를 문득 생각 했는지 모릅니다.

어머님! 어쩌면 제가 오늘 죽을지도 모릅니다.

저 많은 적들이 저희들을 살려두고 그냥은 물러갈 것 같지가 않으니까 말입니다. 어머님, 죽음이 무서운 것은 결코 아닙니다. 어머니랑, 형제들도 다시 한 번 못 만나고 죽을 생각하니, 죽음이 약간 두렵다는 말입니다.

하지만 저는 살아가겠습니다. 꼭 살아서 돌아가겠습니다. 왜 제가 죽습니까, 제가 아니고 제 좌우에 엎디어 있는 학우가 제 대신 죽고 저만 살아가겠다는 것은 절대로 아닙니다. 천주님은 저희 어린 학도들을 불쌍히 여기실 것입니다.

어머님 이제 겨우 마음이 안정이 되군요.

어머니, 저는 꼭 살아서 다시 어머님 곁으로 달려가겠습니다. 웬일인지 문득 상추쌈을 새삼스럽게 먹고 싶습니다. 그리고 옹달샘의 이가 시리도록 차거운 냉수를 벌컥벌컥 한없이 들이키고 싶습니다.

어머님! 놈들이 다시 다가 오는 것 같습니다. 다시 또 쓰겠습니다.

어머니 안녕! 안녕! 아뿔싸 안녕이 아닙니다. 다시 쓸 테니까요... 그럼... 이따가 또...

그러나 그는 끝내 돌아오
지 못하고 유골로 남아있
다. 그들의 유골이 발견되
기도 했다.

산꼭대기에는 그들에 대
한 충혼탑이 서 있었다.

서울을 북한군에 빼앗긴 후, 시흥의 한
강선 전투에서 학도병은 처음으로 총과
실탄을 지급받고 교복과 교모를 쓴 채 자
진 투입되었다. 한강 방어선이 무너지자,
수원에서 처음으로 조직을 갖춘 비상학
도대가 결성되어 500여 명이 후방지역
선무활동부터 시작하였다. 이후 대전에
서 700여 명이 의용학도대를 조직하여
그 중 상당수가 국군으로 입대하였다.

대한학도의용대를 통해 실전에 참여
한 대원수는 2만 7,700명에 이르고, 20
만의 대원이 후방 선무공작 등의 보국에
공헌하였다.

이러한 학도병들이 승리할 수 있었던
것도 포항에 100년 이상 된 교회들을 통
하여 하나님이 포항을 축복하였기 때문이다. 포항의 교회는 전쟁에서
승리하기 위해 간절히 기도했다. 이러한 연고로 학도병들의 피와 일

본 징용자들의 피 값
으로 포항은 발전하
였고 경북에서 가장
축복받은 땅으로 변
하였다.

교회가 있는 지역
은 항시 인물이 나거
나 인물들을 통하여 지역이 복을 받았다. 기도는 전쟁 승리의 한 몫을
하였다. 성경에서도 여호수아 장군이나 다윗이 적과 싸울 때, 기도하
면 항시 승리하였다. 이러한 것들이 다부동과 포항에서 재현되었다.

포항의 교회들

괴동교회(대송교회, 1901)

19세기 말 이곳 동해 영일
만 대송면 넓은 들의 괴동마
을에 살던 박군현 씨는 일본
에 머무는 동안 그리스도 복
음을 접하며 자기 집 사랑채
를 예배당으로 하여 예배를

드리기 시작한 것이 1901년 포항 대송교회 전신인 괴동교회의 출발
이다.

당시 이웃 친지와 친구들 그리고 가족까지 27명을 전도해 예배를 드리며 경북 동해안 일대에 복음을 전하는 역할을 감당했다고 전해진다. 교회 설립자이신 박군현 성도님은 청운의 꿈을 안고 젊은 시절 일본으로 건너갔다.

"그런데 일본에 가보니 일본이 개화가 되어있고 젊은이들이 너무 역동적으로 움직이는 거예요 아 나도 여기서 예수를 믿고 그 예수를 가슴에 안고 고국으로 돌아가서 젊은이들에게 예수를 나누어 주면 나라의 발전에 큰 능력과 힘이 되겠다"는 생각을 가지고 일본에서 예수님을 영접하고 자기 집 사랑방에서 두 청년을 데리고 예배를 드린 것이 교회의 시작이다.

이후 포항제철의 확장으로 교회 위치를 옮기게 된 1969년에는 지역교회였던 장흥교회와 합병하며 포항대송교회로 이름을 바꾸게 되었다.

황해도에 한국 최초의 교회 소래교회가 세워졌다면 포항에는 동해안지역 최초의 교회로서 괴동교회(현 포항 대송교회)가 있다. 두 교회는 바로 한국인이 중국과 일본에서 복음을 접하여 세운 교회라는 점이다. 외국인 선교사의 손에 의해서가 아니라 한국인이 세운 자생적인 교회라는 점이 공통점이다

성법교회(1903)

　성법교회는 포항에서 가장 오래된 교회로서 1903년 '청송 수락교회'의 박영수 씨가 마을을 방문, 처음으로 복음을 전파하며 예배를 드리기 시작한 이후 1913년 안의와 선교사가 순회를 한 바 있다.

포항대도교회(1904)

　1904년 5월 4일 미국 선교사 맹의와(McFarland, Edwin Frost)가 대구 계성학교 학생 전도대를 이끌고 각지로 전도하면서 김병호 씨와 함께 대도동에 와서 전도를 시작하자, 정일찬, 최경진, 김란수 씨가 결신되었다. 이후 이들을 통하여 1년간 열심히 전도케 하니 수십 명의 결신자를 얻게 되어 교회를 세우게 되었다. 1919년이 돼서야 성전 건축을 하게 된다.

흥해중앙교회(1905)

포항제일교회(1905)

포항제일교회(현재 포항
소망교회 소유)는 1905년 5
월 12일 미국 북 장로교회 소
속 제임스 애드워드 아담스
선교사가 영일군 북면에서
처음 복음을 전한 이 날을 창
립일로 지정했다.

한국전쟁이 한창이던 1951년에는 포항 전투로 인해 온 시내가 모두
폐허로 변했지만 유일하게 포항제일교회 종탑과 건물만 자리를 지켜
냈다. 당시 현장을 찍은 사진은 미국 타임즈 표지에 소개되면서 전 세
계의 주목을 받기도 했다. 현재 교회 외벽에는 당시 탄환과 포탄의 흔
적들이 선명하게 남아있다.

포항제일교회는 다른 데로 옮기고 현재 포항중앙교회가 자리 잡고

있다.

106회 대한예수교장로회
통합총회(총회장 김태영 목
사)는 2020. 7. 15일 오전 11시
포항소망교회에서 '한국기
독교 사적 제38호, 포항소망
교회 3·1운동 경북지역 발상
지 및 6·25 포항 전투 보존

기념교회' 지정 예식을 개최했다. 행사는 총회 역사위원회(위원장 장
태식 목사)와 포항 남노회(노회장 이하준 목사), 포항소망교회가 주관
했다.

이곳은 1919년 3월 11~12일 포항 교회 송문수 장로와 교인들이 중심
이 됐던 포항지역 3·1 만세운동의 발상지로 경북에서 가장 먼저 3·1
운동이 일어난 곳이다. 또 1951년 6·25 전쟁 당시 포항 전투에서는 포
항시의 모든 건물이 파괴됐지만, 교회 건물이 보전돼 뉴욕타임스 표
지모델이 되기도 했다.

한편, 포항제일교회는 '포
항 3·1운동' 역사를 간직한
만큼 포항시와 지역의 역사
성을 살리고 포항제일교회
예배당 중심으로 '근대역사·
문화거리 조성사업'을 계획
하고 있다. '포항 3·1운동 기

념비' 건립을 시작으로 '포항 3·1운동 운동길' 조성과 현재 충혼탑이 세워진 수도산 덕수공원에 '포항3·1운동 기념탑' 등을 세울 예정이다.

이외에도 포항에는 발산교회, 대곡교회(현 기북교회), 1909년 송라 침례교회, 계원침례교회, 화진침례교회, 1911년 칠포교회, 1912년 신계 침례교회, 방산교회(장기교회 전신), 1913년 대전리교회, 중명교회, 1914년 청하교회, 1915년 장기교회, 월포 침례교회, 1916년 제일침례교회, 1917년 죽장교회, 청하유계교회, 1919년 죽장상옥교회 등이 100여 년 이상이 되었다.

포항동부교회 (1925)

포항동부교회는 97년 된 교회로서 1925년 10월 유재기 전도사의 주선으로 송내 교회를 설립한 것이 시초였다.

1968년 포항제철공장부지 확보로 인해 교회가 철거되면서 해도동 471-1번지에 40평의 교회를 신축하여 1969년 포항동부교회로 개명하였다.

2003년에 부임한 김영걸 목사가 성전 건축의 비전을 갖고 2011년 9월 25일 새로운 건축을 하여 입당 예배를 드렸다. 현재는 약 2,500여 명이 출석하고 있다. 김영걸 목사는 109회 총회장으로 활약할 것이다.

인물

포항의 출신 인물로는 클론 출신의 강원래, 대통령 이명박, 김시진 롯데 자이언트 감독, 용인대 총장 김정행, 전 국회의원 단병호, 20대 국회의원 이철희, 정광용, 전 방송통신위원장 최시중, 전 축구국가대표 이동국 등이 있다. 예장통합 교단에서는 역사위원장을 지낸 황기식 목사, 한국부흥사협회회장을 지낸 정도출 목사 등이 포항출신이다.

결론

포항의 역사 속에 교회를 통한 하나님의 역사가 임하자, 학도병들, 산업역군들, 박태준 같은 인물을 통하여 포항이 경북 최대의 도시가 되었다. 특히 포항은 '신화는 없다'를 쓴 이명박 대통령을 배출한 곳이기도 하다. 신화를 쓴 박태준, 이명박은 모두 기독교인이었다.

기독교인들을 통하여 포항은 신화의 지역이 되었다. 그것은 포항의 역사에 강력한 그리스도의 역사가 들어왔기 때문이다. 포항은 가장 교회세가 강한 곳이기도 하다. 예수의 역사가 강한 곳이다 보니 경제적으로도 상당히 발달하였고 훌륭한 인물을 배출하기도 했다. 특히 학도병으로 피눈물이 많은 곳에 교회가 들어와 포항사람들이 눈물을 닦아 주었다. 이외에도 기독교인들이 중심이 돼 한동대를 세워 산업의 역군인 학도병들을 양육하고 있다.

경북의 18개 도시를 직접 발로 뛰며 추적해 보았다. 경북의 지역은 대부분이 호남과 달리 유교의 강력한 지배를 받고 있었다. 다행히도 훌륭한 유학자들의 정신이 그대로 이어지면서 유학이 개신교를 만났을 때, 경북은 변하기 시작했다. 경북에도 좌익이념이 들어오고, 동학이 기열하고, 의병운동이 휠빌한 곳이 있다. 그야말로 피와 눈물로 얼룩진 곳이다. 더군다나 경북은 호남과 달리 평야가 별로 없고, 산투성이었다. 영남의 빈궁을 의미하는 말로 보릿고개가 있다.

보릿고개는 지난해 가을에 수확한 양식이 바닥나고, 올해 농사지은 보리는 미처 여물지 않은 5~6월, 식량 사정이 매우 어려운 시기를 의미한다. 이때는 대개 풀뿌리나 나무껍질로 끼니를 때우거나, 걸식과 빚으로 연명했으며, 유랑민이 되어 떠돌아다니기도 했다.

이러한 지역에 선교사들을 통한 그리스도의 복음이 들어왔다. 역사적 관점에서는 보편사 속에 그리스도의 역사가 침입한 것이다. 그리스도의 역사가 침입하자 보편사는 움직이기 시작하여 인물이 나오고, 지역사가 변하여 획기적으로 발전하기 시작했다. 아시아의 어떤 나라도 대한민국처럼 기독교의 수용성이 강한 나라는 없었다. 각 지역민들이 쉽게 복음을 받아들이자, 영남은 눈부실 정도로 발전하기 시작했다.

세계 최대의 장로교회를 세우고, 세계 최대의 제철소를 세우게 되었다. 나아가 영남 사람으로 인해 삼성반도체 산업이 발전하게 되는 쾌거를 이룩하게 되었다. 모두 교회에서 복음을 전해 받은 인물들로 인해 지역뿐만 아니라 대한민국 자체가 발전하기 시작했다.

영남에 들어온 그리스도의 역사는 형식과 허례 위주의 반상문화, 이념으로 얼룩진 좌익폭동, 피로 물든 6·25전쟁, 한으로 펼쳐진 동학의 눈물, 일제의 아픔을 극복하면서 새로운 역사를 써나갔다. 그리스도의 역사가 들어오니 보편의 역사가 변혁되었다. 살아계신 예수그리스도가 있었기 때문이었다. 영남 사람들은 캔사스주 토피카 장로교회 출신인 베어드와 아담스 선교사를 잊어서는 안 될 것이다.

참고문헌

| 참고문헌 |

일반논문

- 강윤정, "3.1운동에 참여한 대구 경북 여성과 이후 활동", 영남학 제74호, 2020.
- 강정구, "근대 기독교와 신문화의 요람, 옥성산 자락", 안동학 14, 2015.
- 권상우, "안동지역의 선비-기독교인 연구(1)", 철학연구, 2018.
  "영남지역의 유학적 기독교 연구-다문화 시대의 상생적 다원주의를 중심으로", 철학 논총 99, 2018.
- 김건우, "한말 유학자의 위기의식과 근대문명 담론 비판", 유교사상문화연구 61, 2015.
- 김권정, "1920~30년대 기독교인들의 사회주의 인식", 한국기독교와 역사(5), 1996.
- 김문준, "영남유학과 기호유학의 소통 사례와 지역갈등 융화방안", 한국철학논집 54집, 2017.
- 김병희, "초기 한국 장로교 대구. 경북 지방 조사의 역할과 활동", 역사신학논총 제36권, 2020.
- 김순규, "해방 후 경상북도 영덕군의 군경토벌 작전과 민간인 학살", 대구사학 136집, 2019.
- 김종석, "한말 유학계의 동향과 지역별 특징", 국학연구 4, 2004.
- 김학수, "영남지역 서원의 정치사회적 성격", 국학연구 11, 2007.
- 나종석, "다산 정약용을 통해 본 유교와 천주교의 만남", 사회와 철학, 2016.
- 문은식, "시련과 고통의 세월사신 이원영목사님", 새가정, 1992.
- 박창식, "미국 북장로교의 영남지방 선교와 교회형성(1893-1945)", 계명대학교 박사학위 논문, 2004.
- 배요한, "유교와 기독교의 만남-이벽의 성교요지를 중심으로", 장신논단 41, 2011.
- 배재욱, "배위량의 경상도 선교지부 개척활동이 대구경북지역 근대 문화에 끼친 영향", 신학과 목회 49, 2018.
  "배위량의 2차 전도여행과 순례길로서의 가치", 신학과 목회 45, 2016.
- 소요한, "초기한국기독교 사상의 유교적 이해", 신학논단 92, 2018.

- 송현강, "영남지역 선교스테이션 유적지소개", 한국기독교역사연구소, 2009.
- 안승오, "대구지역 선교의 아버지 제임스 아담스의 생애와 선교", 신학과 목회, 2008.
- 연규홍, "해방공간과 기독교 사회주의자", 지구화시대 맑스의 현재, 2003.
- 오강남, "유교와 기독교의 만남", 기독교사상 35, 1991.
- 이상규, "영남지역 기독교문화유산 과제", 종교문화학보 14, 2017.
- 이윤갑, "영남지역의 민족운동과 지역사회의 변동", 황해 문화 44, 2004.
- 이혜정, "경주 성서학원의 초기 역사와 신학교육", 신학과 목회 53, 2020.
- 임희국, "경상북도 대구 초창기 선교사들의 사역", 장신논단 33, 2019.
- 정석균, "낙동강 방어전투와 전승요인", 군사논단 제27호, 2004.
- 정성한, "한국장로교 선교부의 교육정책 수립과 그 적용", 한국국기독교신학논총 67, 2010.
- 허 종, "1920년대 대구지역 사회주의 세력의 대중운동", 대구사학 71권, 2002. "1945~1946년 대구 지역 좌파세력의 국가건설운동과 '1월 인민항쟁", 2002.
- 황의동, "기호학파와 영남유학의 특성", 동서철학연구 38집, 2005. 12.

단행본

- 김동호 역, 『마르코 폴로의 동방견문록』, 사계절, 2000.
- 김병희 편역, 『경북교회사』, 코람데오, 2004 .
- 박창식, 『경북기독교회사』, 코람데오, 2001.
- 박은식, 『한국독립운동 지혈사』, 서문당, 2019.
- 이도국, 『영남좌도 역사 산책』, 도서출판 세종, 2020.
- 이이화 외, 『경상도 대구 동학농민혁명』, 도서출판 모시는 사람들, 2015.
- 일연, 최대식, 박대재 역, 『삼국유사』, 고려대학교 출판문화원, 2014.
- 전성천, 『 한국영남교회사』, 양서각, 1987.
- 채길순, 『새로쓰는 동학기행2』, 도서출판 모시는 사람들, 2021.

언론

- 국민일보
- 기독공보
- 기독일보
- 뉴스와 논단
- 교계 아고라젠
- 뉴스와 종교
- 리폼드 뉴스
- 더굳뉴스
- 크리스천투데이
- KBS
- MBC

인터넷

- 지방자치단체 홈페이지
- 영남지역 교회 홈페이지
- 나무위키
- 위키백과사전

기념관과 유적지

- 견훤산성
- 경주 국립박물관
- 경주 불국사
- 계성고등학교
- 고령 가야박물관
- 관덕정
- 권태호 음악관
- 금하굴
- 다부동 전투 기념관
- 대구제일교회 선교관
- 도마바위(영주)
- 대전 3·1의거 기념관(포항)
- 동학교당
- 두실마을
- 문경새재
- 박열 기념관
- 박정희 기념관

- 봉양서원
- 병산서원
- 부석사
- 부항 지서 망루(김천)
- 새마을운동 기념관
- 소수서원
- 신명여자고등학교
- 왕산 허위 선생 기념관
- 영덕 장사상륙작전 전승 기념관
- 옥동서원
- 예천 동학농민 생매장 터
- 용담정
- 이색 기념관
- 이육사 기념관(이원영 목사 생가, 이육사 생가)
- 임고서원
- 주실마을
- 청운각
- 포항 학도의용군 전승 기념관
- 하회마을
- 100년 이상 된 교회